汽车维修技能修炼丛书

新型汽车传感器、执行器原理与故障检测

第3版

李伟　潘康　史雪飞　主编

机械工业出版社

本书在系统介绍传感器结构与检测原理的基础上，系统地总结了汽车传感器的结构类型、常见故障及影响、故障检测方法，并给出了新款汽车传感器的检测实例。此外，本书还系统地介绍了最新及常用汽车传感器的安装位置、结构原理、电路图、动态检测方法、静态检测方法及更换调整等内容，涉及空气流量传感器、温度传感器、压力传感器、位置与角度传感器、爆燃与碰撞传感器、气体浓度传感器、速度传感器以及其他执行器和传感器。

本书内容丰富、实用性强，具有较强的可操作性。为方便读者学习使用，本书还配套了电子课件、任务工单，读者可通过扫描封底二维码获得。本书适合汽车维修人员及相关技术人员参考使用，也可作为高等工科院校、大中专院校汽车专业教材及汽车检测相关专业学生的参考书。

图书在版编目（CIP）数据

新型汽车传感器、执行器原理与故障检测/李伟，潘康，史雪飞主编. —3版. —北京：机械工业出版社，2021.1
（汽车维修技能修炼丛书）
ISBN 978-7-111-67393-4

Ⅰ.①新… Ⅱ.①李…②潘…③史… Ⅲ.①汽车－传感器－故障检测②汽车－执行器－故障检测 Ⅳ.①U472.41

中国版本图书馆CIP数据核字（2021）第017681号

机械工业出版社（北京市百万庄大街22号　邮政编码100037）
策划编辑：连景岩　责任编辑：连景岩　王　婕
责任校对：潘　蕊　封面设计：马精明
责任印制：常天培
北京虎彩文化传播有限公司印刷
2021年2月第3版第1次印刷
184mm×260mm·16印张·396千字
0 001—1 900册
标准书号：ISBN 978-7-111-67393-4
定价：69.00元

电话服务　　　　　　　　　网络服务
客服电话：010－88361066　　机　工　官　网：www.cmpbook.com
　　　　　010－88379833　　机　工　官　博：weibo.com/cmp1952
　　　　　010－68326294　　金　书　　　网：www.golden-book.com
封底无防伪标均为盗版　机工教育服务网：www.cmpedu.com

前　言

汽车传感器是汽车电子控制系统中的重要部件。在现代汽车上，发动机、底盘及车身均有多种电子控制技术的应用。一些电子控制系统具有多项控制功能，而每项控制功能均配有若干个传感器。因此，现在汽车上传感器的数量很大、种类繁多。传感器的好坏，是电控单元能否正常实施各项控制功能的关键。汽车电子系统最主要的工作就是汽车传感器的检测。因此，熟悉汽车传感器的结构原理，掌握汽车传感器的检测方法，是汽车维修从业人员必须具备的专业知识和技能。

本书系统、全面地讲述了汽车传感器的构造和工作原理，突出传感器的检测方法。在编写的过程中，我们力求做到以下几点。

1) 全面性。涵盖新款车型上大部分传感器。

2) 先进性。紧跟新型汽车电子发展步伐，突出介绍新型传感器。

3) 实用性。结合新车型进行讲解，具有实用性和针对性，同时，为避免空洞无物的说教，针对每一种传感器的检测，提供完整电路图，使读者在具体运用中体会和学习传感器检测的精髓。本书还配有学习课件、电子任务工单，内容包括填空、选择、简答和电路分析，读者可通过扫描封底二维码获取。

4) 易懂性。用深入浅出的语言介绍传感器的工作原理和检测方法。

本书文字简练，通俗易懂，适合汽车维修人员及汽车爱好者参考阅读。本书共分九章，第一章、第二章主要由李伟编写，第四章至第八章主要由潘康编写，第三章、第九章主要由史雪飞编写。参加本书编写的人员还有王军、刘强、丁元富、李春山、李微、马珍、吕春影等，在此深表感谢。由于经验不足，书中的错误和不完善之处在所难免，恳请广大读者批评指正。

编　者

目　　录

前言

第一章　汽车传感器概述 ………… 1

第一节　传感器的分类及组成 …… 1
一、传感器的定义及组成 ……… 1
二、传感器的分类 …………… 1
三、传感器的信号 …………… 2

第二节　传感器检测方法及注意事项 …………………… 3
一、传感器检测方法 ………… 3
二、传感器检测注意事项 …… 6

第二章　空气流量传感器 ………… 7

第一节　热膜式空气流量传感器 … 7
一、热膜式空气流量传感器的结构 … 7
二、热膜式空气流量传感器的工作原理 ………………… 7
三、新型热膜式空气流量传感器 … 9
四、热膜式空气流量传感器的检测方法 ………………… 13

第二节　热线式空气流量传感器 … 19
一、热线式空气流量传感器的结构 … 19
二、热线式空气流量传感器的工作原理 ………………… 20
三、热线式空气流量传感器的检测方法 ………………… 21

第三章　温度传感器 ……………… 23

第一节　温度传感器概述 ………… 23
第二节　热敏电阻式温度传感器 … 24
一、进气温度传感器 ………… 24
二、冷却液温度传感器 ……… 26
三、车内外温度传感器 ……… 32
四、蒸发器出口温度传感器 … 36

五、排气温度传感器 ………… 37

第四章　压力传感器 ……………… 41

第一节　进气压力传感器 ………… 41
一、半导体压敏电阻式进气压力传感器 ………………… 41
二、具体车型上的检测 ……… 43

第二节　其他压力传感器 ………… 52
一、机油压力传感器 ………… 52
二、制动压力传感器 ………… 54
三、大众直喷发动机燃油压力传感器 … 56
四、电控柴油机共轨压力传感器 … 59
五、增压压力传感器 ………… 62
六、制冷剂高压传感器 ……… 64

第五章　位置与角度传感器 ……… 67

第一节　节气门位置传感器 ……… 67
一、节气门位置传感器概述 … 67
二、滑动电阻式节气门位置传感器 …… 68
三、双可变电阻式节气门位置传感器 … 70
四、霍尔式节气门和加速踏板位置传感器 ………………… 71
五、大众直喷发动机EPC电子节气门 … 76
六、智能电子节气门 ………… 86

第二节　曲轴位置传感器 ………… 91
一、曲轴位置传感器的功用和安装位置 ………………… 91
二、磁电感应式传感器的结构及工作原理 ………………… 92
三、曲轴位置传感器的检测 … 93
四、霍尔式曲轴位置传感器 … 96

第三节　凸轮轴位置传感器 …… 106
一、霍尔式凸轮轴位置传感器 … 106
二、磁阻元件式凸轮轴位置传感器 …… 108

第四节　其他位置传感器…………110
　一、电容式液位传感器 …………110
　二、燃油液位传感器 ……………114
　三、电极式液面高度传感器 ……118
　四、冷却液液位传感器 …………119
　五、浮子舌簧管开关式液位传感器……121
　六、转向盘转角传感器 …………122
　七、霍尔式转向盘转角传感器 …125
　八、超声波距离传感器 …………129
　九、离合器位置传感器 …………133
　十、乘员位置传感器 ……………137
　十一、EGR 阀位置传感器 ………140
　十二、水平位置传感器 …………145

第六章　爆燃、碰撞传感器………148

第一节　爆燃、碰撞传感器概述……148
第二节　爆燃传感器…………………149
　一、爆燃传感器控制系统 ………149
　二、共振磁致伸缩式爆燃传感器 …150
　三、压电式爆燃传感器 …………151
　四、压电式爆燃传感器的检测 …153
第三节　碰撞传感器…………………157
　一、滚轴式碰撞传感器 …………159
　二、偏心锤式碰撞传感器 ………159
　三、滚球式碰撞传感器 …………160
　四、电阻应变计式碰撞传感器 …161
　五、压力碰撞传感器 ……………161
　六、水银开关式碰撞传感器 ……163
　七、碰撞传感器的检测 …………163

第七章　气体浓度传感器…………166

第一节　氧传感器……………………166
　一、二氧化锆式氧传感器 ………166
　二、二氧化钛式氧传感器 ………168
　三、氧传感器的检测 ……………169
　四、宽量程传感器 ………………172
第二节　NO_x 传感器…………………178
　一、NO_x 传感器的结构 …………178
　二、NO_x 传感器的工作原理 ……178

　三、NO_x 传感器的安装位置和功能……180
第三节　烟雾浓度传感器……………181
　一、烟雾浓度传感器的结构与工作原理………181
　二、烟雾浓度传感器的检测……181

第八章　速度传感器…………………184

第一节　轮速传感器…………………184
　一、电磁感应式轮速传感器……185
　二、霍尔传感器车轮转速传感器……188
　三、新型霍尔式轮速传感器……190
　四、磁阻式轮速传感器 …………191
　五、主动型 ABS 车轮传感器……193
第二节　组合式加速度传感器………194
　一、组合式加速度传感器概述……194
　二、组合式加速度传感器的检测……197

第九章　其他执行器和传感器…………199

第一节　点火系统执行器……………199
　一、点火线圈的结构特点………199
　二、点火系统的电路分析………200
第二节　自动变速器 P/N 位开关 …203
　一、变速器多功能档位开关……203
　二、变速器多功能档位开关的检测……204
第三节　雨量感应传感器……………204
　一、雨量感应传感器 G397 ……205
　二、雨量感应传感器的工作原理……206
第四节　本田轿车转矩传感器………210
　一、本田轿车 EPS 电感式转矩传感器的结构………210
　二、本田轿车转矩传感器的工作原理………211
　三、本田轿车转矩传感器的检测……211
　四、广汽本田理念轿车记忆转矩传感器中间位置的方法………212
第五节　新款皇冠轿车转矩传感器…………212
　一、新款皇冠轿车电控助力转向系统的结构………212
　二、电控助力转向系统的基本工作

V

原理 …………………………… 216
　三、新款皇冠轿车转矩传感器的
　　　检测 …………………………… 217
第六节　大众轿车磁阻式转矩
　　　　传感器 ………………………… 219
　一、大众轿车磁阻式转矩传感器的
　　　结构 …………………………… 219
　二、转向助力大小的设定方法 ……… 222
　三、大众轿车磁阻式转矩传感器的
　　　检测 …………………………… 223
第七节　丰田卡罗拉轿车巡航控制
　　　　系统 …………………………… 223
　一、丰田卡罗拉轿车巡航控制系统的组成
　　　及功用 ………………………… 223
　二、丰田卡罗拉轿车巡航控制系统的
　　　检修 …………………………… 225
第八节　奥迪A4轿车太阳能
　　　　天窗 …………………………… 229
　一、奥迪A4轿车太阳能天窗的
　　　工作原理 ……………………… 230
　二、奥迪A4轿车太阳能天窗的检修 … 231
第九节　制动器摩擦片传感器 ……… 232
　一、制动器摩擦片传感器的结构 …… 232
　二、制动器摩擦片传感器的检测 …… 232
第十节　日照光电传感器 …………… 234
　一、日照光电传感器的结构 ………… 234
　二、日照光电传感器的工作原理 …… 234
　三、日照光电传感器的检测 ………… 234
第十一节　空气湿度传感器 ………… 236
　一、空气湿度传感器的安装位置与

　　　作用 …………………………… 236
　二、测量空气湿度 …………………… 236
　三、传感器处相关温度的测量 ……… 237
　四、湿度传感器的控制电路 ………… 237
第十二节　空气质量传感器 ………… 239
　一、空气质量传感器的安装位置与
　　　作用 …………………………… 239
　二、空气质量传感器的工作原理 …… 240
　三、空气质量传感器的功能 ………… 240
　四、空气质量传感器的控制电路 …… 241
第十三节　制冷剂温度传感器 ……… 242
　一、制冷剂温度传感器的安装位置与
　　　作用 …………………………… 242
　二、制冷剂温度传感器的控制电路 … 242
第十四节　散热器识别传感器 ……… 243
　一、散热器识别传感器的功能 ……… 243
　二、一体式温度传感器 ……………… 244
第十五节　档位识别传感器 ………… 245
　一、档位识别传感器的结构 ………… 245
　二、档位识别传感器的工作原理 …… 245
　三、档位识别传感器的作用 ………… 245
　四、档位识别传感器的诊断 ………… 246
　五、档位识别传感器的控制电路 …… 247
第十六节　智能型蓄电池传感器 …… 248
　一、智能型蓄电池传感器的结构和安装
　　　位置 …………………………… 248
　二、智能型蓄电池传感器的工作
　　　原理 …………………………… 249
　三、智能型蓄电池传感器电子分析
　　　装置 …………………………… 249

第一章 汽车传感器概述

第一节 传感器的分类及组成

随着汽车向电子化、集成化、信息化、网络化、智能化的方向发展，现代汽车采用电子控制技术已经变得越来越普遍。现代汽车是以计算机为控制中心的高度自动化控制系统，该系统随着汽车功能的不断增多而日臻完善和复杂。如果没有各类传感器提供发动机、汽车工作状况和外部环境等信息，电子控制装置就失去了决策依据。可以说，汽车电子技术成功与否在很大程度上取决于传感器。

一、传感器的定义及组成

1. 定义

传感器是一种信号转化装置，它可以将非电信号转换为电信号，其主要作用是向汽车计算机提供各种工况信息。过去，汽车传感器仅用于发动机，现在已扩展到底盘、车身、灯光和电气等各个系统。

2. 组成

传感器一般由敏感元件、转换元件和其他辅助元件组成。有时也将信号调节与转换电路及辅助电源作为传感器的组成部分。

1) 信号调节与转换电路一般是指能把传感元件输出的电信号转换为便于显示、记录、处理和控制的有用电信号的电路。信号调节与转换电路的选择要视传感元件的类型而定，常用电路有信号放大器电桥、振荡器、阻抗变换器等。

2) 敏感元件指直接感受被测量（一般为非电量）并输出与被测量成确定关系的其他量（一般为电量）的元件。如应变式压力传感器的弹性膜片就是敏感元件，它的作用是将压力转换成膜片的变形量。

3) 转换元件指传感器中能将敏感元件感受（或响应）的被测量转换成适合于传输和（或）测量的电信号部分。当传感器输出为标准信号时，则被称为变送器，又被称为转换器。一般情况下，转换元件不直接接受被测量，而是将敏感元件输出的量转换为电量输出。如应变式压力传感器的应变片，它的作用是将弹性膜片的变形量转换为电阻值的变化。

二、传感器的分类

汽车传感器的种类很多，且一种被测参数可用多种不同类型的传感器来测量，而同工种传感器往往也可以测量多种被测参数。传感器的分类有多种方法，常见的分类方法如下：

1) 按能量关系分类。传感器按能量关系分类可分为主动型和被动型两类。汽车上使用的传感器大多数属被动型传感器，这种被动型传感器需要外加输入电源才能产生电信号，这类传感器实际上是一个能量控制器。

2）按信号转换关系分类。按信号转换关系分类，可将传感器分为由一种非电量转换成另一种非电量的传感器和由非电量转化为电量的传感器。由一种非电量转换成另一种非电量的传感器，如弹性敏感元件和气动传感器；由非电量转换成电量的传感器，如热电偶温度传感器、压电式加速度传感器等。

3）按输入量分类。按输入量分类即按被测量分类，可分为位移、速度、加速度、角位移、角速度、力、力矩、压力、真空度、温度、电流、气体成分、浓度传感器等。

4）按工作原理分类。按传感器的工作原理分类，有电阻式、电容式、应变式、电感式、光电式、光敏式、压电式、热电式传感器等。

5）按输出信号分类。按传感器的输出信号分类，有模拟式传感器和数字式传感器两种。

模拟电压信号是指随时间延续而连续变化的电信号。在汽车计算机控制系统中，大多数传感器以产生模拟电压信号为主。

数字电压信号是指随时间延续而不连续变化的电信号。该信号只有两种状态，即高电平和低电平，同时也包括一些开关信号。数字电压信号不需要经过模/数（A/D）转换器就可以处理，能够被电子控制单元（ECU）直接处理。

6）按使用功能分类。汽车用各种传感器按其使用功能又可分为两类，一类是使驾驶人了解汽车各部分状态的传感器；另一类是用于控制汽车运行状态的传感器。

三、传感器的信号

汽车上传感器的电子信号可以分为直流、交流、频率调制、脉宽调制和串行数据信号。电子信号是控制系统中各个传感器、控制模块和其他设备之间相互通信的基本语言，不同的电子信号有不同的特点，分别用于不同的通信目的。

1）直流信号 DC。在任何周期里，方向不随时间变化的电压、电流信号属于直流信号。直流信号可以分为恒压直流和非恒压直流信号两种。在汽车中产生恒压直流信号的电源装置有蓄电池电压和发动机控制模块（PCM）输出的传感器参考电压。图 1-1 所示是非恒压直流信号波形。

2）频率调制信号。保持波的幅度恒定而改变频率称为频率调制。在汽车中产生可变频率信号的传感器主要是光电式和霍尔式传感器。

3）交流信号 AC。大小和方向随时间变化的信号属于交流信号。在汽车中产生交流信号的传感器主要是磁电式传感器和爆燃传感器等，图 1-2 所示为磁电式传感器产生的交流信号波形。

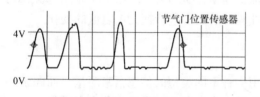

图 1-1 非恒压直流信号波形

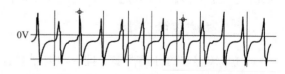

图 1-2 磁电式传感器产生的交流信号波形

4）串行数据（多路）信号。串行数据信号是按时序逐位将组成数据和字符的码元予以传输的信号。串行数据传输,所需通信线少,串行传送的速度低,但传送的距离可以很长,因此串行适用于长距离而速度要求不高的场合。若汽车中具备自诊断能力和其他串行数据送给能力的控制模块,则串行数据是由发动机控制模块(PCM)、车身控制模块(BCM)、防抱死制动系统(ABS)或其控制模块产生,以及配备自我诊断的各种模块之间传递的信号。

在汽车发动机控制模块和其他电子智能设备中用来通信的串行数字信号是最复杂的信号,在实际中,要用专门的解码器读取。发动机冷却液温度传感器故障时,PCM输出的串行数据(多路)信号波形如图1-3所示。

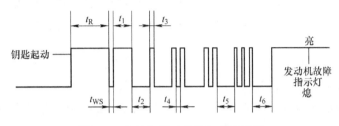

图1-3 串行数据(多路)信号波形

5)脉宽调制信号。脉冲宽度调制(PWM)的简称为脉宽调制。脉宽调制信号就是经过脉冲宽度调制的信号。脉冲宽度是指在一个周期内元件持续的工作时间,脉宽信号波形如图1-4所示。

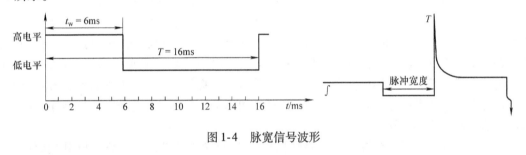

图1-4 脉宽信号波形

第二节 传感器检测方法及注意事项

一、传感器检测方法

1. 解码检测法

读取与清除故障码是解码器的主要功能,据此能够很容易地判断出故障的大致方向和部位,为传感器的检测和排查提供方向,但有以下几点需要注意。

1)并不是所有的故障都会出现故障码。例如,三菱V73的6线式步进电机是由ECU以脉冲方式进行控制的,没有监控装置,因此出现故障后就没有故障码。又如,当冷却液温度传感器的电阻发生漂移而不准确时,如果电阻总值没有超出规定范围,虽然有故障,但不会显示故障码。

2)故障码的含义说明要弄清楚,是传感器或执行器自身故障还是线路故障;线路故障要分清是短路还是断路,是与电源短路或断路,还是与搭铁短路或断路等。只有明白故障的确切含义，才能更好地利用故障码排除故障，维修起来也可以少走弯路。

3) 通过解码器查出的故障码，只是说明某一系统或相关系统有故障，不要看到故障码就断定是该传感器或执行器有故障，就要更换，其他与之相关的系统也会造成同样的故障而出现相同的故障码。

例如在检查 ABS 时，如果出现"轮速传感器信号不良"故障码时，不要立即更换轮速传感器。首先要检查电路各连接插头与插座针脚接触是否良好，传感器触发轮是否有脏污、锈蚀、断路或短路等现象，有些安装在车轮上的传感器，其磁心经常会吸附一些制动鼓磨掉的铁屑而导致工作不良，此时只需拆下传感器并清除磁心上的污垢即可解决问题。同时还要观察感应齿圈是否有变形、缺齿等现象，这些都是导致出现"轮速传感器信号不良"故障码的原因，而轮速传感器本身并不一定损坏。

4) 要弄清楚是历史性故障码还是当前故障码，以及故障码出现的次数。如果是历史性故障码，就表示故障较早之前出现过，现在不出现了，但在 ECU 里面有一定的存储记忆；而当前故障码则表示是最近出现的故障，当前故障码绝大部分和目前出现的系统故障有很大关系。

大众公司的解码器上故障码前显示"SP"，均表示临时的偶发性故障；故障发生的原因不外乎发动机运转或点火钥匙打开的过程中拔下了某个电气插头，或者某个传感器或执行器的插头虚接等情况，这些均属于软故障，不是硬故障。

5) 当读不出故障码但车辆依旧有故障症状时，要利用解码器的数据流对传感器和执行器进行深入的分析和判断。所谓数据流，简单来说就是电控系统中的一些主要传感器和执行器的当前工作参数值（如发动机转速、蓄电池电压、空气流量、喷油时间、节气门开度、点火提前角、冷却液温度等）。维修过程中，可以通过阅读数据流来分析、发现故障所在，特别是当电控系统无故障码可供参考时，数据流分析就更加重要了。每个传感器和执行器在一定条件下的工作参数值是有一定标准范围的，可以通过实际值与标准值的比较来判断某传感器和执行器是否存在异常。

6) 当参考故障码排除故障后，要利用解码器来清除故障码，也就是从 ECU 内部记忆体中清除其故障码记忆，并在发动机运转一段时间后（有条件的话，可以进行路试），再通过解码器来测试是否还会出现相似的故障现象或者存储同样的故障码。

2. 测试灯检测法

测试灯有自制的测试灯和检测专用的测试灯；可以自带电源，也可以不带电源。自制的测试灯可以用发光二极管（LED）外接 650Ω 电阻串联制成，测试灯主要有以下几个功能。

1) 检查传感器、电控元件本体或连接电路的通、断。
2) 检测传感器参考电压供给是否正常。
3) 根据测试灯发光二极管频闪信号，可以检查传感器是否有脉冲输出，或 ECU 是否有执行信号输出。

3. 故障征兆现象判断法

依据故障征兆，运用经验判断是最直观的方法，但其缺点是需要经验积累时间长，准确率低，误判的可能性较大。在维修大众车系发动机时，如果出现发动机燃料消耗量（俗称油耗）和排气污染增加，发动机出现怠速不稳、缺火、喘振等故障现象，则很大可能是氧传感器出现故障。这是因为：从车型来看，该车型出现氧传感器故障的概率比较高；从现象来看，氧传感器出现故障，将使电子燃油喷射系统的控制模块不能得到排气管中氧浓度的信息，因而不能对空燃比进行反馈控制，从而出现上述症状。

4. 万用表检测法

汽车上使用万用表，一般都不主张使用指针式万用表，甚至在检测某些元件时，特别是半导体元件、有关 ECU 电路时，还会强调必须使用数字式万用表。这是因为数字式万用表阻抗大，通过元器件的电流小，可以避免在测量时烧毁其他元器件。

1) 电阻检测法。电阻检测法主要用于可变电阻、电位计传感器、磁电式传感器电阻的检测，对于半导体元件，一般要与标准元件的测量值对比才能得出结论。对于磁电式轮速传感器，可以用万用表 Ω 档检查其电阻值，一般在室温时，电阻在 600~2300Ω 范围内为正常。电阻太小为线圈短路；电阻过大为连接不良；电阻非常大为断路；线圈与外壳导通为搭铁。

2) 电流检测法。电流检测法主要用于产生电流调制信号的新型集成电路传感器，如轮速传感器，通过万用表也可以对传感器进行检测。将万用表拨至量程在 200mA 以上的电流档处，将表笔串在其中一根输出线上，另一根输出正常接线（注意指针式万用表要注意极性），接通汽车电路使 ABS 通电，用手缓慢转动传感器安装侧的车轮。正常情况下，电流指示应在 8~15mA 之间来回波动。如果读数值只固定在 8mA 或 15mA 上，同时调整空气间隙无效时，则说明传感器失效。另外，如果接通电路后电流数值直接显示为 0 或 100mA 以上时，在确认万用表接线无误后，可以判定传感器已经断线或短路。

3) 电压检测法。对于有源传感器，由于在工作时自身可以产生电压，因此可以使用电压检测法来检测传感器工作是否正常。例如氧气传感器、磁电式曲轴位置/凸轮轴位置传感器、爆震传感器等。仍以 ABS 的磁电式轮速传感器为例，拆开 ABS ECU 接线插座或拔下轮速传感器的接线插头，使被测车轮以 1r/s 的速度转动，使用万用表交流 mV 档，测量各车轮的轮速传感器对应端子间的电压，万用表指示值应在 70mV 以上。若测量值低于规定值，原因可能是传感器与轮齿的间隙过大或传感器本身有问题，需要更换新件。

5. 示波器检测法

示波器主要用来显示控制系统中输入、输出信号的电压波形，以供维修人员根据波形分析判断电控系统故障。示波器比一般电子设备的显示速度快，是唯一能显示瞬时波形的检测仪器，也是电控系统故障诊断中的重要设备。示波器检测是最准确、最直观的检测方法，可以将传感器的输出电流或电压以波形的形式显示出来，也是传感器等电气元件检测的发展方向。

6. 替代法

替代法就是对于可疑传感器，通过试换的方法来查找故障，又称试换法。替代法可确定故障部位或缩小故障范围，但不一定能确定故障原因。在检修传感器时，最好使用相同车型、相同年款、相同型号、相同规格的传感器暂时替代有疑问的传感器。替代后如故障现象消失，说明该故障是由传感器引起的，被替代传感器存在问题。如果故障现象依然存在，说明该故障并不是因传感器而引起，而是在其他部分。

使用替代法检验传感器的好坏，简单又直接，但要求检测人员有一定的维修经验并且要有可以用来替换的正常的传感器。替换时需要注意两点：一是不能用不同输出特性的传感器来替代，容易引起错误判断；二是不要绝对地认为新的零件就是好的零件，最终导致误判，因为有的新零件本身就是坏的。

二、传感器检测注意事项

1）蓄电池搭铁极性切不可接错，必须负极搭铁。严禁在发动机高速转动时将蓄电池从电路中断开，以防产生瞬时过电压将 ECU 和传感器损坏。

2）在车身上进行电弧焊时，应先断开 ECU 电源。在靠近 ECU 或传感器的地方进行车身修理作业时，更应特别注意。

3）ECU 和传感器必须防止受潮。不允许将微机或传感器的密封装置损坏，更不允许用水冲洗。ECU 必须防止受到剧烈振动。

4）电控系统中，故障较多的不是 ECU、传感器和执行部件，而是插接器。插接器常会因松旷、脱焊、烧蚀、锈蚀和脏污而接触不良或瞬时短路，因此当出现故障时不要轻易地更换电子器件，而应首先检查插接器的状况。

5）当断开蓄电池时需注意以下几点：一是必须关闭点火开关，如果在点火开关接通的状态下断开蓄电池连接，电路中的自感电动势会对电子元器件有击穿的危险；二是检查自诊断故障码是否存在，若有故障码，应记下故障码后再断开蓄电池；三是断开蓄电池前，应牢记带防盗码的音响设备的编码，否则在下次使用中，音响系统自锁会影响使用。

6）在拆卸或安装电感传感器时，应将点火开关断开，以防止其自感电动势损伤 ECU 和产生新的故障。

7）注意检查搭铁线的状况，其电阻值一般不应大于 1.5Ω。

8）带有安全气囊系统的汽车，对安全气囊进行检修时，如果操作不当将会使安全气囊意外张开，因此必须严格按操作程序进行。对安全气囊进行检修作业时，然后将点火开关置于关闭位置，然后断开蓄电池负极，等待 90s 再进行操作，以免发生意外。

9）检修氧传感器时，注意不要让氧传感器跌落碰撞到其他物体，不要用水冷却。更换氧传感器时，一定要用专用的防粘胶液刷涂螺纹，以免下次拆卸困难。

10）故障警告灯的功率不得随意改变，否则会出现异常情况。

11）注意屏蔽线。检修电磁式凸轮轴位置传感器输出信号时，仅通过测量电压或电阻来确定其是好是坏是不全面的。有很多电磁式传感器测量电阻电压都正常，但线路屏蔽不好也会导致故障。

12）在点火开关接通的情况下，不要进行断开任何电气设备的操作，以免电路中产生的感应电动势损坏电子元件。

第二章 空气流量传感器

空气流量传感器又称空气流量计，一般安装在进气管上。其作用是检测发动机进气量的大小，并将进气量信息通过电路的连接转化为电信号输入 ECU，以供 ECU 确定喷油量和点火时间。空气流量传感器获得的进气量信号是 ECU 进行喷油控制的主要依据，若其损坏或电路连接出现故障，则会使发动机的进气量测量不准确，使进入气缸的混合气体过浓或过稀，从而导致 ECU 无法对喷油量进行准确的控制，导致发动机运转不正常，排放超标。

根据进气量检测方式的不同，计量空气流量的方法有两种类型，即 D 型（压力型）和 L 型（空气流量型）。

D 型是利用检测进气歧管内的绝对压力来计算吸入气缸的空气量，所用的传感器是进气歧管绝对压力传感器，测量方法属于间接测量法。

L 型采用直接测量的方法，即利用空气流量传感器直接测量吸入进气管的空气流量。L 型传感器又分为体积流量型传感器和质量流量型传感器两种。体积流量型传感器有翼片式、量芯式和卡门涡流式（现已淘汰）。如以前的丰田 CAMRY（凯美瑞）用翼片式，丰田普瑞维亚旅行车用量芯式，三菱车系、现代车系、丰田雷克萨斯 LS400 轿车用卡门涡流式。质量流量型传感器有热线式和热膜式两种，捷达、奔驰、大众等现在的大多车型都使用热膜式空气流量传感器。

★ 第一节 热膜式空气流量传感器 ★

一、热膜式空气流量传感器的结构

热膜式空气流量传感器是热线式空气流量传感器的改进型（大众 CC、新帕萨特），它的发热体是热膜（由发热金属铂固定在薄的树脂膜上制成）而不是热线。热膜式空气流量传感器发热体不直接承受空气流动所产生的作用力，增加了发热体的强度，提高了流量计的可靠性。与热线式流量传感器相比，热膜式流量计的热膜电阻的阻值较大，消耗电流较小，使用寿命也较长。但是由于其发热元件表面的一层保护薄膜存在辐射热传导作用，因此响应特性稍差。热膜式空气流量传感器结构及内部元件如图 2-1 所示。

热膜式空气流量传感器内部的进气通道上设有一个矩形护套（相当于取样套），热膜电阻设在护套中。为了防止污物沉积到热膜电阻上影响测量精度，在护套的空气入口一侧设有空气过滤层，用以过滤空气中的污物。为了防止空气温度变化使测量精度受到影响，在热膜电阻附近的气流上游设有铂金属膜式温度补偿电阻。温度补偿电阻和热膜电阻与传感器内部控制电路连接，控制电路与线束插接器插座连接，线束设在传感器壳体中部。

二、热膜式空气流量传感器的工作原理

热膜式空气流量传感器与热线式空气流量传感器的工作原理大致一样。在热膜式流量传

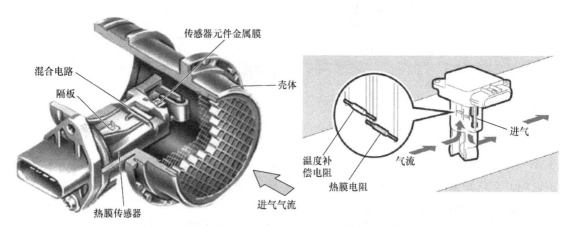

图 2-1 热膜式空气流量传感器结构及内部元件

感器中,采用了恒温差控制电路来实现流量检测,如图 2-2 所示。传感器的热膜电阻 R_H 或加热元件(正温度系数电阻,温度高时,阻值大、电压低;温度低时,阻值小、电压高)、温度补偿电阻 R_T(进气温度传感器)、精密电阻 R_1 及 R_2、信号取样电阻 R_s 在电路板上以惠斯通电桥的方式连接。当加热元件的温度高于进气温度时,电桥电压才能达到平衡,并由具有电流放大作用的控制电路 A 控制加热电流(50~120mA)来使 R_H 与 R_T 之差保持恒定,即 $\Delta T = R_H - R_T = 120$℃。

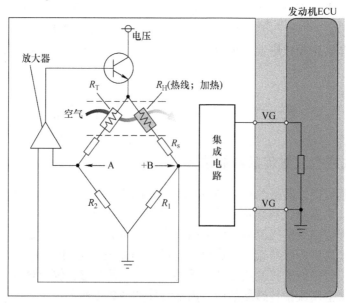

图 2-2 热膜式空气流量传感器电路
R_T—温度补偿电阻 R_H—热膜电阻 R_s—信号取样电阻 R_1、R_2—精密电阻 A、B—控制电路

当无空气流过时,加热元件 R_H 没有温度变化不需要加热,放大器出来的电压为 0V,此时,晶体管不导通,电桥处于平衡状态。

当空气流经加热元件 R_H 并使其受到冷却一瞬间产生一个电压信号,控制电路 B 分别将电压信号传给控制单元与放大器,加热元件即热膜电阻温度降低,阻值减小,电压升高,电桥电压失去平衡。控制电路 A 将通过放大器控制三极管增大供给加热元件的电流,使其温度保持高于温度补偿电阻的温度(一般为 100℃)。电流增量的大小取决于发热元件受到冷却的程度，即取决于流过传感器的空气量。当电桥电流增大时，信号取样电阻 R_s 上的电压就会升高，从而将空气流量的变化转化为电压信号的变化。信号电压输入 ECU 后，ECU 可根据信号电压的高低计算出空气流量的大小。

当发动机怠速或空气为热空气时，因为怠速时节气门关闭或接近全闭，所以空气流速低，空气量少；又因空气温度越高，空气密度越小，所以在体积相同的情况下，发热元件受到冷却的程度小，阻值减小的幅度小，故而电桥平衡需要的电流小，信号取样电阻上的信号电压低，如图 2-3a 所示。ECU 根据信号电压即可计算出空气流量的标准值，一般为 2～5g/s。

当发动机负荷增大或空气为冷空气时，节气门开度增大，空气流速加快使空气流量增大；因为冷空气密度大，在体积相同的情况下质量就大，所以发热元件受到冷却的程度增大，阻值减小幅度大，保持电桥平衡需要的电流增大，因此当发动机负荷增大时，信号电压升高（最高能达到4V 左右），如图 2-3b 所示。

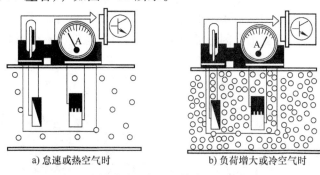

a) 怠速或热空气时　　　b) 负荷增大或冷空气时

图 2-3　热膜式空气流量传感器的测量原理

三、新型热膜式空气流量传感器

1. 结构

热膜式空气流量传感器 HFM6 的结构如图 2-4 所示，它由下列主要部件组成：①具有回流识别功能的微型机械式传感器元件和进气温度传感器；②一个具有数字信号处理功能的传感器电子单元；③一个数字接口。

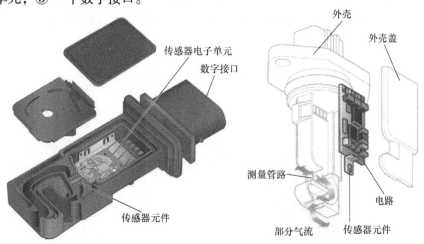

图 2-4　热膜式空气流量传感器 HFM6 的结构

与先前的空气流量计相比，新一代空气流量计的信号可以通过数字接口传递给发动机控制单元进行准确、稳定的分析。空气流量传感器的电路和传感器元件安装在一个紧凑的塑料外壳上。

在流量传感器总成的最下端是一条测量管路，伸入到传感器元件组中。测量管路从进气歧管的气流中引入一部分气流并引导其流经传感器元件。

传感器元件测量这部分气流中进气以及反方向的空气质量。对于空气质量的测算信号，则由电路进行处理分析，并传递给发动机控制单元。

2. 旁路通道

与以往的型号 HFM5 相比，新一代空气质量计的旁路通道在流动性方面进行了优化，如图 2-5 所示。用于空气质量测量的空气分流在阻流边后面被吸入旁路通道。

通过阻流边的构造在其后产生负压。在这个负压的作用下，空气分流被吸入旁路通道，以进行空气质量测量。迟缓的污粒跟不上这种快速的运动，便会通过分离孔被重新导入到进气中。这样一来，测量结果就不会因污粒而失真，传感器元件也不会因其而损坏。

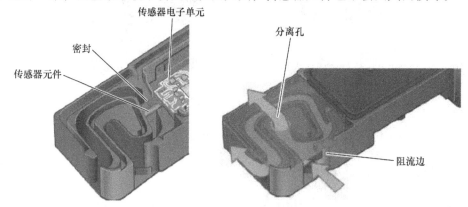

图 2-5 传感器的旁路通道

3. 测量方法

传感器元件位于传感器电子单元旁边，并伸入用于空气质量测量的空气分流内。在传感器元件上有一个热电阻、两个与温度相关的电阻 R_1 和 R_2 以及一个进气温度传感器，元件位置如图 2-6 所示。

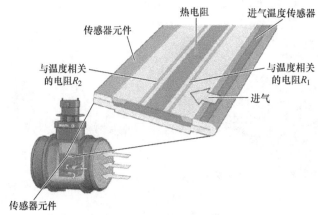

图 2-6 传感器元件位置

传感器元件通过热电阻被加热到120℃，高于进气温度。

示例：进气温度为30℃、热电阻被加热至120℃。测得温度为

$$120℃ + 30℃ = 150℃$$

由于与热电阻之间的间距，传感器至边缘的温度逐渐降低，测量值见表2-1。电子模块通过 R_1 和 R_2 的温度差识别出进气空气质量和流向。

表2-1 测量值

项目	温度	项目	温度
进气温度	30℃	无进气流时，R_1 和 R_2 的温度	90℃
传感器元件边缘温度	30℃	有进气流时，R_1 的温度	50℃
热电阻	150℃	有进气流时，R_2 的温度	大约90℃

4. 回流识别

（1）工作原理

为保证最佳的空燃比和低的燃油消耗，发动机管理系统需要知道到底有多少空气最终进入发动机气缸内。空气流量计的作用就是为管理系统提供此项信息。

气门的开关动作会导致进气歧管内的空气朝相反的方向流动。带反向流量识别的热膜式空气流量计可以探测气流的反向流动，并将此信号发送给发动机控制单元。由此，空气流量得以精确地测算。

进气门关闭时，吸入的空气受其阻碍回流到空气质量传感器中。如果回流未被识别出来，则测量结果就会出错。回流的空气碰到传感器元件，先流过与温度相关的电阻 R_2，接下来流过热电阻，然后流过与温度相关的电阻 R_1。电子模块通过 R_1 与 R_2 的温度差识别出回流空气质量和流向。传感器回流识别如图2-7所示。

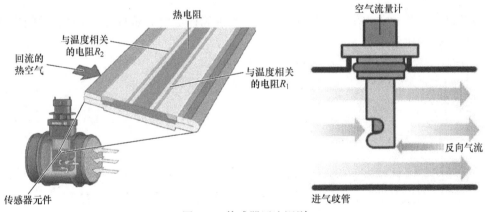

图2-7 传感器回流识别

（2）功能

集成在传感器元件上的是两个温度传感器（T1 + T2）和一个加热元件，传感器内部元件设计如图2-8所示。

连接传感器和加热元件的基板由玻璃膜片组成。之所以使用玻璃，是因为它的导热性极差，这可以防止热量从加热元件由玻璃膜传给传感器。如果热量传给传感器，将导致测量产生误差。

加热元件负责加热流经玻璃膜的空气。由于没有气流而使热辐射均匀，并且两个传感器与加热元件等距布置，因此它们能测量到相同的空气温度，如图2-9所示。

(3) 空气质量识别

空气质量识别如图 2-10 所示。在进气冲程时，气流经传感器元件从 T1 流经 T2。气流使传感器 T1 得以冷却，然后流经加热元件又重新被加热，从而使传感器 T2 达不到传感器 T1 那样的冷却程度，因此 T1 的温度比 T2 低。传感器将温差信号发送给电路，从而计算得出进气质量。

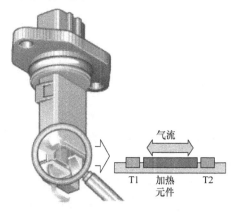

图 2-8 传感器内部元件设计

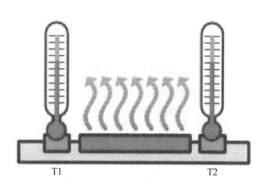

图 2-9 两个传感器测量空气温度

(4) 反向气流识别

如果气流反方向流过传感器元件，则 T2 温度受冷却而下降的程度比 T1 大。由此，电路能识别出气流的反向流动。它将从进气质量中减去这部分反向气流的质量，并将信号反馈给发动机控制单元。反向气流识别如图 2-11 所示。

发动机控制单元由此获得一个电信号：它能准确标定出实际的空气质量，并能更准确地标定喷射的燃油质量。

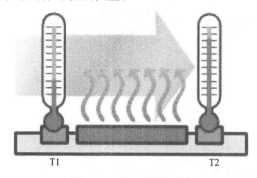

图 2-10 空气质量识别

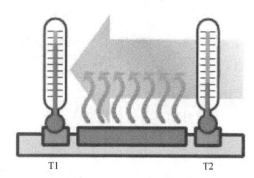

图 2-11 反向气流识别

5. 空气流量计的传感器工作过程

空气流量计的传感器元件处于发动机吸入的气流中，一部分空气流经空气流量计的旁通气道。旁通气道内有传感器电子装置，该电子装置上集成有一个加热电阻及两个温度传感器。这两个温度传感器用来识别空气的流动方向：①吸入的空气首先经过温度传感器 1；②从关闭的气门回流的空气首先经过温度传感器 2 与加热电阻合用，发动机控制单元就可以计算出吸入空气中的氧含量。空气流量计的传感器工作过程如图 2-12 所示。

发动机控制单元的空气质量信号传递：空气质量计向发动机控制单元传递一个包含被测

空气质量的数字信号（频率），如图 2-13 所示。发动机控制单元通过周期长度来识别测得的空气质量，其优点是数字信息相对于模拟线路连接来说，对干扰不敏感。

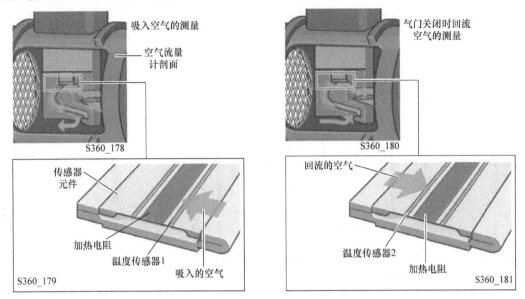

图 2-12　空气流量计的传感器工作过程

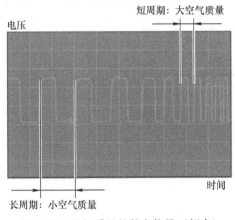

图 2-13　空气质量的数字信号（频率）

四、热膜式空气流量传感器的检测方法

1. 大众迈腾 1.8TSI 发动机热膜式空气流量传感器 G70 检测

大众迈腾 1.8TSI 发动机使用的是热膜式空气流量传感器 G70 来计量发动机的进气量，图 2-14 所示为传感器 G70 的插头，图 2-15 和图 2-16 所示为该传感器与 J519 车载电网控制单元、ECU 的连接电路。

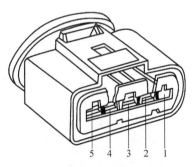

图 2-14　热膜式空气流量传感器 G70 的插头
1—5V 参考电压　2—进气温度传感器信号线
3—12V 电源　4—搭铁线　5—空气流量传感器信号线

13

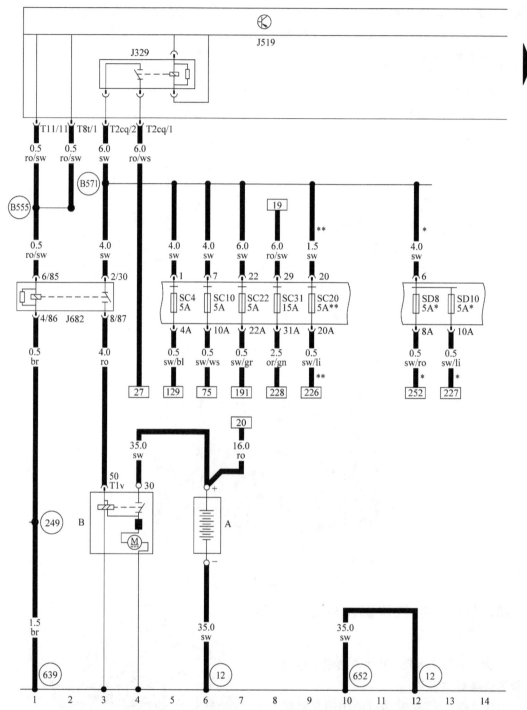

图 2-15 蓄电池、起动机、总线端 15 供电继电器、接线端 50 供电继电器、熔丝

A—蓄电池　B—起动机　J329—总线端15供电继电器，在车载电网控制单元继电器支架上　J519—车载电网控制单元
J682—接线端50供电继电器，在仪表板下左侧的继电器板上5号位（53继电器）　SC4—熔丝架C上的熔丝4
SC10—熔丝架C上的熔丝10　SC20—熔丝架C上的熔丝20　SC22—熔丝架C上的熔丝22
SC31—熔丝架C上的熔丝31　SD8—熔丝架D上的熔丝8　SD10—熔丝架D上的熔丝10
T1v—1芯黑色插头连接　T2cq—2芯黑色插头连接　T8t—8芯黑色插头连接　T11—11芯黑色插头连接
12—发动机舱内左侧接地点，在左前纵梁上　249—接地连接2，在车身线束中　639—接地点，在左侧A柱上
652—变速器和发动机接地的接地点　B555—正极连接 2 (50)，在车身线束中　B571—连接38，在车身线束中

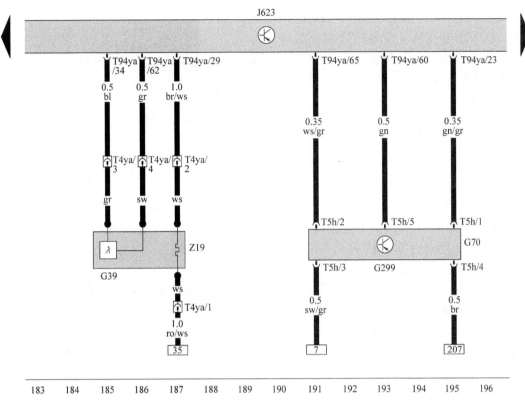

图 2-16 发动机控制单元、氧传感器、空气流量计、氧传感器加热装置、进气温度传感器 2
G39—氧传感器 G70—空气流量计 G299—进气温度传感器 2 J623—发动机控制单元 T4ya—4 芯棕色插头连接
T5h—5 芯黑色插头连接 T94ya—94 芯黑色插头连接 Z19—氧传感器加热装置
ws—白色 sw—黑色 ro—红色 br—褐色 gn—绿色 bl—蓝色 gr—灰色

（1）热膜空气各插头的端子说明

1）TH5/5 为空气流量传感器信号线，电压在 0~5V 之间变化。

2）TH5/4 为搭铁线，在车身线束 B702 中。

3）TH5/3 为电源线，打开点火开关时，由点火开关 15 号线向 J527 转向柱电子装置控制单元提供电源信号，再向 J519 提供电源信号，J519 向 J329 提供电源继电器吸合，并经熔丝 SC22（5A）向空气流量传感器提供蓄电池电压。

4）TH5/2 为进气温度传感器信号线，温度低时电压高，温度高时电压低（如在 20℃时，电压在 0.5~3V 之间）。

5）TH5/1 为电源信号线，由发动机控制单元 J623 提供 5V 电压。

（2）检测传感器的供电电压及信号电压

1）检测电源电压。关闭点火开关，拆下空气滤清器，打开点火开关，即置于"ON"位置但不起动发动机。用万用表的电压档测量空气流量传感器插头中的 TH5/3 端子（正信号线）与 TH5/4 端子（负信号线）之间的电压值，即为蓄电池电压。然后用万用表测量插头 TH5/5 端子与 TH5/4 搭铁间的电压标准值应为 5V。电源电压检测如图 2-17 所示。

2）检测信号电压。关闭点火开关，拆下空气滤清器，打开点火开关，即置于"ON"位置但不起动发动机。用万用表的电压档测量空气流量传感器插头中的 TH5/1 端子（正信号线）与 TH5/5 端子（负信号线）之间的电压值。用"+"表笔插入空气流量传感器 5 号端子线束中，"－"表笔插入3号端子的线束中。然后用电吹风（冷风档）向流量传感器空气入口吹气，观察信号电压的变化值。若信号电压不变化，说明空气流量传感器失效，应更换。标准值为2.0~4.0V。

(3) 检测线束导通性（断路）

关闭点火开关，拔下空气流量传感器的插头，拔下电控单元J623的线束插接器，用万用表检测插头TH5/1端子与ECU插接

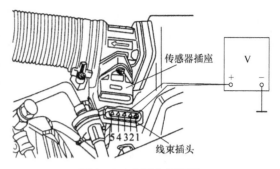

图 2-17　电源电压检测

器的TH94ya/23端子间的电阻值，标准值应小于1Ω。用万用表检测插头TH5/5端子与J623插接器的TH94ya/60端子间的电阻值，标准值应小于1Ω。用万用表检测插头TH5/2端子与ECU插接器的TH94ya/65端子间的电阻值，标准值应小于1Ω。

(4) 用诊断仪检测

用VAS5052诊断仪检测空气流量传感器信号，操作步骤如下：输入地址码01进入发动机测试，输入08读取测量数据组，输入组号02读取基本功能数据。显示区域4即为进气空气质量，其标准值为2.0~4.5g/s。若小于2.0g/s，说明进气系统有泄漏；若大于4.5g/s，说明发动机负荷太大。偏离标准值可能是空气流量传感器或其线路有故障。如果空气流量传感器有故障，会出现故障码00553-G70-空气流量传感器线路对搭铁断路或短路。

说明：进气温度传感器，作为内部计算进气温度，并且数据流不提供此数据，有故障时报故障码。

(5) 输出信号的万用表电压法检测

在线路连接完好的情况下，使发动机怠速运转，利用背插法，用万用表电压档测量端子TH5/5与搭铁之间的电压，在发动机怠速时应为1.4V，急加速时应为2.8V，否则说明空气流量传感器计量有偏差。

2. 大众CC、新款帕萨特热膜式空气流量传感器检测

大众CC、新款帕萨特1.8TSI发动机使用的是改进的三线（取消了进气温度传感器）热膜式空气流量传感器G70来计量发动机的进气量，图2-18和图2-19所示为该传感器与J519车载电网控制单元、ECU的连接电路。

(1) 热膜式空气流量传感器各插头的端子说明

1) T5f/1 为空气流量传感器信号线，由J623发动机控制单元提供电压为5V。

2) T5f/2 空气流量传感器搭铁线。

3) T5f/3 为电源线，打开点火开关时，由点火开关15号线向J519提供电源号，J519向J329提供电源继电器吸合，并经熔丝SC10（10A）向空气流量传感器提供蓄电池电压。

(2) 检测传感器的供电电压及信号电压

1) 检测电源电压。关闭点火开关，拆下空气滤清器，打开点火开关，即置于"ON"位置但不起动发动机。用万用表的电压档测量空气流量传感器插头中的T5f/1端子（正信号线）与T5f/2端子（负信号线）之间的电压值为5V。然后用万用表测量插头T5f/3端子与T5f/2搭铁（或车身）间的电压应为蓄电池电压（如无电源熔丝SB30及共电继电器J329）。

2) 检测信号电压。用万用表"＋"表笔插入空气流量传感器T5f/1号端子线束中，

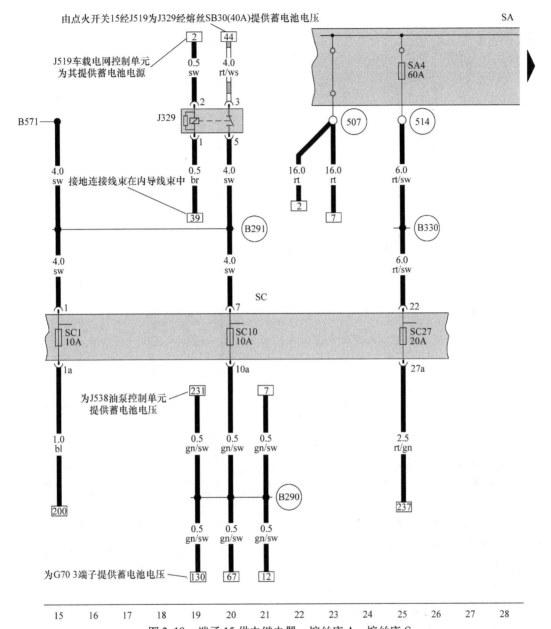

图 2-18　端子 15 供电继电器、熔丝座 A、熔丝座 C

J329—端子 15 供电继电器　SA—熔丝座 A　SA4—熔丝架 A 上的熔丝 4　SC—熔丝座 C
SC1—熔丝架 C 上的熔丝 1　SC10—熔丝架 C 上的熔丝 10　SC27—熔丝架 C 上的熔丝 27　507—螺栓
连接（30），在蓄电池熔丝座上　514—螺栓连接 4（30a），在继电器板上　B290—正极连接 14（15a），在主导线束中
B291—正极连接 15（15a），在主导线束中　B330—正极连接 16（30a），在主导线束中　B571—接地连接 38，在主导线束中

"-"表笔插入 T5f/2 号端子的线束中。然后用电吹风（冷风档）向流量传感器空气入口吹气，观察信号电压的变化值。若信号电压不变化，说明空气流量传感器失效，应更换。

（3）检测线束导通性（断路）

关闭点火开关，拔下空气流量传感器的插头，拔下电控单元 J623 的线束插接器，用万用表检测插头 T5f/1 端子与 J623 插接器的 T94/23 端子间的电阻值，标准值应小于 1Ω。用万用表检测插头 T5f/2 端子与 J623 插接器的 T94/65 端子间的电阻值，标准值应小于 1Ω。

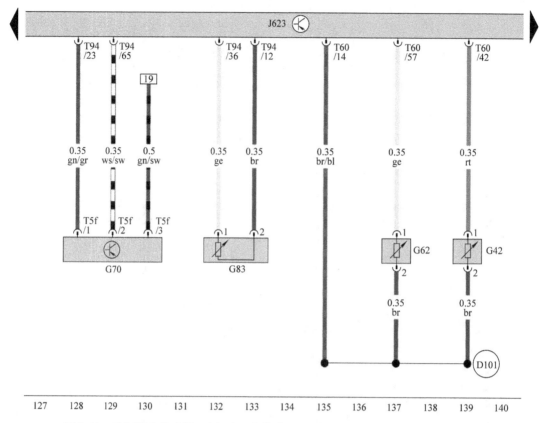

图2-19 进气温度传感器、冷却液温度传感器、空气流量传感器、冷凝器出口上的
冷却液温度传感器、发动机控制单元

G42—进气温度传感器　G62—冷却液温度传感器　G70—空气流量传感器　G83—冷凝器出口上的冷却液温度传感器，黑色
J623—发动机控制单元，排水槽内中部　T5f—5芯插头连接　T60—60芯插头连接　T94—94芯插头连接
D101—连接1，在发动机舱导线束中

3. 桑塔纳2000GSI、捷达GT、捷达GTX轿车空气流量传感器检测

桑塔纳2000GSI、捷达GT、捷达GTX轿车均使用同一类型的热膜式空气流量传感器来计量发动机的进气量，热膜式空气流量传感器与ECU的连接线束如图2-20所示。

（1）热膜式空气流量传感器各插头的端子说明

端子1为空脚；端子2为12V电源；端子3负信号线；端子4为由ECU提供的5V电源；端子5为信号线。

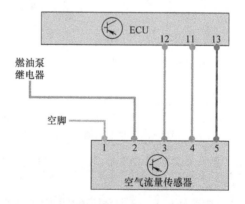

图2-20 空气流量传感器与ECU的连接线束

（2）检测传感器的供电电压及信号电压

1）检测电源电压。关闭点火开关，拆下空气滤清器，打开点火开关，即置于"ON"位置但不起动发动机。用万用表的电压档测量空气流量传感器插头中的2端子（正信号线）与搭铁线之间的电压值为蓄电池电压。然后用万用表测量插头4端子与搭铁间的电压应为5V。

2) 检测信号电压。关闭点火开关，拆下空气滤清器，打开点火开关，即置于"ON"位置但不起动发动机。用万用表"＋"表笔插入空气流量传感器 5 号端子线束中，"－"表笔插入 3 号端子（负信号线）的线束中。然后用电吹风（冷风档）向流量传感器空气入口吹气，观察信号电压的变化值。若信号电压不变化，说明空气流量传感器失效，应更换。标准值为 2.0~4.0V。

(3) 检测线束导通性（断路）

关闭点火开关，拔下空气流量传感器的插头，拔下电控单元的线束插接器，用万用表检测插头 3 端子与电控单元插接器的 12 端子间的电阻值，标准值应小于 1Ω。用万用表检测插头 4 端子与电控单元插接器 11 端子间的电阻值，标准值应小于 1Ω。用万用表检测插头 5 端子与电控单元插接器 13 端子间的电阻值，标准值应小于 1Ω。

第二节　热线式空气流量传感器

一、热线式空气流量传感器的结构

热线式空气流量传感器按其铂金热线安装位置的不同可分为主流测量式及旁通测量式两种，如图 2-21 和图 2-22 所示。主流测量式热线式空气流量传感器由铂金热线、温度补偿电阻（冷线）、取样管、控制线路板、防护网及插接器组成。热线是一根直径约为 0.07mm 的铂金丝，它装在取样管内的支承环上，其阻值随温度变化而变化，当传感器工作时，它能被控制电路提供的电流加热到 120℃ 左右，因此称为热线；取样管由一个热线支承环和两个塑料护套组成，它置于空气流量传感器主空气道的中央，两端有防护网，防护网通过卡箍固定在流量传感器的壳体上；温度补偿电阻（冷线）安装在热线附近，且靠近进气口一侧，当传感器工作时，控制电路向其提供一个电流使其温度始终低于热线温度 100℃，这样冷线温度可以起到参考标准的作用，使进气温度的变化不会影响到热线测量进气量的精度；控制线路板上的插座与发动机的 ECU 相连，用于输入信号。

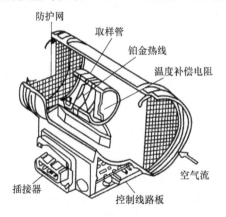 

图 2-21　热线式空气流量传感器结构（主流测量式）

旁通测量式热线式空气流量传感器与主流测量式热线式空气流量传感器的主要区别在于，它把铂金热线和温度补偿电阻（冷线）安装在旁通空气道上，且热线和补偿电阻用铂丝缠绕在陶瓷螺旋管上。

二、热线式空气流量传感器的工作原理

热线式空气流量传感器的工作原理如图 2-23 所示。安装在控制电路板上的精密电阻 R_A 和电桥电阻 R_B 与热线电阻 R_H 及温度补偿电阻 R_K 组成了惠斯通电桥。热线电阻 R_H 放在进气道内,当进气气流流经它时,其热量被流过的空气吸收,使热线变冷,且当空气流量增大时,被带走的热量也增加。热线式空气流量传感器就是利用热线与空气之间的这种热传递进行空气流量测定的。

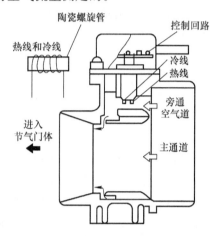

图 2-22 热线式空气流量传感器
结构(旁通测量式)

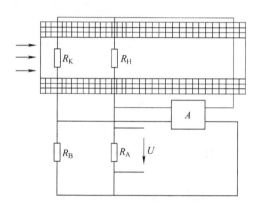

图 2-23 热线式空气流量传感器的工作原理
A—混合集成电路 R_H—热线电阻 R_K—温度补偿电阻
R_A—精密电阻 R_B—电桥电阻

混合集成电路 A 用来控制热线温度,当空气流过该热线时,由于空气带走热量使热线的电阻值发生变化,从而使惠斯通电桥失去平衡。为了保持该电桥的平衡,必须提高电压,加大通过热线的电流,进而使热线的温度升高,使原来的电阻值恢复。根据这一原理,通过控制电路,改变惠斯通电桥的电压和电流,使热线损失的热量与电流加热热线产生的热量相等,并使热线的温度和其电阻值保持一致。这样通过热线电阻的电流便是空气流量的单一函数,也就是热线电流随空气流量的增大而增大,随空气流量的减小而减小。将加热电流通过精密电阻 R_A 产生的电压降作为电压输出信号输送给 ECU,控制单元 ECU 便可通过电压降的大小测得空气流量。

精密电阻 R_A 为一个温度系数很低的金属薄电阻;温度补偿电阻 R_K 用来对热线电阻的温度进行参照,使其温度差控制在 100℃ 左右,从而提高测量精度,它与电桥电阻 R_B 的阻值都较高,这样能减少电能的损耗。

热线式空气流量传感器由于热线表面与空气直接接触,在使用一段时间后,热线表面易被空气尘埃玷污,其热辐射能力降低将会影响传感器的测量精度,因此控制电路设置有"自洁电路"以实现自洁功能。每当发动机熄火后,微机将控制自洁电路接通,将热线加热到 1000℃ 左右,并持续约 1s 的时间,从而将粘附在热线上的尘埃烧掉。另一种防止热线被玷污的方法是将热线的保持温度提高(一般设在 200℃ 以上),以便烧掉粘附的污物。

三、热线式空气流量传感器的检测方法

新款上海别克轿车采用的空气流量（MAF）传感器为热线式空气流量传感器，热线式MAF传感器使用热线电阻式元件，该元件与温度补偿电阻、精密电阻、电桥电阻及环境温度传感器共同组成惠斯通电桥。热线式MAF传感器为三导线型，安装在进气歧管中，如图2-24所示。MAF传感器插接器端子如图2-25所示，与ECU的连接电路如图2-26所示。

图2-24　MAF传感器安装位置

对热线式空气流量传感器进行检测时，应主要检测空气流量传感器的输出信号电压。首先关闭点火开关，拔下传感器插接器。然后将点火开关转至ON，但不起动发动机。用数字万用表电压档测量空气流量传感器信号端子和搭铁端子间的电压，即A端子与B端子间的电压，应为5V。当传感器输出电压正常时，可用吹风机向此传感器进气口吹风，其信号电压应随吹风量大小的变化而变化，且应符合标准规定值，否则，说明空气流量传感器已损坏，应当更换。

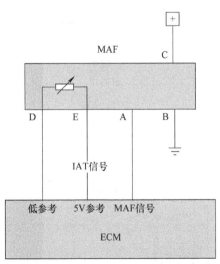

图2-25　MAF传感器插接器端子

A—空气流量传感器信号端子　B—搭铁端子　C—12V供电　D—进气温度信号端子（电压模拟信号，温度越高，电压越小）　E—5V供电

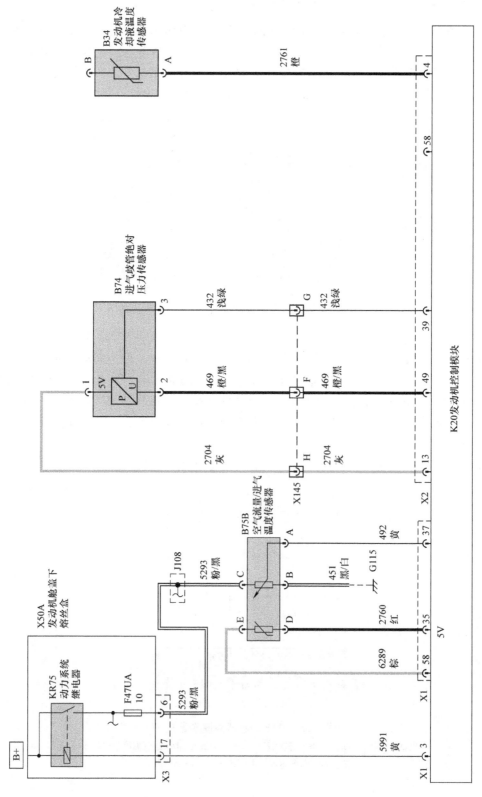

图 2-26 空气流量传感器与 ECU 的连接电路

第三章 温度传感器

★ 第一节 温度传感器概述 ★

目前,温度传感器广泛应用于汽车发动机、冷却液温度、进气温度、自动变速器油温度、燃油喷射、自动变速器的换档、离合器锁定、自动变速器和空调等系统,用于测量发动机的空调系统环境温度、室内温度等,为发动机的油压控制以及自动控制提供重要依据。

温度传感器在工业自动化上有着广泛的用途,常用的温度传感器有热电阻式、热电偶式、热敏铁氧体式、晶体管型和集成型5种。

热电阻式温度传感器是根据热电阻效应制成的传感器,热电阻效应是指物质的电阻率随其本身温度的变化而变化。热电阻按材料分为金属热电阻和热敏电阻。

若以金属元件作为检测元件来制作传感器,则要求材料的电阻温度系数、物理化学性能稳定且其自身的电阻率较大,这就使得铂和铜成为较理想的、常用的热电阻材料。由于铂在很宽的温度范围内都能保持良好的特性,因此得到了广泛的应用;而铜虽然仅适用于 -50 ~ 150℃,但其测温精度高,稳定性好,且易加工,价格便宜。

热敏电阻则是用陶瓷半导体材料与其他的金属氧化物按适当比例混合后高温烧结而成的温度系数很大的电阻。在工作范围内,按陶瓷半导体与温度的特性关系可分为3种类型:第一种是负温度系数(NTC)热敏电阻,其电阻值随温度升高而减小;第二种是正温度系数(PTC)热敏电阻,其电阻值随温度升高而按指数函数增加;第三种是临界温度系数(CRT)热敏电阻,其电阻值随温度升高而按指数函数减小。

热电偶式温度传感器是根据热电效应温差电动势效应制成的,即将两个不同材料的金属粘合在一起,其原理图如图3-1所示。在 A、B 间产生温度差 ΔT_{AB} 时,两点间会出现一个电位差 ΔU_{AB},即 A、B 两点间的电位差仅仅取决于其温度差的大小。测量时,将其中的一端置于恒温箱中,另一端置于被测物中。当被测物温度变化时,ΔU_{AB} 也将发生变化,这样 ΔU_{AB} 的变化实际上就是被测物温度变化的反映。

图 3-1 热电偶式温度传感器原理图

热敏铁氧体式温度传感器实际上是一种开关式传感器,即制成热敏铁氧体式温度传感器的材料具有强磁性。当该材料的环境温度超过某一温度时,其磁性急剧变化,从而形成不同的磁场,使传感器的舌簧开关导通或断开,进而形成电路的通断。

目前在汽车上应用的主要有热电阻式中的热敏电阻式温度传感器、热电偶式温度传感器、热敏铁氧体式温度传感器。其中,又以热敏电阻式温度传感器应用最为广泛,如安装在冷却液道上的冷却液温度传感器、仪表板上的冷却液温度表传感器、安装在风窗玻璃底下及前保险杠内的车内外空气温度传感器、安装在空气流量计/滤清器/进气歧管/进气导管内的进气温度传感器、安装在空调蒸发器片上的蒸发器出口温度传感器、安装在三元催化转化器上的排气温度传感器、安装在（排气再循环）EGR进气道上的EGR检测温度传感器、安装在变速器液压阀体上的变速器油液温度传感器等。热电偶式温度传感器由于热电位差不高，在汽车上应用较少，主要用于排气系统中排气温度的确定。热敏铁氧体式温度传感器在汽车上主要用于控制散热器的冷却风扇。

此外还要提到的就是应用在老式化油器式发动机上的石蜡式及双金属片式气体温度传感器。其中石蜡式气体温度传感器是利用石蜡的低温固态、高温液态、体积膨胀推动活塞运动，从而打开/关闭阀门的原理制成的。而双金属片式气体温度传感器则是利用膨胀系数不同的两种金属粘合后，高温时，由于两种金属的膨胀系数不同，从而使双金属片向膨胀量小的一方弯曲的特性制成的可关闭阀门。

第二节 热敏电阻式温度传感器

热敏电阻式温度传感器由于灵敏度高，能够测量微小的温差，结构简单，价格低廉，经济性好，在汽车的电子控制系统中有着越来越广泛的使用。

一、进气温度传感器

1. 进气温度传感器的结构与原理

进气温度传感器用于检测进气温度，并将温度信号变换为电信号传送给ECU。进气温度信号是各种控制功能的修正信号。如果进气温度传感器信号中断，就会导致热起动困难，废气排放量增大。

由于空气流量传感器测定的空气流量为体积流量，因此需要装配进气温度传感器和大气压力传感器。ECU根据发动机的进气温度和压力信号修正喷油量，使发动机自动适应外部环境温度（寒冷、高温）和压力（高原、平原）变化。当进气温度低时（空气密度大），热敏电阻阻值大，传感器输入ECU的信号电压高，ECU控制喷油器增加喷油量；反之，当进气温度高时（空气密度小），热敏电阻阻值小，传感器ECU的信号电压低，ECU将控制喷油器减少喷油量。

（1）进气温度传感器的安装位置与结构

进气温度传感器通常安装在空气滤清器之后的进气软管、空气流量传感器和进气压力传感器上，有的还在空气流量传感器和谐振腔上各安装一个，以提高喷油量的控制精度，其安装示意图如图3-2所示。

进气温度传感器在电子汽油喷射系统中的作用是用来测量进气温度，因进气密度随温度变化而变化，而喷油量是按空气质量计算的，理想空气燃油比是14.7:1，因此，电控

图3-2 进气温度传感器安装示意图

单元ECU必须根据进气温度对喷油量进行修正，以获得最佳的空燃比。

进气温度传感器的结构如图3-3所示，主要由绝缘套、塑料外壳、防水插座、铜垫圈和热敏电阻等部件组成。

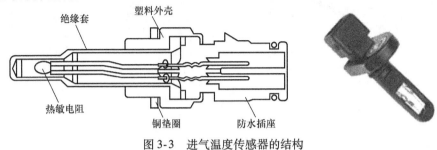

图3-3　进气温度传感器的结构

（2）进气温度传感器的工作原理

进气温度传感器采用负温度系数的热敏电阻作为检测元件，为准确测量进气温度，常用塑料外壳加以保护，以防安装部位的温度影响传感器的工作精度。

进气温度传感器与ECU的连接电路如图3-4所示，ECU根据进气温度传感器输入的信号来修正基本喷油量。进气温度传感器的工作特性如图3-5所示。

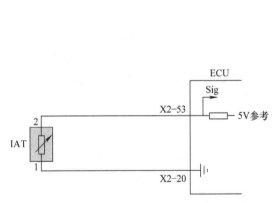

图3-4　进气温度传感器与ECU的连接电路

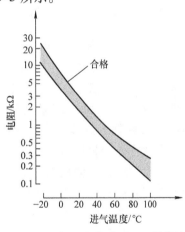

图3-5　进气温度传感器的工作特性

2. 进气温度传感器的检测方法

1）单体检测。关闭点火开关，断开进气温度传感器线束插接器，从发动机上拆下传感器。用制冷剂或压缩空气对进气温度传感器降温，也可采用放入水中加温的方法对此传感器进行加温，如图3-6所示。用万用表电阻档测量传感器两端子间的电阻（阻值应在0.2～20kΩ），其电阻值随温度变化而变化的规律应与图3-5所示特性曲线的变化规律相一致。如果电阻值不在此范围内，则应更换进气温度传感器。

2）就车检测法。拔下传感器插头，接通点火开关，测量插头上THA端子与E2端子之间的电压（应为5V）。若无电压，则应检查ECU插接器上THA端子与E2端子间电压，若此电压为5V，则ECU与传感器之间线路有故障；若无5V电压，则为ECU有故障。插回插件，起动发动机，测量传感器THA端子与E2端子之间在不同温度下的电压，应在0.1～4.8V之间变化（车型不同略有差异，但变化规律基本上是相同的）。如果测量值与规定值

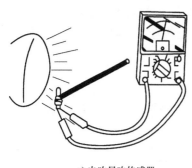
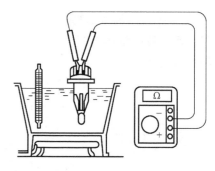

a) 电吹风吹传感器　　　　　　　　b) 热水加热传感器

图 3-6　进气温度传感器单体检测

不符，说明进气温度传感器有故障或者损坏，应重换新件。

3）检测进气温度传感器与 ECU 之间连接线束的电阻值。用高阻抗万用表的电阻档测量传感器的信号端子与 ECU 的信号端子之间的连接线束及传感器的地线端子与 ECU 的地线端子之间的电阻。此时线路应导通，且电阻应小于 1.5Ω，否则说明线束短路或接线端子的接触不好，应继续检查或更换线束。

二、冷却液温度传感器

1. 冷却液温度传感器的工作原理

冷却液温度传感器用于检测发动机冷却液温度，向 ECU 输入温度信号，作为燃油喷射和点火正时的修正信号，同时也是其他控制系统的控制信号。在冷却液温度较低的冷机状态下，加浓空燃比，使发动机稳定地燃烧。在发动机为冷机时，如不能发出冷机状态信号，则空燃比变得稀薄，发动机处于不正常状态。反之，当发动机处于暖机状态，若发出冷机状态信号，空燃比过浓，发动机仍处于不正常状态。冷却液温度传感器特性如图 3-7 所示。冷却液温度传感器的接头端子如图 3-8 所示，与 ECU 的连接电路如图 3-9 所示，其中，THW 为信号端子，E1 为地线。

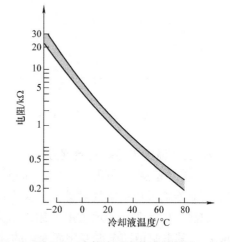

图 3-7　冷却液温度传感器特性

从图 3-9 中可以看出，ECU 使 5V 的电压通过 $1k\Omega$ 电阻和晶体管串联后再与 $10k\Omega$ 电阻并联，然后经过传感器接地。在温度比较低时，传感器热敏电阻的阻值较大，此时 ECU 使晶体管截止，5V 电压仅仅通过 $10k\Omega$ 电阻及传感器后接地，由于传感器热敏电阻的阻值与 $10k\Omega$ 电阻的阻值相差不大，这样传感器所测得的数值比较准确。而当温度达到一个特定值 $51.6℃$ 时，热敏电阻的阻值发生了很大的变化，此时其阻值相对 $10k\Omega$ 已经较小，测得的数值不再准确；这时 ECU 使晶体管导通，这样 5V 电压就通过 $1k\Omega$ 电阻和晶体管串联后再与 $10k\Omega$ 电阻并联，然后经过传感器接地；由于并联后的阻值与 $1k\Omega$ 相差不大，即与温度升高后的传感器阻值相差不大，这样即使温度升高后发生变化，也能使测量结果保持准确。

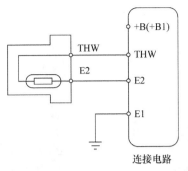
图 3-8　冷却液温度传感器的接头端子

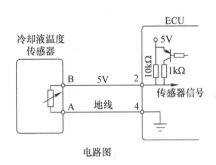
图 3-9　冷却液温度传感器与 ECU 的连接电路

2. 冷却液温度传感器的安装位置与结构

冷却液温度传感器（即水温传感器）一般装在电控发动机的缸体缸盖的水套及上出水管等处，如图 3-10 所示。冷却液温度传感器的结构，有两端子式（图 3-11）和单端子式两种，主要由热敏电阻、金属引线、接线插座和壳体组成。

a) 安装在缸体上

b) 安装在冷却液循环通道上

图 3-10　冷却液传感器安装位置

3. 冷却液温度传感器的检测方法

冷却液温度传感器的工作性能好坏直接影响着电喷发动机的喷油量，从而影响发动机的燃烧性能。若传感器损坏，会使汽车发动机出现不易起动、工作不平稳等故障。若出现此类故障，则应对传感器进行检测。其实，在电控喷射的发动机上，一般的汽车都有故障自诊断系统，若传感器或其他元件损坏，故障自诊断系统几乎都能检测到故障部位，且以故障码的形式在屏幕上显示出来。冷却液温度传感器的检测方法如下。

(1) 检测冷却液温度传感器的电阻

1) 就车检测。关闭点火开关，拔下冷却液温度传感器插接器接头，用高阻抗数字式万用表电阻档检测传感器接头两端子间的电阻，如图 3-12 所示。其阻值应在 0.2 ~ 20kΩ 之内，若电阻值偏差过大，则说明传感器已失效或损坏，应更换传感器。

2) 单体检测。从车上拆下冷却液温度传感器，并将其置于水杯中，缓慢加热提高水温，同时用万用表测量传感器两端子间的电阻值，如图 3-13 所示。其阻值随温度的变化应符合表 3-1 的要求，否则说明传感器已失效或损坏，应更换传感器。

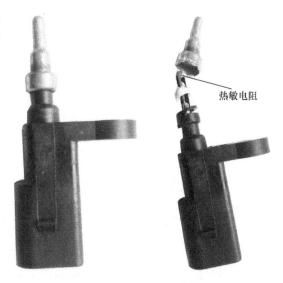

图 3-11 两端子式冷却液温度传感器结构

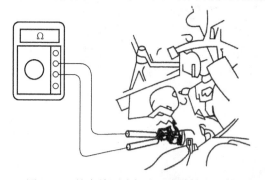

图 3-12 就车检测冷却液温度传感器阻值

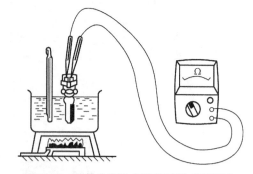

图 3-13 单体检测冷却液温度传感器阻值

表 3-1 冷却液温度传感器阻值随温度的变化

冷却液温度/℃	电阻值/kΩ	冷却液温度/℃	电阻值/kΩ
-20	10 ~ 20	40	0.9 ~ 1.3
0	4 ~ 7	60	0.4 ~ 0.7
20	2 ~ 3	80	0.2 ~ 0.4

(2) 检测冷却液温度传感器的信号电压

打开点火开关，用万用表的两端子分别连接冷却液温度传感器的信号线或 ECU 的信号线与地线，注意正负极。用万用表电压档测量传感器的输出电压值，其大小应随冷却液温度的变化而变化，即温度低时电压高，温度高时电压低，测量结果应符合标准规定值，否则应更换传感器。

(3) 检测冷却液温度传感器与 ECU 之间连接线束的电阻值

用高阻抗万用表的电阻档测量传感器的信号端子与 ECU 的信号端子之间的连接线束及传感器的地线端子与 ECU 的地线端子之间的电阻，此时线路应导通，即电阻应小于 1.5Ω，否则说明线束短路或接线端子的接触不好，应继续检查或更换线束。

4. 检测方法在具体车型上的应用

以上对冷却液温度传感器的检测方法已经进行了简单介绍，现在就一些常见车型上的冷却液温度传感器的检测方法进行举例说明。

（1）大众 CC 轿车冷却液温度传感器的检测

大众 CC、速腾、迈腾、高尔夫轿车都使用同一型号的冷却液温度传感器 G62。G62 为负温度系数的热敏电阻式传感器，安装在发动机冷却液出水管即冷却水套中（图 3-14），用于检测发动机冷却液的温度，并把所检测到的温度信号以电信号的形式输入 ECU，为修正喷油量及点火时间提供依据。G62 的接头端子号码为 1 和 2，与 J623 控制单元的 T60/14 和 T60/57 号接头端子相连，G62 传感器与 ECU 的连接如图 3-15 所示。

图 3-14 大众 CC 轿车冷却液温度传感器结构及安装位置

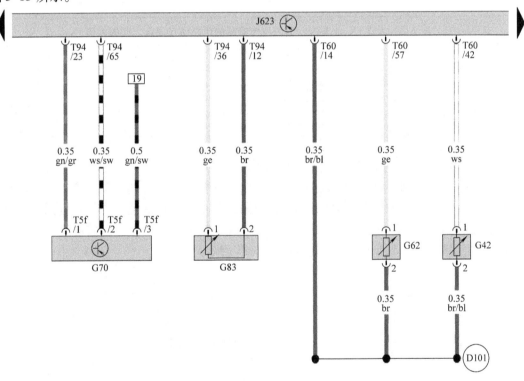

图 3-15 进气温度传感器、冷却液温度传感器、空气质量计、冷凝器出口上的冷却液温度传感器、发动机控制单元
G42—进气温度传感器　G62—冷却液温度传感器　G70—空气质量计　G83—冷凝器出口上的冷却液温度传感器
J623—发动机控制单元　T5f—5 芯插头连接　T60—60 芯插头连接　T94—94 芯插头连接　D101—连接 1
ws—白色　sw—黑色　br—褐色　gn—绿色　bl—蓝色　gr—灰色　ge—黄色

冷却液温度传感器 G62 不断地向 ECU 输入冷却液温度的信号，如果此温度传感器损坏，那么信号也将中断，ECU 也不能再确定冷却液温度，这会导致发动机冷机或热机时起动困难、油耗增加、怠速不稳、排放升高等故障。冷却液温度传感器的检测方法如下：

1）检测电源电压。拔下冷却液温度传感器的插接器接头，打开点火开关，测量 ECU 相应端子间 J623 控制单元的 T60/14 和 T60/57 号接线端子的电压，应为 5V 左右。

2）检测信号电压。插上冷却液温度传感器的插头，接通点火开关，检测端子 2 和端子 1 间的信号电压，应为 0.5~4.8V。若电压值不在此范围内，则表明传感器已失效或损坏，应更换。冷却液温度传感器的信号电压与冷却液温度之间的关系见表 3-2。

3）检测电阻。断开点火开关，拆下冷却液温度传感器，并将其放入装满水的容器里加热。用万用表测量不同温度下传感器两端子间的阻值，应满足表 3-3 的要求，否则，应更换传感器。

表 3-2 大众 CC 轿车冷却液温度传感器的信号电压与冷却液温度之间的关系

冷却液温度/℃	信号电压值/V	冷却液温度/℃	信号电压值/V
-20	4.78	60	2.25
-10	4.62	80	1.99
0	4.45	100	1.56
20	3.78	120	0.70
40	3.09		

表 3-3 大众 CC 轿车冷却液温度传感器的电阻值与温度之间的关系

端子	温度/℃	电阻值/Ω	端子	温度/℃	电阻值/Ω
1-2	0	5000~6500	1-2	60	540~675
1-2	10	3350~4400	1-2	70	400~500
1-2	20	2250~3000	1-2	80	275~375
1-2	30	1500~2100	1-2	90	200~290
1-2	40	950~1400	1-2	100	150~225
1-2	50	700~950			

（2）新款捷达轿车冷却液温度传感器的检测

新款捷达轿车冷却液温度传感器 G62 安装在气缸盖排气侧后端位置。冷却液温度传感器是一个 NTC 电阻，当冷却液温度升高时，电阻值降低。冷却液温度表传感器则将冷却液温度信号输入 ECU，修正燃油喷射量和点火正时等。新款捷达轿车冷却液温度传感器的结构与安装位置如图 3-16 所示，电路连接如图 3-17 所示。

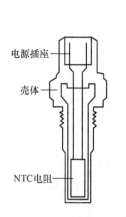
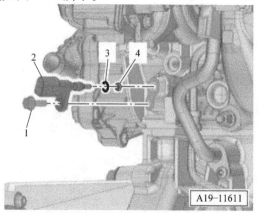

图 3-16 新款捷达轿车冷却液温度传感器的结构与安装位置
1—拧出螺栓 2—冷却液温度传感器 G62 3—O 形环 4—支撑环

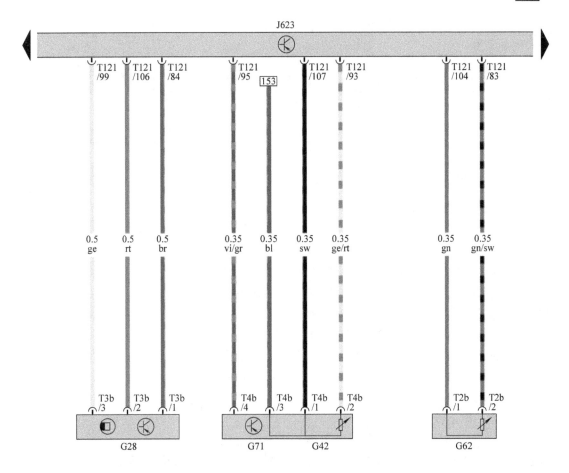

图 3-17　发动机转速传感器、冷却液温度传感器、进气管压力传感器、发动机控制单元
G28—发动机转速传感器　G42—进气温度传感器　G62—冷却液温度传感器　G71—进气管压力传感器
J623—发动机控制单元　T2b—2 芯插头连接　T3b—3 芯插头连接　T4b—4 芯插头连接　T121—121 芯插头连接
sw—黑色　rt—红色　br—棕色　gn—绿色　bl—蓝色　gr—灰色　vi—淡紫色　ge—黄色

冷却液温度传感器不断地向 ECU 输入冷却液温度信号，如果信号中断，不能再确定冷却液温度，会导致发动机在冷机或热机时起动困难、油耗增高、怠速不稳、排放升高。冷却液温度传感器接头端子号码为 T2b/1 和 T2b/2，分别与发动机控制单元 J623 的负信号线 T121/104 和 T121/83 线相连接。传感器的检测方法如下：

1）检测电源电压。拔下冷却液温度传感器插头，接通点火开关，测量发动机控制单元 J623 的 T121/83 与车身搭铁之间的电压，应为 5V 左右。

2）检测传感器电阻值。关闭点火开关，拔下冷却液温度传感器，将冷却液温度传感器放入盛满水的加热容器中。在不同的温度下，测量传感器两端子 T2b/1 和 T2b/2 之间的电阻值，应符合表 3-4 的规定值。如果测量结果不符，则传感器已损坏，应进行更换。

表3-4 新款捷达轿车冷却液温度传感器电阻值与温度之间的关系

温度/℃	电阻/Ω	温度/℃	电阻/Ω
10	3500	60	575
20	2500	70	425
40	1250	80	325
50	970	100	200

三、车内外温度传感器

1. 车内外温度传感器的工作原理

车内温度传感器的壳体内有一个 NTC 温度传感器，它通过一个小鼓风机从车内吸取空气。NTC 温度传感器用来测量气流的温度，它可以防止车内温度传感器的升温，这种升温可能会对测量结果造成负面影响。鼓风机与传感器元件安装在一个共用的壳体内。

车外温度传感器的阻值随环境温度的变化而变化，并把这种变化信号输入给空调控制系统的 ECU，使其带动空调压缩机运转，从而保持车内温度在恒定的范围内。其特性曲线如图 3-18 所示。

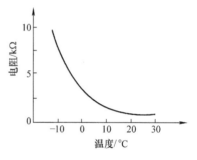

图 3-18 车外温度传感器的特性曲线

2. 车内外温度传感器的结构

车内外温度传感器主要用于测量车内、车外的空气温度，为汽车空调控制系统工作温度的控制提供信息。车内外温度传感器的结构如图 3-19 所示。

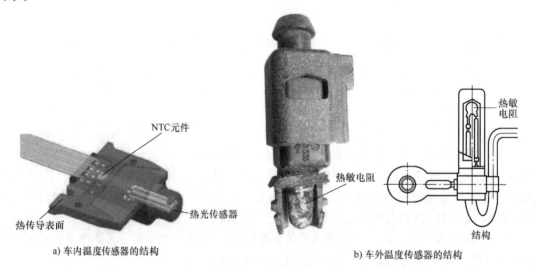

a) 车内温度传感器的结构　　b) 车外温度传感器的结构

图 3-19 车内外温度传感器的结构

3. 车内外温度传感器安装位置

车外温度传感器与车内温度传感器在空调系统中与电位计串联。当车外空气温度变化时，车外温度传感器的电阻值也随之发生变化。这时，空调控制系统起动空调压缩机运转，保持车内温度恒定在设定范围。车外温度传感器一般安装在汽车前部，如图3-20所示。车内温度传感器有两个，一个安装在驾驶室空调控制面板前端（图3-21），一个安装在后风窗玻璃下面。车内外温度传感器的接头端子与自动空调控制单元的连接电路及电路图如图3-22、图3-23所示。

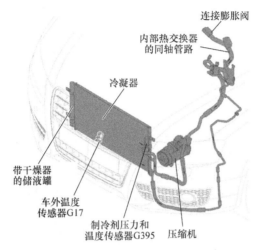

图3-20　车外温度传感器安装位置

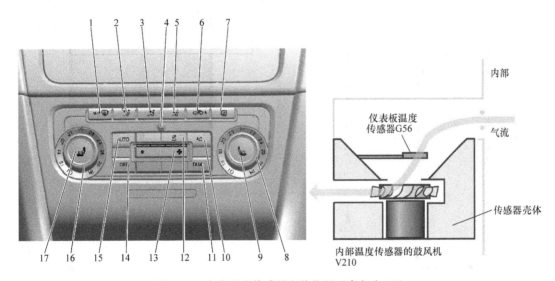

图3-21　车内温度传感器安装位置（高尔夫A6）

1—风窗玻璃除霜按钮　2—上部气流分配按钮　3—中部气流分配按钮　4—车内温度传感器　5—下部气流分配按钮　6—循环空气运行模式或自动循环空气运行模式按钮　7—后风窗加热按钮　8—车内温度旋钮（右侧）　9—右侧座椅加热装置按钮（选装）　10—AC按钮　11—ECON按钮　12—快速加热按钮　13—风扇调节器　14—空调OFF按钮　15—自动（AUTO）按钮　16—车内温度旋钮（左侧）　17—左侧座椅加热装置按钮（选装）

4. 车内温度传感器的检测方法

车内温度传感器将热敏电阻装在塑料壳内，利用抽风装置将车内空气从吸气孔处吸入塑料壳内来检测车内温度。

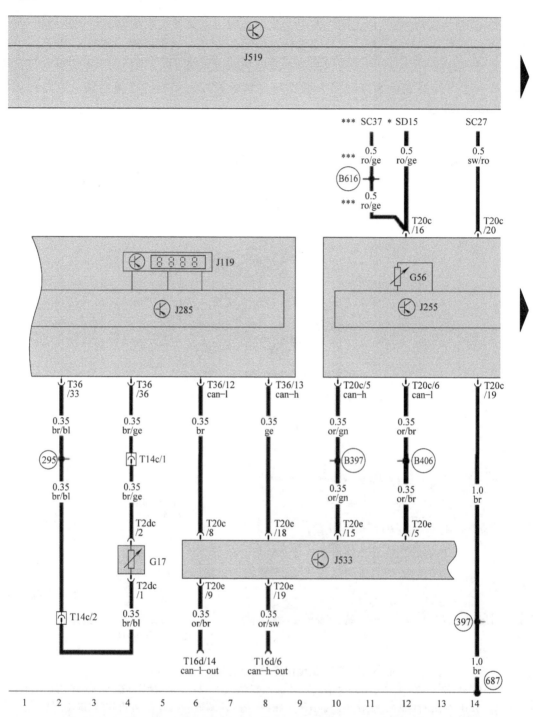

图 3-22 组合仪表、车外温度传感器、全自动空调控制单元、自诊断接口、熔丝
G17—车外温度传感器　G56—仪表板温度传感器　J119—多功能显示器　J255—全自动空调控制单元
J285—组合仪表控制单元　J519—车载电网控制单元　J533—数据总线诊断接口　SC27—熔丝架 C 上的熔丝 27
SC37—熔丝架 C 上的熔丝 37　SD15—熔丝架 D 上的熔丝 15　T2dc—2 芯插头连接　T14c—14 芯插头连接，
左前保险杠接柱　T16d—16 芯插头连接，自诊断接口　T20c—20 芯插头连接　T20e—20 芯插头连接　T36—36 芯插头连接
295—接地连接 10，在车内线束中　397—接地连接 32，在主线束中　687—接地点 1，在中间通道上　B397—连接 1
（舒适 CAN 总线 High），在主线束中　B406—连接 1（舒适 CAN 总线 Low），在主线束中　B616—正极连接 12（30a），
在车内线束中　*—到 2008 年 12 月止　***—自 2009 年 01 月起

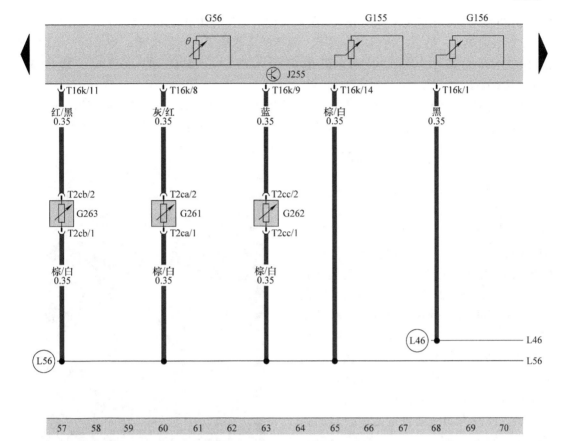

图 3-23 车内温度传感器电路图

G56—仪表板温度传感器，在空调控制面板上　G155—左侧出风口温度调节器　G156—右侧出风口温度调节器
G261—左侧脚部空间出风口温度传感器，在空调器左侧上部　G262—右侧脚部空间出风口温度传感器，在空调器右侧上部
G263—蒸发器出风口温度传感器　J255—控制单元，在仪表板中部　T2ca—2 针插头，黑色，左侧脚部空间
出风口温度传感器插头　T2cb—2 针插头，黑色，蒸发器出风口温度传感器插头　T2cc—2 针插头，黑色，右侧脚部
空间出风口温度传感器插头　T16k—16 针插头，黑色，在 Climatronic 控制单元上 B 号位　L46—连接线，在空调束中
L56—连接线，在空调线束中

1）电压测量。拆下空调控制器，但不断开连接线，将点火开关旋至 ON 位置，用万用表测量传感器 G56 两端子之间的电压。测量时，电压会随温度的升高而下降。在 25℃时，电压应为 1.8～2.2V；在 40℃时，电压应为 1.2～1.6V。

2）电阻测量。拆下车内温度传感器，测量插接器的端子之间的电阻。测量时，电阻应随温度的升高而减小。在 25℃时，阻值应为 1.65～1.75kΩ；在 40℃时，阻值应为 0.55～0.65kΩ。

3）故障应对策略。若该传感器发生故障，则将内部温度设定为一个固定的温度值（25℃）。

5. 车外温度传感器的检测方法

车外温度传感器也称环境温度传感器、外界空气温度传感器或大气温度传感器。它能影响出风口空气的温度、鼓风机的转速、进气门的位置和模式门的位置以及压缩机的工作状态。

1）电压测量。拆下汽车散热器护栅，但不断开连接线，将点火开关旋至 ON 位置，用万用表测量传感器 T36/33 和 T36/36 两端子之间的电压。测量时，电压会随温度的升高而下降。在25℃时，电压应为1.4~1.8V；在40℃时，电压应为0.9~1.3V。

2）电阻测量。拆下车内温度传感器，测量插接器端子之间的电阻。测量时，电阻应随温度的升高而减小。在25℃时，阻值应为1.65~1.75kΩ；在40℃时，阻值应为0.55~0.65kΩ。

3）故障应对策略。若一个传感器失效，控制单元采用另外完好的传感器的信号。若两个传感器都失效，则关闭制冷功能并将外界温度设定为一个固定的温度值（10℃）。

四、蒸发器出口温度传感器

1. 蒸发器出口温度传感器工作原理

蒸发器出口温度传感器安装在汽车空调系统的蒸发器片上或出风口处（拆卸右侧的脚部空间饰板，将蒸发器温度传感器G308沿箭头方向旋转90°，并将其从外壳中取出），如图3-24所示，主要用来检测蒸发器表面的温度变化，控制压缩机的工作状况。工作时，出口温度传感器检测蒸发器表面的温度信号，并把它转化为电信号输入给温度控制系统的ECU，ECU将输入的温度信号与设定的温度调节信号进行比较后，控制空调压缩机电磁离合器的通断，从而对压缩机的工作进行控制；同时，利用该传感器检测到的温度信号可以防止蒸发器出现结冰现象。汽车空调系统原理图如图3-25所示。

图3-24 迈腾BL7蒸发器出口温度传感器的安装位置

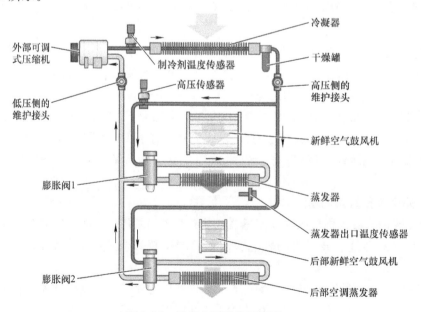

图3-25 汽车空调系统原理图

2. 蒸发器出口温度传感器结构与特性

蒸发器出口温度传感器仍采用负温度系数的热敏电阻为检测元件，工作温度为 20 ~ 60℃，其结构与特性如图 3-26 所示。新款高尔夫轿车蒸发器出口温度传感器与控制单元的连接电路如图 3-27 所示。

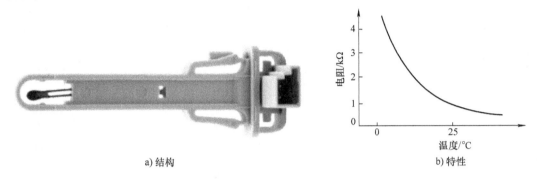

a) 结构　　　　　　　　　　　b) 特性

图 3-26　蒸发器出口温度传感器的结构与特性

3. 蒸发器出口温度传感器的检测方法

若空调系统发生了故障，且在蒸发器的制冷剂出口处即高压管路上出现了结冰现象（即冰堵），同时压缩机不能正常工作，则蒸发器出口温度传感器的连接电路可能出现断路或短路的故障，此时应对蒸发器出口温度传感器进行检测，检测方法如下：

1）检查蒸发器温度传感器和空调控制器总成之间的插接器及各导线的连接情况，检查空调控制器总成的状况。

2）电压测量。拆卸右侧的脚部空间饰板，但不断开连接线，将点火开关旋至 ON 位置，用万用表测量传感器 1 和 2 两端子之间的电压。测量时，电压会随温度的升高而下降。在 0℃时，电压应为 2.0 ~ 2.4V，在 15℃时，电压应为 1.4 ~ 1.8V。

3）电阻测量。拆下蒸发器传感器，测量插接器的端子 1 和 2 之间的电阻。在 0℃时，阻值应为 4.5 ~ 5.2kΩ；在 15℃时，阻值应为 2.0 ~ 2.7kΩ。注：大众轿车在常温下的阻值约为 8.2kΩ。

4）故障应对策略。若没有该传感器的信号，控制单元就无法知道蒸发器内的空气温度有多高，这样空调压缩机的自适应控制就无法进行。在此情况下，压缩机的功率输出将会降低到不允许蒸发器结冰的温度。

五、排气温度传感器

1. 排气温度传感器工作原理

当发动机起动时，起动信号开关（ST）打开，同时点火开关打开，此时警告灯点亮，这是制造厂为检查排气温度警告灯灯泡的灯丝是否良好而设置的功能。在行驶过程中，若排气温度过高（超过 900℃时），则排气温度传感器的电阻值降到 0.43kΩ 以下，此时排气温度警告灯点亮；当车厢底板温度超过 125℃时，底板温度传感器的电阻超过 2kΩ，这时在排气温度警告灯点亮的同时蜂鸣器也发出响声；当排气温度在 900℃ 以下，底板温度也低于 125℃ 时，排气温度传感器的电阻大于 0.43kΩ，底板温度传感器的电阻值低于 2kΩ，这时排气温度警告灯不亮，蜂鸣器也无声响。排气温度传感器报警系统电路如图 3-28 所示。

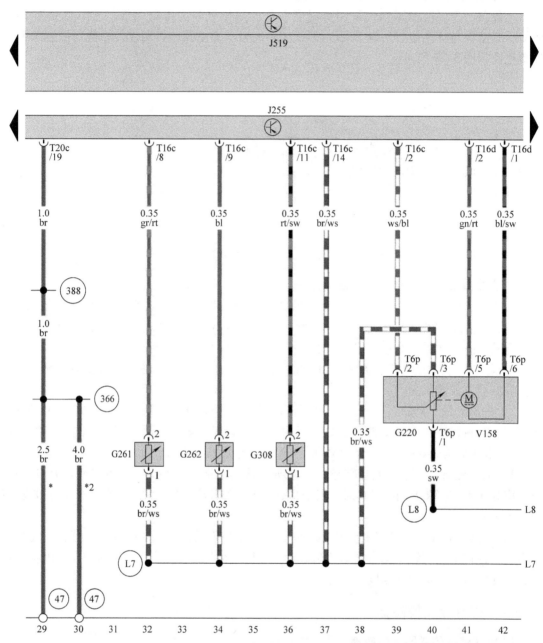

图 3-27 新款高尔夫轿车蒸发器出口温度传感器与控制单元的连接电路

G220—左侧温度风门伺服电动机电位计　G261—左侧脚部空间出风口温度传感器　G262—右侧脚部空间出风口温度传感器　G308—蒸发器温度传感器　J255—Climatronic 控制单元，中控台之后　J519—车载电网控制器　T6p—6 芯插头连接　T16c—16 芯插头连接　T16d—16 芯插头连接　T20c—20 芯插头连接　V158—左侧温度风门伺服电动机　47—接地点，在右前脚部空间中　366—接地连接 1，在主导线束中　388—接地连接 23，在主导线束中　L7—连接 3，在空调器导线束中　L8—连接 4，在空调器导线束中　*—仅适用于不带发动机自动起停系统的车辆　*2—仅适用于带自动起停系统的车辆

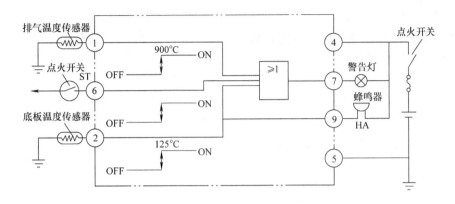

图 3-28 排气温度传感器报警系统电路

2. 排气温度传感器的结构

排气温度传感器安装在汽车排气装置三元催化转化器上,用以检测转化器内排放气体的温度。排气温度传感器的结构如图 3-29 所示,其安装位置如图 3-30 所示。这种传感器用于排气装置上三元催化转化器内温度异常高时的报警系统,以防止因过热而使催化剂性能下降,对车辆造成损失。正常工作情况下,该系统不工作;当发生失火等故障,或工作条件极为苛刻时,该系统启动,并以排气温度警告灯点亮的方式向驾驶人发出警告。

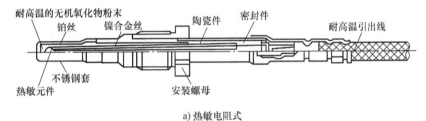

a) 热敏电阻式

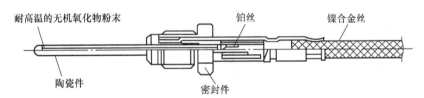

b) 热电偶式

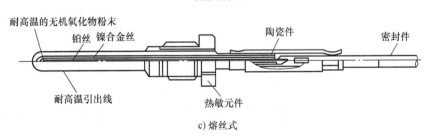

c) 熔丝式

图 3-29 排气温度传感器的结构

3. 检测方法

1）就车检测。在接通点火开关时，排气温度传感器指示灯点亮，而在发动机起动时指示灯熄灭，表明传感器良好。

2）检测传感器电压。打开点火开关，用万用表分别检测端子 T94/75、T94/32、T94/9 与搭铁之间的电压，应为 5V，否则电路故障。新款奥迪 TDI 2.0L 排气温度传感器电路图如图 3-31 所示。

3）单体检测。排气温度传感器的单体检测是测量电阻值。用炉子加热传感器顶端 40mm 长的部分，直到靠近火焰处呈暗红色，这时传感器插接器端子间的电阻值应在 $0.4 \sim 20 k\Omega$ 之间。排气温度传感器引线的橡胶管有损伤时，应当换用新的传感器。

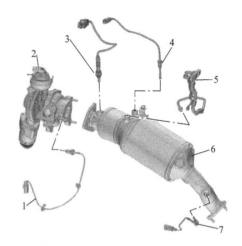

图 3-30 新款奥迪 TDI 2.0L 排气温度传感器安装位置
1—废气涡轮增压器 2—氧传感器 G39，带有氧传感器加热装置 Z19 3—排气温度传感 G495 4—排气压力传感器 G450 5—排气温度传感器 G648 6—颗粒过滤器 7—排气温度传感器 G235

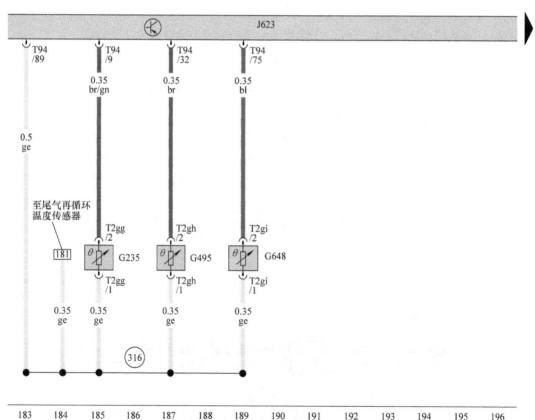

图 3-31 新款奥迪 TDI 2.0L 排气温度传感器电路图
G235—排气温度传感器 1 G495—排气温度传感器 3 G648—排气温度传感器 4 J623—发动机控制单元
T2gg、T2gh、T2gi—2 芯插头连接 T94—94 芯插头连接
316—接地连接（传感器接地 2），在发动机线束中

第四章 压力传感器

目前,压力传感器在汽车上得到了广泛的应用,常见的有进气歧管压力传感器、大气压力传感器、油压传感器、空气滤清器真空开关传感器、机油压力传感器、空调高低压传感器、主动悬架的控制阀压力传感器、蓄压器压力传感器、增压传感器等。

压力传感器也是工业自动化系统中应用较广泛的一种传感器,它常用来检测气体和液体的压力,并将压力信号转化为电压信号。常见的压力传感器有半导体式、真空膜盒式、应变片式及膜片弹簧式几种。半导体式压力传感器是利用半导体压阻效应(将压力的变化转化为电阻的变化)的原理制成的。工作时,半导体硅膜片受压产生应力,随着膜片应力的变化,其上以集成加工技术制成的4个压敏电阻(以惠斯通电桥的方式连接)的阻值发生变化,从而将压力信号转变为电信号输出。

由于半导体式压力传感器的体积小、精度高、成本低,而且响应性、再用性和稳定性好,因此在汽车上得到了广泛的使用。

★ 第一节 进气压力传感器 ★

进气歧管绝对压力传感器也称进气压力传感器(MAP),主要用在D型和缸内直喷汽油喷射系统中,根据发动机的负荷测出进气歧管内压力的变化,通过电路的连接将其转化为电信号和转速信号一起输入给汽车电控单元(ECU),作为确定喷油器喷油量的基本依据。进气压力增大,喷油量增多,点火提前角变小。

进气温度传感器用于检测进气温度,并将温度信号变换为电信号传送给ECU。进气温度信号是各种控制功能的修正信号。如果进气温度传感器信号中断,就会导致热起动困难,废气排放量增大。

ECU根据发动机的进气温度和压力信号修正喷油量,使发动机自动适应外部环境温度(寒冷、高温)和压力(高原、平原)变化。当进气温度低时(空气密度大),热敏电阻阻值大,传感器输入ECU的信号电压高,ECU控制喷油器增加喷油量;反之,当进气温度高时(空气密度小),热敏电阻阻值小,传感器ECU的信号电压低,ECU将控制喷油器减少喷油量。

进气压力传感器的种类较多,按其信号的产生原理可以分为电压型和频率型两种。电压型又可分为半导体压敏电阻式(电阻应变计式)和膜盒传动可变电感式;频率型可分为电容式和表面弹性波式。其中以半导体压敏电阻式应用最多。

一、半导体压敏电阻式进气压力传感器

1. 半导体压敏电阻式进气压力传感器的结构与原理

半导体压敏电阻式进气压力传感器是利用半导体的压阻效应原理制成的,主要由硅膜

片、真空室、硅杯、底座、真空管和电极引线组成，其结构如图 4-1 所示。

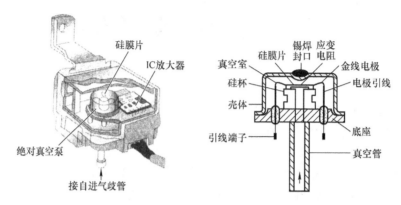

图 4-1 半导体压敏电阻式进气压力传感器的结构

硅膜片是用单晶硅制成的压力转换元件，其长和宽各为 3mm，厚度为 160μm。在硅膜片的中心部位，用腐蚀方法制作了一个直径为 2mm、厚度为 50μm 的薄膜片。在薄膜片表面的圆周上，采用集成电路加工和台面扩散技术制作了 4 只阻值相等的应变电阻，并将 4 只电阻连接成惠斯通电桥电路，然后再与传感器内部的温度补偿电阻和信号放大电路等混合集成电路连接。硅膜片结构及等效电路如图 4-2 所示。

2. 半导体压敏电阻式进气压力传感器的工作原理

半导体压敏电阻式进气压力传感器的工作原理如图 4-3 所示。硅膜片一面通真空室，一面承受来自进气歧管中气体的压力。在此气体压力的作用下，硅膜片会产生变形，且压力越大形变越大。膜片上应变电阻的阻值在此压力的作用下就会发生变化，使传感器上以惠斯通电桥方式连接的硅膜片应变电阻的平衡被打破。当电桥的输入端输入一定的电压或电流时，在电桥的输出端便可得到相应变化的信号电压或信号电流。因为此信号比较微弱，故采用了混合集成电路进行放大后输入给 ECU。

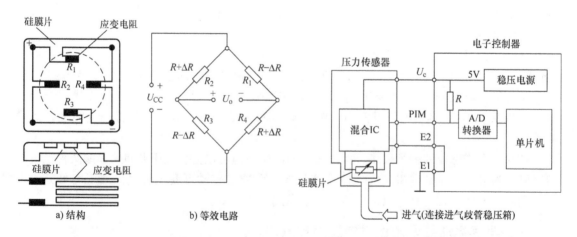

图 4-2 硅膜片结构及等效电路

图 4-3 半导体压敏电阻式进气压力传感器的工作原理

3. 半导体压敏电阻式进气压力传感器的检测方法

半导体压敏电阻式进气压力传感器由于其体积小，精度高，响应性、再现性和抗振性较好，一般不易损坏，应用较广泛。但其若损坏或连接线路不良，则易使发动机出现怠速不良、起动不易和起动后熄火的故障。若在汽车运行中出现上述故障，则应对此传感器及相关电路和元件进行检测，检测方法如下。

1）拔下传感器的插接器插头，接通点火开关（但不起动发动机），用万用表电压档检测插接器插头电源端和接地之间的电压（如图 4-3 所示电路中的 U_C 端子与 E2 端子），应在 4~5V 之间。若无电压，应检测 ECU 相应端子间的电压，若正常，则是传感器与 ECU 间连接线路发生故障；若仍无电压，则是 ECU 发生故障。

2）检测进气压力传感器的输出电压。拔下进气压力传感器与进气歧管连接的真空软管，打开点火开关（但不起动发动机），用电压表测量进气压力传感器的输出电压（如图 4-3 所示电路中的 PIM 端子与 E2 端子）。接着向进气压力传感器内施加真空，并测量在不同真空度下的输出电压，该电压值应随真空度的增大而降低，其变化情况应符合规定，否则应更换。

二、具体车型上的检测

1. 大众轿车半导体压敏电阻式进气压力传感器的检测

新款高尔夫、捷达轿车半导体压敏电阻式进气压力传感器与进气温度传感器制成一体，安装在进气系统的动力腔上，这两种传感器相互配合能准确地反映气缸的进气量。进气压力传感器的外形如图 4-4 所示。该传感器插接器的 4 个连接端子 1、2、3、4 分别与 ECU 的 220、T60/42、D101、T60/55 端子相连接，其连接电路如图 4-5 所示。

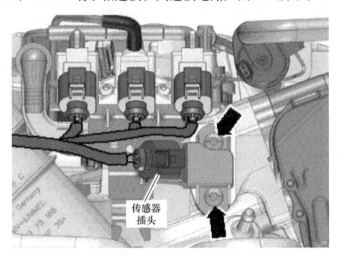

图 4-4　进气压力传感器的外形

此种压力传感器的检测方法如下：

1）电阻检测。关闭点火开关，拔下 ECU 线束插接器和进气压力传感器线束插接器。用万用表的电阻档检测 ECU 和传感器有关端子间的电阻，应符合表 4-1 中列出的标准规定值。如果电阻过大或为无穷大，则说明线束与端子接触不良或有断路，应进行更换。

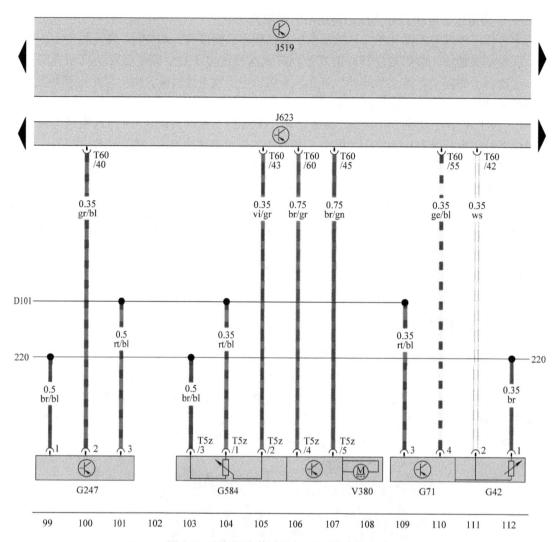

图 4-5 进气压力传感器与 ECU 的连接电路

G42—进气温度传感器　G71—进气压力传感器　G247—燃油压力传感器　G584—调整风门电位计
J519—车载电网控制器　J623—发动机控制器,排水槽内中部　T5z—5 芯插头连接　T60—60 芯插头连接
V380—控制风门调节伺服电动机　220—接地连接(传感器接地),在发动机线束中　D101—连接1,在发动机舱线束中

表 4-1　进气歧管压力传感器线束电阻值的检测

检测项目	检测部位	电阻值/Ω
传感器正极导线	发动机舱线束中 D101 与端子 3	< 0.5
传感器信号线	T60/55 与端子 4	< 0.5
传感器负极导线	发动机线束中 220 与端子 1	< 0.5
温度传感器信号导线	T60/42 与端子 2	< 0.5

2)电压检测。用万用表直流电压档检测电压,打开点火开关,检查进气压力传感器插接器 3 与 1 端子间的电源电压,标准值应为 5V 左右;打开点火开关,发动机不运转,检查进气压力传感器信号输出端子 4 与搭铁 1 端子间的信号电压,标准值应为 3.8~4.2V;当发

动机怠速运转时，信号电压应为 0.8～1.3V；当节气门开度加大时，信号电压应上升。如果信号电压经检查不符合上述规定，说明传感器已经损坏，应进行更换。

2. 大众轿车进气压力传感器

大众轿车的进气压力传感器与进气温度传感器制成一体，安装在进气系统的动力腔上，这两种传感器相互配合能准确地反映气缸的进气量。速腾、新款捷达的进气压力传感器集成在进气歧管内的冷却器上，监控冷却后的增压空气的压力和温度，如图 4-6 所示。

a) 速腾进气压力传感器位置　　　　　　b) 新款捷达进气压力传感器位置

图 4-6　大众轿车进气压力传感器安装位置

进气压力传感器的外形如图 4-7 所示。该传感器插接器的 4 个连接端子 1、2、3、4 分别与 ECU 的 J623 端子相连接，其连接电路如图 4-8 所示。

图 4-7　进气压力传感器的外形

大众轿车进气压力传感器的电压检测方法如下：用万用表直流电压档检测电压，打开点火开关，检查进气压力传感器插接器端子 3 与 1 间的电源电压，标准值应为 5V 左右；端子 4 与端子 1 之间怠速进气信号电压约为 1.362V（速腾 1.4TSI 信号电压为 0.715～0.485V），加速时电压约为 1.08V；端子 2 与端子 1 之间进气温度信号电压约为 3.72V（速腾 1.4TSI 信号电压为 2.65V）。如果信号电压经检查不符合上述规定，说明传感器已经损坏，应进行更

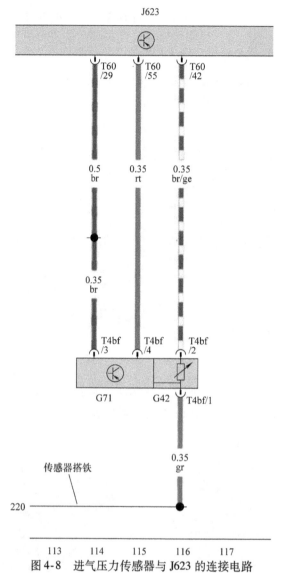

图 4-8 进气压力传感器与 J623 的连接电路

换。G71 标准波形如图 4-9 所示。

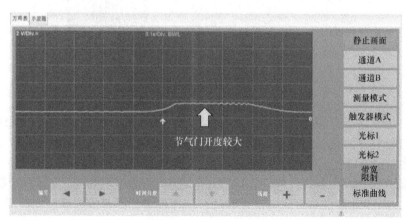

图 4-9 G71 标准波形

大众轿车进气压力/温度传感器常见故障码见表4-2、表4-3。

表4-2 大众轿车进气压力传感器常见故障码

传感器名称	代号	针脚号	故障类型	故障码	故障
进气压力传感器	G71	T60/29	正极断路	P010700	进气管压力/空气压力,信号太小
		传感器接地	接地断路	P011300	进气温度传感器1,信号过大
				P010800	进气管压力/空气压力,信号过大
		T60/55	信号断路	P010800	进气管压力/空气压力,信号过大
		T60/55	信号短路	P010700	进气管压力/空气压力,信号太小

表4-3 大众轿车进气温度传感器常见故障码

传感器名称	代号	针脚号	故障类型	故障码	故障
进气温度传感器	G42	T60/29	正极断路	P010700	进气管压力/空气压力,信号太小
		传感器接地	接地断路	P011300	进气温度传感器,信号过大
				P010800	进气管压力/空气压力,信号过大
		T60/42	信号断路	P011300	进气温度传感器,信号过大
		T60/42	信号短路	P011200	进气温度传感器,信号太小

3. 大众轿车增压压力传感器 G31 和进气温度传感器 G299

这两个传感器安装在节流阀体之前的进气管上（图4-10），用来监控涡轮增压之后的进气压力和温度。发动机通过监控 G31 的信号来调整增压压力。

图 4-10 增压压力传感器 G31 和进气温度传感器 G299 的安装位置

(1) 进气温度传感器 G299 信号的作用

1) 用于计算对增压压力的修正补偿温度对于进气密度的影响。
2) 元件保护,如果进气温度超过限定值,增压压力降低。
3) 控制冷却液循环泵,如果冷却器前后的空气温差小于8℃,那么冷却液循环泵就会被激活。
4) 监控冷却液循环泵的工作状况,如果两个传感器的温差小于2℃,说明循环泵失效，车载诊断系统（OBD）警报灯会亮起。

（2）失效影响

如果两个传感器信号同时失效，涡轮增压压力控制变成开环控制，动力下降。

（3）增压压力传感器的检测方法

用万用表直流电压档检测电压，打开点火开关，检查进气压力传感器插接器3与1端子间的电源电压，标准值应为5V左右；端子4与端子1之间怠速进气信号电压约为1.886V，加速时电压约为1.9V。端子2与端子1之间进气温度信号电压约为3.5V，加速时端子2信号电压约为3.1V。如果信号电压经检查不符合上述规定，说明传感器已经损坏，应进行更换。速腾1.4TSI增压压力传感器控制电路如图4-11所示，标准波形如图4-12所示。

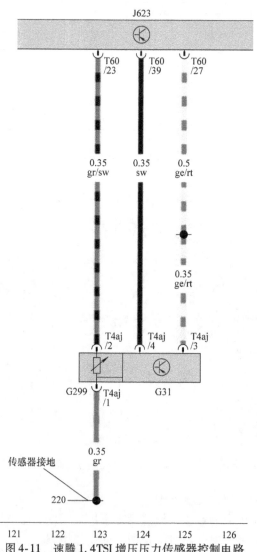

图4-11 速腾1.4TSI增压压力传感器控制电路

4. 本田轿车的半导体压敏电阻式进气压力传感器的检测

本田轿车的进气压力传感器安装在节气门体进气道上（图4-13），也采用了利用半导体的压阻效应制成的半导体压敏电阻式压力传感器，其与ECU的连接电路如图4-14所示。

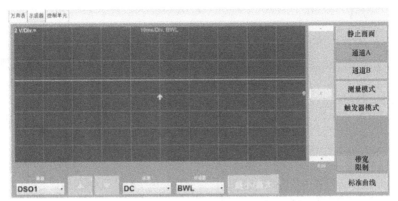

图 4-12　速腾 1.4TSI 增压压力传感器标准波形

注：端子 1 为传感器电源线，端子 3 为搭铁线，端子 2 为传感器信号线。

图 4-13　本田轿车进气压力传感器的安装位置

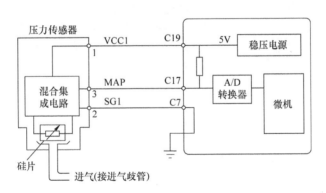

图 4-14　本田轿车进气压力传感器与 ECU 的连接电路

对本田轿车进气压力传感器仍从电源电压、信号电压及连接线束的导通性等方面去进行检测，检测方法如下。

1）电源电压。拔下 MAP 传感器的 3 芯插头，打开点火开关，用万用表测量 MAP 传感器 3 芯插头上的 1、2 两端子间的电压（图 4-15），其标准值应为 5V。

2）信号电压。拆下 MAP 传感器，把手动真空泵接在 MAP 传感器进气口处，如图 4-16 所示；打开点火开关，用万用表测量 MAP 传感器的信号线 3 号端子与搭铁线 2 号端子之间的电压；按下真空泵，随着真空度的变化，读取输出信号电压值，其标准参考值见表 4-4。

49

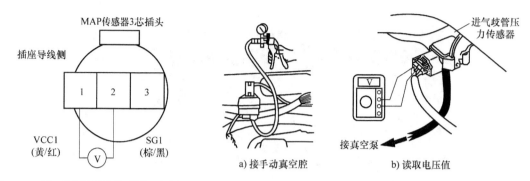

图 4-15 用万用表测量传感器 3 芯插头上的 1、2 两端子间的电压

图 4-16 测量 MAP 传感器的信号电压

表 4-4 不同真空度下 MAP 传感器的输出信号电压

真空度/kPa	输出信号电压/V	真空度/kPa	输出信号电压/V
100	2.6	400	1.3
200	2.2	500	1.0
300	1.6	600	0.6

3）线束导通性。关闭点火开关，拔下 ECU 的 C 插头及 MAP 传感器的 3 芯插头；用万用表的电阻档分别测量 C19、C7、C17 与 3 芯插头的 1、2、3 端子的导通性，如图 4-17 所示；测量的各电阻标准值应小于 0.5Ω。

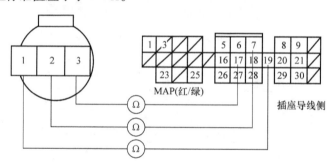

图 4-17 检测传感器的线束导通性

5. 别克凯越进气压力传感器检测

（1）检测数据及电路图

发动机电脑向压力传感器提供 5V 的信号基准电压。随着进气歧管压力的变化，压力传感器会产生不同的搭铁电阻，真空度越大电阻就越低，从而使 5V 的基准信号在 0～5V 变化。不同的信号电压，对应着不同进气歧管的气压值，如图 4-18 所示。在打开点火开关、未起动发动机时，歧管压力等于大气压力（85～96kPa），信号电压较高；发动机电脑将该信息作为车辆所在地的大气压力信号，并以此来修正喷油时间，此功能也称作海拔修正。当发动机怠速运行时，进气管真空度高（37～45kPa），进气压力信号电压为 1.0～1.5V；当节气门全开时，真空度低，进气压力信号电压为 4.0～4.8V。在线性废气再循环流量测试诊断运行时，进气歧管绝对压力传感器还用于确定歧管压力的变化。

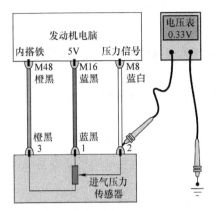

关于进气歧管绝对压力传感器的故障码：
P0106—进气歧管绝对压力不合理
P0107—进气歧管绝对压力传感器电压过低
P0108—进气歧管绝对压力传感器电压过高
P1106—进气歧管绝对压力信号电压间断性过高
P1107—进气歧管绝对压力信号电压间断性过低
P2279—进气系统泄漏

绝对压力/kPa	100	90	80	70	60	50	40	30	20	10	0
真空度/kPa	0	10	20	30	40	50	60	70	80	90	100
电压/V	4.9	4.4	3.8	3.3	2.7	2.2	1.7	1.1	0.6	0.3	0.3

图 4-18　进气压力传感器数据检测

（2）检测步骤

当进气歧管绝对压力信号不良时，将会造成发动机怠速不良、加速不良、动力不足等故障。如果进气歧管绝对压力传感器信号与正常值有较大偏差，但未出现故障码时，可导致混合气过稀动力不足（信号电压过低）、混合气过浓冒黑烟（信号电压过高）故障。

1）连接诊断仪，打开点火开关，若有故障码 P0106，证明进气歧管绝对压力信号不符合变化规律；若有故障码 P0107，证明进气歧管绝对压力信号过低；若有故障码 P0108，证明进气歧管绝对压力信号过高。

2）打开点火开关，不起动发动机，读进气压力数据，应在 96kPa 左右。若高于 103kPa，说明 P0108 所反应的故障是正在持续的硬故障，即信号电压超高。否则证明是间歇性故障，清除故障码。

3）使发动机运行在怠速状态，读进气压力数据，应在 40kPa 左右。若压力低于 12kPa，说明 P0107 所代表的故障是正在持续的硬故障，即进气歧管绝对压力信号过低。否则证明是间歇性故障，清除故障码。

4）气缸缺火也会设置故障诊断码 P0108。如果出现缺火，先修理导致缺火的故障。

5）测量压力传感器插头 1 端蓝黑色线，对搭铁电压应为 5V，是由电脑 5V 电源模块提供的传感器 5V 工作电源。

6）测量压力传感器插头 3 端橙黑色线，对搭铁电压接近 0V，是由电脑提供的传感器工作搭铁。

7）测量压力传感器插头 2 端蓝白色线，在打开点火开关时，对搭铁电压应为 5V，是电脑内的 5V 电源串联了一电阻后输出的传感器信号基准电压。

8）拔下压力传感器上的真空管，检查真空管不应有堵塞。把手动抽气筒连接到压力传感器上，在压力传感器上人工抽气制造真空度。观察信号电压应随着压力的变化而及时变化，若变化缓慢或没有反应，证明压力传感器有故障，应更换。可以参考以下标准数据：当不施加真空时，压力信号电压为 4.5V 左右；当施加 34kPa 的真空时，压力信号电压应为 1.5V。

9）打开点火开关，不起动发动机时，读数据显示的大气压值若不符合车辆所在地的海拔，证明传感器有故障。

10）在起动发动机时，压力传感器应检测到进气歧管压力所发生的任何变化。如果总是保持在一个固定值，证明传感器有故障。

11）在发动机正常工作的情况下，压力传感器的信号电压应迅速响应节气门位置的变化。若压力信号不应对节气门位置的变化，信号响应迟缓或响应滞后，证明传感器有故障或真空管堵塞。

12）修理完成后，要用诊断仪的燃油微调复位功能，将长期燃油微调复位到 128（0%）。

★ 第二节 其他压力传感器 ★

一、机油压力传感器

目前用在汽车上的液体压力传感器主要有机油压力传感器、发动机机油液面传感器、制动主缸油压传感器、蓄压器压力传感器、燃油压力传感器、共轨燃油压力（柴油机用）传感器和制冷剂（空调）压力传感器等。

1. 发动机机油压力传感器的结构和原理

（1）结构

发动机机油压力传感器通常安装在发动机缸体的主油道上，用于检测发动机有无机油压力。它由弹簧、压板、隔板及触点等组成，外观及结构如图 4-19 所示，内部结构部件及安装位置如图 4-20 和图 4-21 所示。注：此压力传感器为常开型，只有在机油压力作用下才由常开转为常闭型。

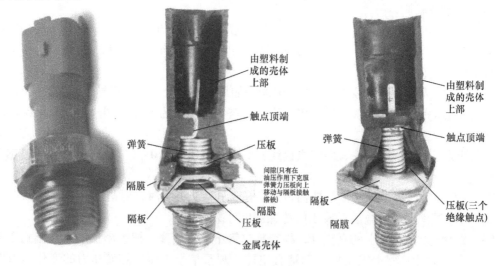

图 4-19 机油压力传感器外观及结构

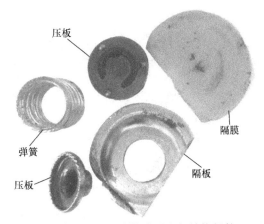

图 4-20　机油压力传感器内部结构部件

图 4-21　新款捷达机油压力传感器安装位置

（2）工作原理

机油压力传感器的工作原理如图 4-22 所示，油压指示灯安装在组合仪表内，机油压力传感器安装在发动机主油道上。在压力传感器内，装有受油压作用动作的隔板与压板。当油压低于规定值时，压板不具有推动弹簧的作用力，触点闭合，指示灯亮；当油压高于规定值时，压板推起弹簧，触点分开，指示灯熄灭，告知驾驶人油压已达到规定值。通常情况下，触点动作压力在 30~50kPa 范围内。

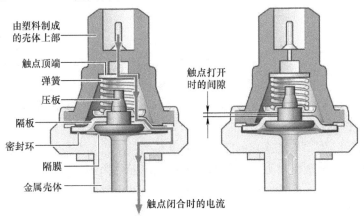

图 4-22　机油压力传感器的工作原理

2. 发动机机油压力传感器的检测方法

1）将点火开关置于 OFF 位置，断开发动机机油压力传感器的线束插接器；将点火开关置于 ON 位置，用万用表测量线束插接器电压为 12V，正常，说明 ECM 和线束都没有问题；测量机油压力传感器与缸体间的阻值接近 0Ω，说明是机油压力传感器内部失效了。

2）检查的条件。检查机油压力传感器及机油压力时应满足的条件：机油油位正常；点火开关打开后，机油压力警告灯必须点亮；自动检查系统的显示屏必须显示"OK"；机油温度约 80℃。

3）机油压力传感器的检查。断开机油压力传感器连接导线，拧下机油压力开关，并装上机油压力检测仪 VAG1342（图 4-23）。将机油压力传感器装到机油压力检测仪 VAG1342 上，检测仪导线 1 接地。将二极管测试灯 VAG1527 连接到机油传感器及蓄电池正极，测试灯应不亮；若测试灯亮，则需更换机油压力传感器。起动发动机，压力达 120～160kPa 时测试灯应亮，若测试灯不亮，则需更换机油压力传感器。

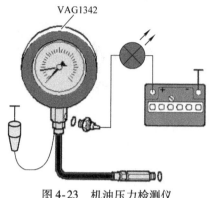

图 4-23 机油压力检测仪

二、制动压力传感器

1. 制动压力传感器结构

制动压力传感器通过四个接触弹簧与控制单元连接。两个触点用于供电，另外两个触点提供两个彼此独立的压力信号。该传感器根据压阻原理工作，即利用结构变形引起的材料电导率变化原理。四个压阻测量元件（半导体材料制成）构成一个电桥，这些元件固定在一个隔膜上。制动压力传感器的结构如图 4-24 所示。

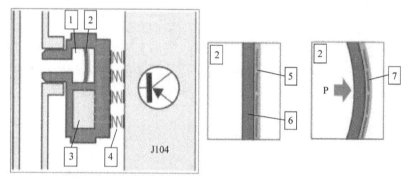

图 4-24 制动压力传感器的结构

1—测量室　2—压阻厚膜传感器元件　3—传感器电子装置和信号放大器
4—连接至控制单元的接触弹簧　5—压阻测量电桥　6—柔性厚隔膜　7—测量电桥内的压电电桥元件

2. 制动压力传感器功能

压力提高时，隔膜和与其连接的压阻测量电桥的长度发生变化。长度变化时，测量电桥内的压电电桥元件上出现作用力，这些作用力使压电元件内的电荷分布发生改变。电荷分布发生变化时，压阻电桥元件的电气特性会发生改变。其电气信号与压力成正比，并作为放大后的传感器信号传输给控制单元。

失效时的影响：某一压力传感器失灵时，系统将车身电子稳定系统（ESP）功能降低到 ABS 和电子制动力分配（EBV）功能。

3. 制动压力传感器工作原理、安装位置

制动压力传感器安装在 ESP 中的行驶动力调节液压泵中，该压力传感器不能从液压泵中拧出（该传感器拧在液压泵内），而要和液压泵一起更换。它向电子控制单元传送制动管路的实际制动压力，电子控制单元据此算出车轮制动力及作用在车辆上的轴向力。如果需要 ESP 起作用，电子控制单元会利用上述数值计算侧向力。

制动压力传感器的核心部件是一只会受到制动液作用的压电元件和一只传感器电子元件。若制动液挤压压电元件，压电元件上的电荷分布就会发生变化，电荷位置移动，由此产生电压。压力越大，电荷分得越开，电压越大。电压被内置的电子元件放大后，以信号的形式传递给电子控制单元。因此，根据电压的大小可以直接测量出制动力的大小。

制动压力传感器通过三根导线与 ABS 控制单元相连，连接电路如图 4-25 所示。导线

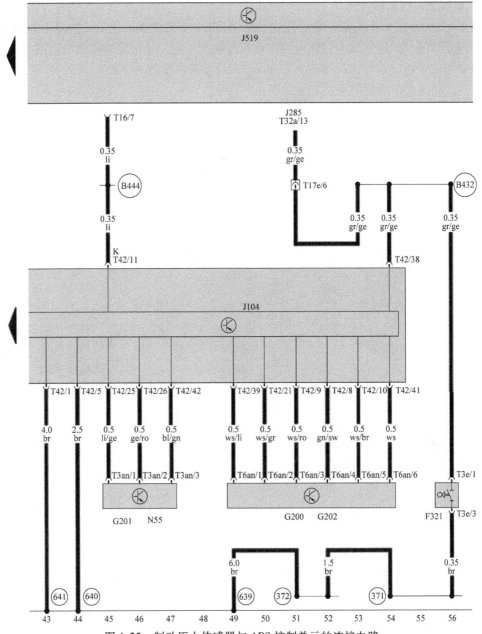

图 4-25　制动压力传感器与 ABS 控制单元的连接电路

F321—驻车制动器开关　G200—横向加速度传感器　G201—制动压力传感器　G202—偏转率传感器
J104—ABS 控制单元，在发动机舱内左侧　J285—组合仪表中的控制单元　J519—车载电网控制单元
N55—ABS 液压单元　T3an—3 芯插头连接　T3e—3 芯插头连接　T6an—6 芯插头连接　T16—16 芯插头连接，在仪表板下方左侧，自诊断接口　T17e—17 芯插头连接，在仪表板下方左侧　T32a—32 芯绿色插头连接
T42—42 芯插头连接　640—发动机舱内左侧接地点　641—发动机舱内左侧的接地点 3　371—接地连接 6，在主线束中　372—接地连接 7，在主线束中　639—左侧 A 柱上的接地点　B432—连接 3 (58d)，在主线束中
B444—连接 1（诊断），在主线束中

T3an/1 为 5V 电源线，导线 T3an/2 为信号线，导线 T3an/3 为搭铁线。

4. 制动压力传感器检测

用于奥迪 A6 轿车上的 ESP 制动压力传感器 G201 集成在液压单元，如图 4-26 所示。传感器在液压控制单元输入端的初级电路中测量出制动压力，这种集成结构可以减少线束的使用，并提高安全性。其最大测量值为 170bar⊖；最大能量消耗为 50mW。

ESP 制动压力传感器的检测方法如下：
1）检查线路是否损坏断路。
2）检查正极线路是否短路。
3）检查负极线路是否短路。
4）如果以上检查均未出现错误，则说明传感器已损坏，应更换新传感器。

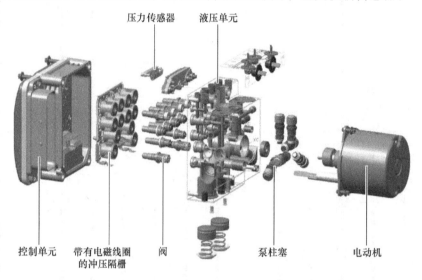

图 4-26　制动压力传感器 G201

三、大众直喷发动机燃油压力传感器

1. 燃油压力传感器的结构与原理

燃油压力传感器用于检测发动机实际燃油压力，由印制电路板、传感器元件、隔离块（间隔块）和壳体等组成（图 4-27a）。该传感器安装在进气歧管下方靠近飞轮一侧（图 4-27b），用螺栓紧固在塑料制成的油轨上。

燃油压力传感器通过监控燃油系统高压部分的压力，并且把信号传给发动机控制单元，从而使油轨内的压力保持恒定，这对减少排放、降低噪声和提高功率有重要影响。燃油压力传感器在一个调节回路中进行调节，测量误差小于 2%。传感器的核心是一个钢膜，在钢膜上有应变电阻要测的压力经压力接口作用到钢膜的一侧，钢膜弯曲，引起应变电阻的阻值发生变化，分析电路将电信号处理放大后传递给控制单元。燃油压力传感器电路图如图 4-28 所示。

⊖ 1bar＝0.1MPa，后同。

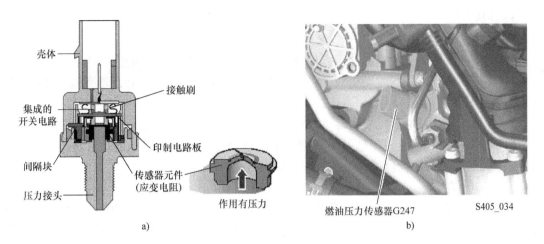

图 4-27 燃油压力传感器结构及安装位置

发动机控制单元给传感器供电,供电电压为5V。压力升高时,电阻降低,于是信号电压升高。燃油压力传感器的特性曲线如图4-29所示。

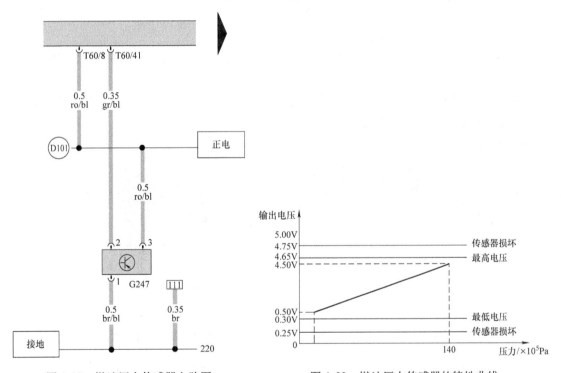

图 4-28 燃油压力传感器电路图

图 4-29 燃油压力传感器的特性曲线

2. 信号作用及失效影响

发动机控制单元根据传感器信号调节燃油压力调节阀,以此来控制油轨内的燃油压力。如果传感器信号反映出燃油压力无法调整了,燃油压力调节阀会在泵油行程中通电,使其处于常开状态。这时,整个系统的压力将会降低至低压端的5bar,发动机的输出转矩和功率都会大幅下降。

3. 检测方法

（1）电路检测

1）打开点火开关，检查燃油压力传感器插头端子1和3之间的电压为5V。

2）检查传感器线束与发动机线束和ECU插接器端子有无损坏之处，若有损坏之处应修复或更换传感器线束。

3）当燃油压力随着工况变化时，ECU认为发生故障，并以故障码268的形式存储该故障。由于故障的存在，直接导致发动机功率或转速降低，并且发动机工作粗暴。起动发动机，怠速运转，连接诊断仪确认是此故障码后清除。

（2）油压检测

注意在拆卸高压设备前，例如高压泵、燃油分配器、喷射阀门、燃油管或燃油压力传感器G247等，高压范围内的燃油压力必须被降低到剩余压力（大约为6bar）。首先，将一块干净的抹布放在连接点周围并小心地打开，以便收集流出的燃油。其次，在工作结束后查询发动机控制单元的故障存储器，将所有由于插头拔下而生成的故障输入值清除。

油压检测步骤如下：

1）将发动机舱盖抬起，向前拉发动机舱盖。

2）拆下空气滤清器。

3）拆下燃油压力传感器G247。

4）旋入适配接头VAS 6294/2替代燃油压力传感器G247，并用22N·m的力矩拧紧，如图4-30所示。

5）打开数字压力表VAS 6394/1的密封盖，并用22N·m的力矩将燃油压力传感器G247拧紧在数字压力表上，如图4-31所示。

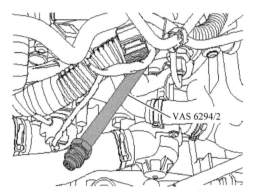

图4-30 旋入适配接头VAS 6294/2

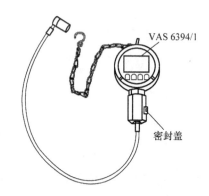

图4-31 将传感器G247拧紧在数字压力表上

6）用手将数字压力表VAS 6394/1的压力管拧紧到适配接头VAS 6294/2上。

7）将检测适配接头VAS 5570连在燃油压力传感器G247和插头之间，如图4-32所示。

8）连接车辆诊断、测量和信息系统VAS 5051B，如图4-33所示。

9）将诊断导线的插头2插到驾驶人脚部空间的诊断接口上。

10）打开点火开关。

11）依次按压显示器上的按钮：汽车诊断—01—发动机—电气设备—011测量值。

第四章 压力传感器

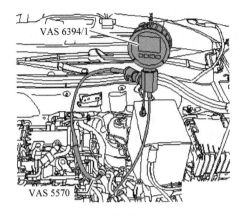
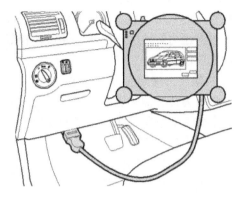

图 4-32 用适配接头 VAS 5570 连接燃油压力传感器 G247

图 4-33 连接车辆诊断、测量和信息系统

12）输入 140，并按 Q 确认。在显示区 2 显示额定值，在显示区 3 显示燃油压力传感器 G247 记录的车辆实际值。

13）短暂按压一次按钮 A，打开数字压力表 VAS 6394/1，如图 4-34 所示。

提示：如果按压了按钮 A 2s，灯将会打开 20s。数字压力表 VAS 6394/1 应显示 0bar，如果未显示该数值，短促地按一下按键 C 进行调零。

14）起动发动机。

15）比较数字压力表 VAS 6394/1 上显示的压力和车辆诊断、测量和信息系统 VAS 5051B 的实测值，压力最大差值为 5bar。

16）如果压力不匹配，更换燃油压力传感器 G247。

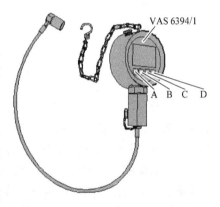

图 4-34 数字压力表 VAS 6394/1

注意：数字压力表 VAS 6394/1 有高燃油压力。发动机运行期间，从燃油压力调节阀 N276 上拔下接头，从而使燃油压力上升到约 6bar。关闭点火开关，将抹布置于燃油压力传感器 G247 周围，然后小心地松开燃油压力传感器 G247，卸载剩余压力。

提示：

1）如果在怠速情况下拔下燃油压力调节阀 N276 的电气插头连接，高压范围内的压力会降低到约 6bar。

2）在高压解除后，高压系统必须打开，因为燃油压力会由于温度的升高而再次升高。

3）更换燃油压力传感器 G247，并重新比较两个测量值。

4）如果测量值仍然不符合标准，进行管路检查。

四、电控柴油机共轨压力传感器

1. 电控柴油机共轨压力传感器结构

共轨压力传感器能够在相应较短的时间内，以足够的精度测定共轨中的实时压力，并向

59

ECU 提供电信号。其结构如图 4-35 所示，燃油经过一个小孔流向共轨压力传感器，传感器的膜片将孔的末端封住。高压燃油经压力室的小孔流向膜片。膜片上装有半导体材料的敏感元件，可将压力转换为电信号。通过连接导线将产生的电信号传送到一个向 ECU 提供测量信号的求值电路。

2. 共轨压力传感器工作原理

共轨压力传感器的测量元件安装于其中心部位，它与一个被微机械蚀刻的硅膜制成一体，四个变形的电阻分布在硅膜的膜片上，其工作原理图如图 4-36 所示。

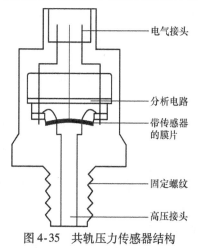
图 4-35 共轨压力传感器结构

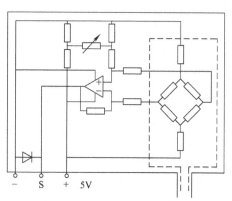
图 4-36 共轨压力传感器工作电路图

当有微小压力作用于硅膜膜片上时，它们的电阻值发生变化，测量元件的四周被一盖子环绕，测量元件与盖子一起将参考真空封闭。根据压力测量的范围，传感器的膜片可以制成 $10 \sim 1000 \mu m$ 厚度（150MPa 时，变化量约为 1mm）。压力传感器以惠斯通电桥原理工作，当膜片在气压作用下发生变形时，四个测量电阻中的两个电阻值升高而其他两个电阻值降低，这将导致电桥的输出端产生电压，我们以该电压值代表压力。信号处理电子电路被集成在传感器内部，该电路用于对电桥电压进行放大，同时补偿温度的影响，产生线性的压力特性曲线。其输出电压在 0~5V 范围，通过端子与发动机的 ECU 连接，发动机 ECU 以此输出电压计算压力。共轨压力传感器失效时，具有应急行驶功能的调压阀以固定的预定值进行控制。

共轨压力传感器在第三代柴油机电控燃油系统中的安装位置如图 4-37 所示，该系统将喷油量和喷油时间控制融为一体，使燃油的升压机构独立，也就是燃油压力与发动机转速、负荷无关，具有可以独立控制压力的蓄压器。喷油量、喷油时间等参数直接由装在各个汽缸上的喷油器控制。

第三代柴油机电控燃油系统采用高速电磁阀，是全新一代的燃油系统，将发挥巨大的作用，尤其在降低柴油机的排放、保护环境方面将会起到不可替代的作用。电控共轨式燃油系统的控制原理图及电路图如图 4-38、图 4-39 所示。

共轨式燃油系统中喷油压力的控制方法如图 4-40 所示。根据各个传感器的信息，ECU 演算单元经过演算后定出目标喷油压力。ECU 根据装在共轨上的压力传感器的信号计算出实际喷油压力，并将其值和目标压力值进行比较，然后发出命令控制供油泵以升高或降低压力。将 ECU 中的目标喷油压力特性用具体数据表示成三维图形，即所谓的 MAP 图，可以得到最佳喷射压力特性。

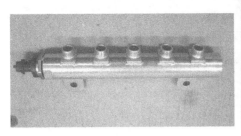

图4-37 共轨压力传感器在第三代柴油机电控燃油系统中的安装位置

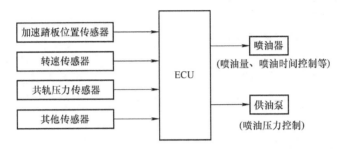

图4-38 电控共轨式燃油系统的控制原理图

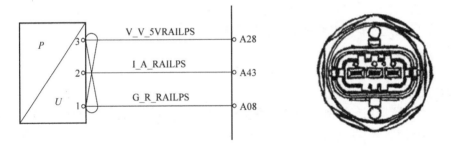

图4-39 电控共轨式燃油系统的控制电路图

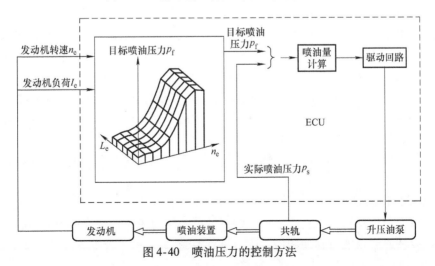

图4-40 喷油压力的控制方法

3. 共轨压力传感器检修

（1）高压共轨系统可能会有的故障码

1）P0194——共轨压力传感器信号太弱。

2）P0191——共轨压力传感器信号太强。

3）P0192——共轨压力传感器电压太低。

4）P0193——共轨压力传感器电压太高。

（2）检查共轨压力传感器电源

1）检查共轨压力传感器的电源供应。

2）拔出共轨压力传感器插塞接头。

3）在线束一侧的端子1上对应于端子3进行检测。触发系统已接通，额定值为4.5~5V；如果未达到额定值，则检查电线。

（3）检查信号电压

1）插上共轨压力传感器的插塞接头。

2）在部件一侧的端子2（+）和端子1（-）之间进行测量，触发系统已接通，额定值为0.3~0.7V。

3）发动机处于热温和怠速运转状态中，额定值为0.8~1.2V。如果未达到额定值，则共轨压力传感器有故障。

（4）其他可能出现的故障

1）电缆断路、正极短路或者接地短路。

2）插塞接头没有连接或者连接处导电不佳。

3）尽管已通过检验，共轨压力传感器仍然有故障。

五、增压压力传感器

1. 增压压力传感器功用

增压压力传感器用于检测增压器的增压压力，以便对修正喷油量和增压压力进行控制。机械增压压力传感器用在奥迪3.0V6-TFSI发动机的罗茨式增压器上，罗茨式增压器结构如图4-41所示。

发动机控制单元一方面根据增压压力传感器将增压压力调节到所希望的规定值，另一方面还根据传感器信号来计算出每个工作循环中每个气缸吸入的空气流量，这个输入量将决定喷油时刻、喷油量以及点火提前角。如果增压压力传感器损坏，那么在整个负荷转速范围内的混合气成分都是不正确的，因为空气流量的计算就已经是错误的，这也会引起喷油量错误，结果导致废气排放出现问题。在增压工况，传感器若出现故障，就会导致增压压力错误，这有可能损坏发动机。因此，在打开点火开关后，这些传感器一直都在彼此互检并且对照替代模块进行检查。一旦发现有异常，系统就会记录下故障，同时切换到对应的传感器，或者切换到替代模块。这样就可使车辆尽可能地处于正确的状态来行驶，从而防止出现不良后果。

2. 增压压力传感器的检测

涡轮增压压力传感器用硅膜片上形成的扩散电阻作为传感元件，用于检测涡轮增压机的增压压力，以便对修正喷射脉冲和增压压力进行控制。

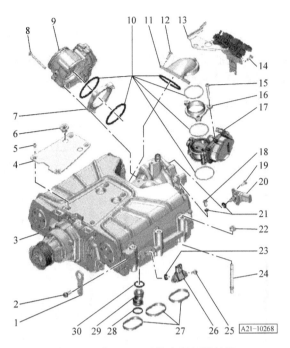

图4-41 奥迪A6罗茨式增压器结构

1—发动机吊耳 2—螺栓（27N·m） 3—压缩机 4—减振板 5—螺栓（5N·m） 6—橡胶套管 7—中间法兰 8、12、15、19、25—螺栓 9—节气门控制单元 J338 10、21、23、28、30—O 形环 11—套管 13—支架 14—螺栓（9N·m） 16—中间法兰 17—调节风门控制单元 J808 18—排气螺栓，用于左侧增压空气冷却器（1.5~3.0N·m） 20—进气温度传感器 G42 22—螺母（20N·m） 24—丝杆（17N·m） 26—增压压力传感器 27—密封件 29—连接套管

检测步骤如下：

1）检查条件是连接好 VAS5053 查询发动机控制单元故障存储器。如果显示 G31 有故障，检查供电电压。

说明：增压压力传感器（G31）及导线由发动机控制单元监控。

2）涡轮增压压力传感器安装位置如图4-42所示，拔下图中箭头所指的传感器插头。

3）将万用表电压档接到插头触点2和4之间，传感器电路图如图4-43所示。

4）接通点火开关，规定值约为5V。

5）如果未达到规定值，将万用表接到发动机控制单元线束上。

6）检查万用表导线连接是否断路及对地/正极短路。

7）如需要，排除导线断路或短路。

8）如果达到规定值，检查信号线。

9）插上传感器 G31 的插头。

10）将万用表电压档接到 T4P1 和 T4P2 号插脚之间。

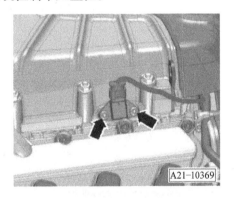

图4-42 涡轮增压压力传感器安装位置

11）起动发动机，使之怠速运转，规定值约为 1.90V。

12）使发动机急加速，规定值为 2.00~3.00V。

13）如果未达到规定值，检查插头触点 1 与导线是否断路或对地/正极短路。

14）如需要，排除导线断路或短路。

15）如果导线正常，更换增压压力传感器 G31。

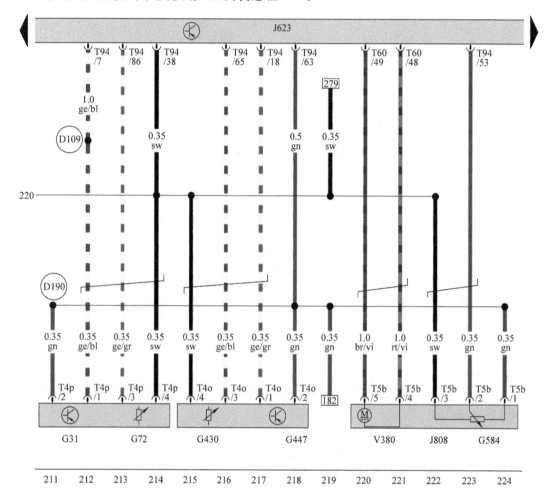

图 4-43 增压压力传感器，进气管温度传感器，发动机控制单元，调节风门控制单元

G31—增压压力传感器 1　G72—进气管温度传感器 1　G430—进气管温度传感器 2　G447—增压压力传感器 2
G584—调整风门电位计　J623—发动机控制单元　J808—调节风门控制单元　T4o、T4p—4 芯插头连接
T5b—5 芯插头连接　T60—60 芯插头连接　T94—94 芯插头连接　V380—控制风门调节伺服电动机
220—接地连接（传感器接地），在发动机导线束中　D109—连接 7，在发动机舱导线束中
D190—连接 3（5V），在发动机预接线导线束中

六、制冷剂高压传感器

当压缩机工作时，管路的压力会升高，高压传感器可以防止管路制冷剂压力过高。当压力高于一定值（约 1.6Mbar）时，高压传感器会给自动空调 ECU 信号，ECU 将会终止压缩机工作以防止管路压力过高。高压传感器 G65 工作原理如图 4-44 所示。

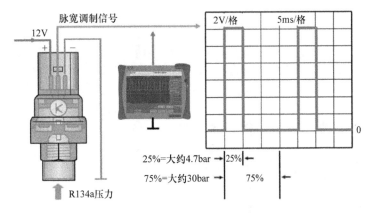

图 4-44　高压传感器 G65 工作原理

脉冲宽度如图 4-45 所示。一个周期为 20ms，则其对应 100%。当 G65 在 0.14MPa（1.4bar）的低压下时，脉冲宽度为 2.6ms，相当于 13%。脉冲宽度随压力的增加而增加，在 3.7MPa（37bar）的高压下，脉冲宽度为 18ms，相当于 90%。

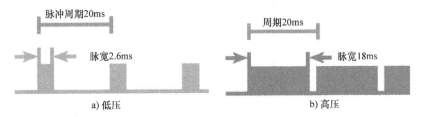

图 4-45　脉冲宽度

在低压下，晶体的变形最小，输出一个小脉冲。在高压下，晶体变形增加，脉冲宽度随着压力的增加而变宽。晶体变形如图 4-46 所示。

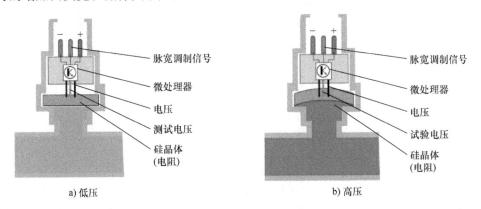

图 4-46　晶体变形

制冷剂高压传感器 G65 的控制电路如图 4-47 所示。电路图中，T3ae/3 与 T3ae/1 之间的电压为 12V，T3ae/3 与 T3ae/2 之间的电压在 0~5V 之间变化。

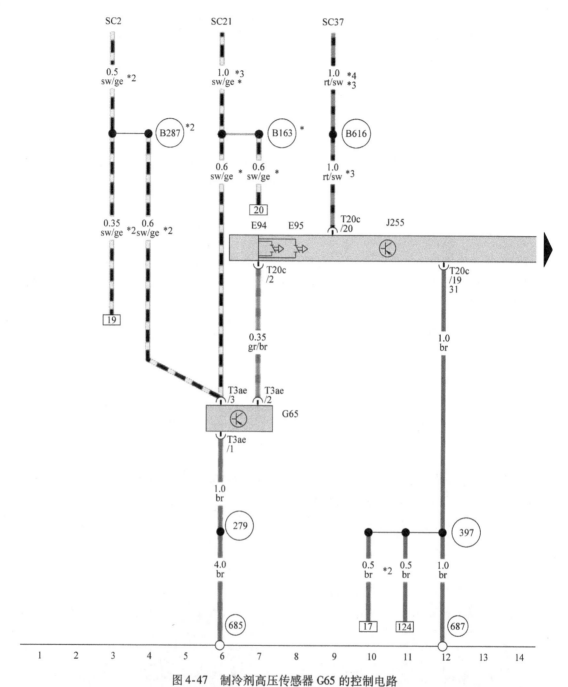

图 4-47 制冷剂高压传感器 G65 的控制电路

E94—可加热驾驶人座椅调节器　E95—可加热前排乘客座椅调节器　G65—高压传感器　J255—Climatronic 控制单元
SC2—熔丝架 C 上的熔丝 2　SC21—熔丝架 C 上的熔丝 21　SC37—熔丝架 C 上的熔丝 37　T3ae—3 芯插头连接
T20c—20 芯插头连接　279—接地连接 5，在车内导线束中　397—接地连接 32，在主导线束中　685—接地点 1，左前纵梁上
687—接地点 1，在中央通道上　B287—正极连接 1（15），在车内导线束中　B163—正极连接 11（15a），在主导线束中
B616—正极连接 12（30a），在车内导线束中　*—截至 2013 年 6 月　*2—自 2013 年 7 月起
*3—导线颜色取决于装备　*4—截面积视装备而定

第五章 位置与角度传感器

用来测量元件运转或运动所处位置的传感器称为位置传感器。位置与角度传感器的类型有很多,主要有曲轴位置传感器、节气门位置传感器、车高与转角传感器、液位传感器、溢流环位置传感器、超声波距离传感器、方位传感器、座椅位置传感器等。

安装曲轴位置传感器是为了检测出曲轴的位置转角及发动机的转速,从而对电控汽车燃油喷射系统的点火时刻和喷油正时进行控制,常用的有磁脉冲式、光电式和霍尔式曲轴位置传感器。

节气门位置传感器安装在节气门体上,它将节气门的开度信号转化为电信号输入给ECU,作为ECU判定发动机工况的依据,同时也通过CAN BUS总线向自动变速器控制单元提供信号,常用的有触点开关式和可变电阻式两种。

车高与转角传感器用于电控主动悬架系统中,目前采用的一般为光电式。车高传感器是把车身高度的变化转化为传感器轴的旋转,并将旋转角度检测出来,转化为电信号输入给ECU,从而使ECU对车身高度进行调节。转角传感器则用以检测轴的旋转方向及速度并输入给ECU,由ECU调节汽车悬架系统的侧倾刚度。

溢流环位置传感器用在电控柴油喷射装置上,用来检测溢流环的位置,实现电子控制喷油量。

超声波距离传感器利用超声波检测出车辆后方障碍物的位置(包括距离),并利用指示灯和蜂鸣器将车辆到障碍物的距离及障碍物的位置通知给驾驶人,从而起到安全倒车作用。

液位传感器主要用于测定制动液液位、洗涤液液位、冷却液液位、燃油液位等。当液位减小到一定值时,产生类似于开关接通、断开的转换,主要有浮子式、可变电阻式、热敏电阻式、电容式及电热式等。

方位传感器是车辆导航系统中非常重要的一种传感器,它是利用地磁产生电信号而进行检测的传感器,用于指示方向的偏差。

座椅位置传感器用于微机控制的电动座椅上,通过霍尔元件将旋转永久磁铁的变化位置引起的磁通量密度检测出来,并将其转化为电压信号作为脉冲信号输入ECU,从而实现ECU对座椅位置的自动调节。

★ 第一节 节气门位置传感器 ★

一、节气门位置传感器概述

1. 节气门位置传感器的功用

节气门位置传感器(Throttle Position Sensor,TPS)是汽车电子控制系统中最重要的传感器,主要用于发动机电子燃油喷射系统和电控自动变速器系统。节气门位置传感器安装在节气门体上节气门轴的一端,其作用是探测或监测节气门开度的大小,并把位置信号转变为电信号后输入电控单元。

在发动机电子燃油喷射系统中,节气门位置传感器的作用主要是将节气门开度以及节气门开度变化的快慢转变为电信号输入发动机ECU,用于判别发动机的各种工况,从而控制不同的喷油量和点火正时。在装备电子控制自动变速器的汽车上,节气门位置传感器信号是变速器换档和变矩器锁止时的主要信号。在新型的智能电子节气门控制系统中,节气门开启角度不再由节气门踏板拉索直接进行控制,而是由节气门伺服电机根据ECU信号进行驱动。电子节气门轴上的节气门位置传感器用来检测节气门的实际开度,ECU以此作为反馈信号,实时控制节气门伺服电机,从而对节气门开度做出适当的调整。

2. 节气门位置传感器的类型

传统的拉索控制式节气门配备的节气门位置传感器有电阻式、怠速开关与滑动电阻整合的综合式。新型的智能电子节气门控制系统所用的节气门位置传感器常见的有双滑动电阻式和线性双霍尔式两种。

二、滑动电阻式节气门位置传感器

(1) 滑动电阻式节气门位置传感器结构

滑动电阻式节气门位置传感器,又称线性输出型节气门位置传感器、可变电阻式节气门位置传感器、电位计式节气门位置传感器。滑动电阻式节气门位置传感器的设计避免了开关式节气门传感器只能检测发动机怠速工况和全负荷工况的弊端,因此可以获得节气门从全闭到全开工况下连续变化的信号,从而更精确地判断发动机的运行工况。

滑动电阻式节气门位置传感器为3线式传感器,其中两个针脚处于电阻的两端,并作为电源端子和搭铁端子由发动机ECU提供5V电压;第三个针脚连接于滑动触点,节气门轴与触点(或称触头)联动,节气门转动时,滑动触点可在电阻上移动,从而引起滑动触点电位的变化,利用电阻的变化便可将节气门位置信号转换成电压值。这个电压呈线性变化,所以也称为线性输出型节气门位置传感器。根据这个线性电压值,ECU可感知节气门的开度,从而进行喷油量修正。图5-1所示为滑动电阻式节气门位置传感器的安装位置、线路连接和输出电压特性。

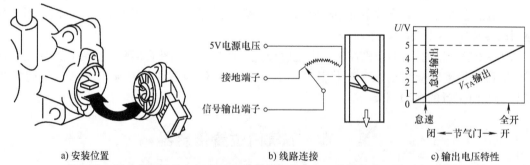

a) 安装位置　　　b) 线路连接　　　c) 输出电压特性

图5-1　滑动电阻式节气门位置传感器的安装位置、线路连接和输出电压特性

(2) 滑动电阻式节气门位置传感器检测

不同型号节气门位置传感器,其电阻值及输出电压信号值也不完全相同,下面以别克发动机节气门位置传感器为例说明其检测方法。图5-2所示为新款别克凯越发动机TPS与发动机控制模块连接图。

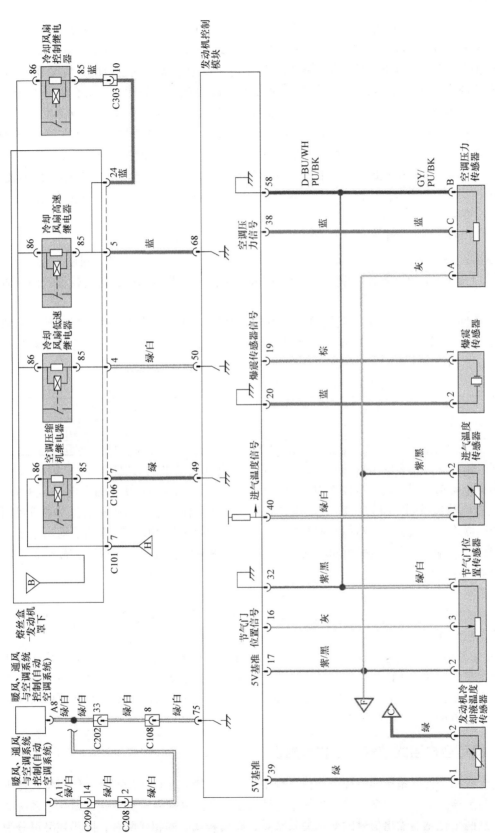

图 5-2 新款别克凯越发动机 TPS 与发动机控制模块连接图

1）供电电压及搭铁检测。将点火开关置于 OFF，拔下传感器插头，再将点火开关置于 ON，用高阻抗数字万用表电压档测量传感器电束侧 2 端子与搭铁之间的电压，应为 +5V。

用高阻抗数字万用表电阻档测量线束侧 1 端子与蓄电池负极之间的电阻，应为 0Ω。如果测量值不符合要求，则应进一步检查发动机控制模块端子。如果 17 端子输出电压为 +5V，32 端子与蓄电池负极间电阻为 0Ω，说明发动机控制模块工作正常，故障发生在发动机控制模块与传感器连接线束上，应对线束进行检修。如果发动机控制模块的 17 端子输出电压不是 +5V，或者 32 端子与蓄电池负极间电阻不为 0Ω，则说明发动机控制模块存在故障，应更换新的发动机控制模块。插上传感器插头，点火开关置于 ON，将 2 端线束刺破，用数字万用表电压档测量传感器 2 端与搭铁之间的电压，改变节气门的开度，使节气门分别处于全开、全闭等任何位置，其电压值应稳定在 5V 左右。

2）阻值和连续性检测。

① 阻值检测。将点火开关置于 OFF 位置，拔下传感器插头，用欧姆表测量 2-1、3-1、2-3 间的电阻值，应符合表 5-1 的要求。如果测量值不在此范围内，则更换节气门位置传感器。

② 连续性检测。用万用表电阻档测量传感器信号端 3 与接地端 1 间的电阻，其电阻值应随节气门开度逐渐开大而由小到大平滑地连续变化。否则，表明节气门位置传感器有故障，应予以更换。

表 5-1 滑动电阻式节气门位置传感器电阻值

节气门状态	节气门全闭	节气门全开
2-1	3.98~4.50kΩ	3.98~4.50kΩ
3-1	1.13~1.36kΩ	4.25~4.88kΩ
2-3	4.25~4.88kΩ	1.13~1.36kΩ

用高阻抗数字万用表电阻档测量电束侧 1 端与蓄电池负极之间的电阻，应为 0Ω。如果测量值不符合要求，则应进一步检查发动机控制模块端子。如果 17 端子输出电压为 +5V，32 端子与蓄电池负极间电阻为 0Ω，说明发动机控制模块工作正常，故障发生在发动机控制模块与传感器连接线束上，应对线束进行检修。如果发动机控制模块的 17 端子输出电压不是 5V，或者 32 端子与蓄电池负极间电阻不为 0Ω，则说明发动机控制模块存在故障，应更换新的发动机控制模块。

插上传感器插头，点火开关置于 ON，将 2 端线束刺破，用数字万用表电压档测量传感器 2 端与搭铁之间的电压，改变节气门的开度，使节气门分别处于全开、全闭等任何位置，其电压值应稳定在 5V 左右。

3）传感器输出电压检测。插上传感器插头，将点火开关置于 ON，用高阻抗数字万用表电压档测量 3 端的输出电压。当节气门完全关闭时，电压应为 0.53V；当节气门缓慢打开时，电压应在 0.5~4.5V 间平滑变化。若检查结果与上述规定不符，表明节气门传感器有故障，应予以更换。

三、双可变电阻式节气门位置传感器

在电子控制节气门系统和电控柴油机系统中，一般使用冗余设计的两个节气门位置传感器。两个传感器一般都是组合安装，当一个传感器发生故障时能及时被识别，增加了系统的可靠性。从两个传感器输出信号的变化关系来看，有反相式、同相式两种，同相式又可分为

同斜率线性变化和不同斜率线性变化两种。

爱丽舍 1.6L 轿车装备的 16 气门 TU5JP4 型发动机采用了 BOSCH 公司电喷系统的智能电子节气门。电子节气门轴上的双轨道节气门位置传感器用来监控节气门的准确开度，节气门位置传感器（2 个电位计）的滑片与节气门同轴。当节气门转动时，电位计滑片同步转动；当加上 5V 工作电压后，变化的电阻转化为电压输出信号，电位计的输出电压随节气门位置的变化而改变，可使控制单元准确地知道节气门的开度。由于两个电位计是反相安装，因此当节气门位置发生变化时，两路信号电压均线性变化，其中一个增加，同时另一个减小。图 5-3 所示是电子节气门位置传感器端子布置，图 5-4 所示是两路传感器的反相输出电压。

综合式节气门位置传感器和双可变电阻式节气门位置传感器的检测，都可以依照滑动电阻式节气门位置传感器的方法来进行。

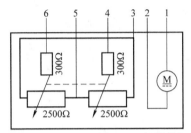
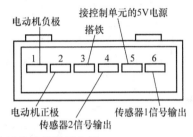

图 5-3　电子节气门位置传感器端子布置

四、霍尔式节气门和加速踏板位置传感器

1. 构造

在三菱格兰迪汽车的电子节气门系统中，使用双霍尔式线性节气门位置传感器。位于节气门体的节气门位置传感器的功能是测量节气门的位置，向发动机 ECU 输出与节气门轴转角成正比的电压信号。根据该传感器输出的电压，发动机 ECU 控制节气门控制伺服电机进行反馈控制。

非接触式的霍尔传感器包括一个固定在踏板轴上的永磁铁、一个输出电压与磁通量成正比的线性霍尔集成电路以及一个有效地将永磁铁的磁通量转入霍尔集成电路的定子，其构造如图 5-5 所示。

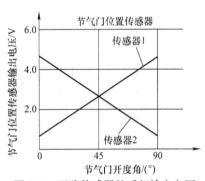

图 5-4　两路传感器的反相输出电压

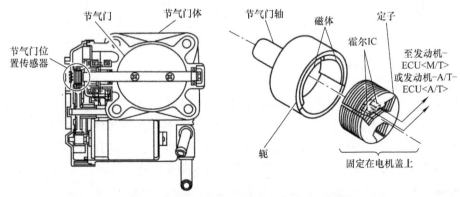

图 5-5　双霍尔式线性节气门位置传感器构造

2. 工作原理

当节气门全闭时，如图 5-6a 所示，磁场方向向上，流入霍尔集成电路的磁通量最大；此时，节气门位置传感器电压输出最小。当节气门全开时，如图 5-6c 所示，磁场方向反向向下，流入霍尔集成电路的磁通量最大；此时，节气门位置传感器电压输出最大。当节气门半开时，如图 5-6b 所示，磁通量为零，节气门位置传感器输出电压在中间值。

节气门位置传感器通过两个系统（主、副）输出，这就提高了系统测量故障的准确性，增强了故障保护功能，确保了可靠性。其信号输出特性如图 5-7 所示。

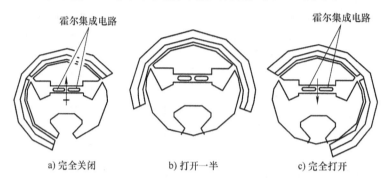

a) 完全关闭　　b) 打开一半　　c) 完全打开

图 5-6　霍尔式节气门位置传感器的工作原理

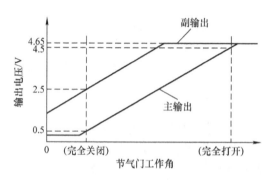

图 5-7　主、副传感器信号输出特性

3. 检测

1）输入电压检测。关闭点火开关，断开节气门位置传感器插头，打开点火开关，用万用表的电压档测量线束侧 5 端子，检查是否有 5V 电压输入。如果没有，应检查传感器 5 端子与 ECU C-113 中的 106 端子是否导通。如果不导通，检查线路线束；如果导通，说明 ECU 没有 5V 电压输出，应更换 ECU。节气门位置传感器与 ECU 的线路连接图如图 5-8 所示，可依据线路连接图进行检测。

2）输出电压检测。由于在使用万用表检测输出电压时，需要配备专用线束三通接头或刺破信号线。因此，三菱公司推荐使用其专用解码器 MUT-Ⅲ，通过读取数据流从而进行输出电压的检测。将点火开关置于"ON"，读出 14—节气门位置传感器（副）和 79 项—节气门位置传感器（主）的电压数值，看电压数值是否可以随节气门的打开而同步变大。如果变化不同步或中间有断点，则节气门位置传感器线路或本体有故障。节气门位置传感器的数据流见表 5-2。

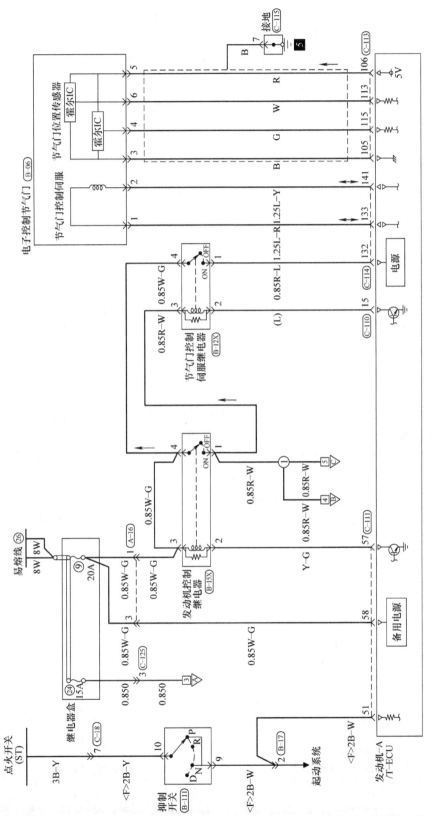

图 5-8 节气门位置传感器与 ECU 的线路连接图

表 5-2 节气门位置传感器的数据流

序号	MUT-Ⅲ显示项目	条件	正常值
8A	节气门位置传感器（主）	点火开关"ON"，用手指完全封闭节气门	0~12%
		点火开关"ON"，用手指完全打开节气门	75%~100%
9A	节气门位置传感器（主）中间开度学习值	点火开关"ON"，不论节气门是打开还是关闭	0.8~1.8V
79	节气门位置传感器（主）	点火开关"ON"，用手指完全封闭节气门	0.3~0.7V
		点火开关"ON"，用手指完全打开节气门	≥4.0V
14	节气门位置传感器（副）	点火开关"ON"，用手指完全封闭节气门	2.2~2.8V
		点火开关：ON，用手指完全打开节气门	≥4.0V

3）搭铁检测。关闭点火开关，断开节气门位置传感器插头。打开点火开关，用万用表的电压档测量线束侧 3 端子与蓄电池负极是否导通。正常情况下，应该导通，如果不导通，应检查线路、接头及 ECU。

4）节气门伺服控制检测。打开点火开关，用万用表的电压档测量线束侧 2 端子与搭铁，检查是否有 5V 电压输入。如果没有，应检查传感器 2 端子与 ECU C-113 中的 141 端子是否导通。如果不导通，检查线路线束；如果导通，说明 ECU 没有 5V 电压输出，应更换 ECU。ECU C-113 中的 133 端子和 ECU C-113 中的 141 端子间应有 12V 电压，否则更换 ECU。

5）故障码检测。在维修过程中，用三菱专用解码器读出电控节气门系统的故障码，从而准确、快速地判断故障部位。节气门系统故障码见表 5-3。

6）电控节气门系统的初始化。在更换新的节气门体后，或由于节气门阀片区有油污被清洁后，都要进行节气门的学习，进行初始化，方法如下：

① 起动发动机，进行暖机，使发动机水温达到 80℃ 以上。

② 若发动机水温就在 80℃ 以上，则不必进行暖机，可直接将点火开关置于"ON"位置。

③ 再把点火开关旋回至"LOCK"位置，停止发动机运转。

④ 在"LOCK"位置停止 10s，然后再次起动发动机，使发动机怠速运转。

⑤ 10min 后，在变速器空档、灯类及散热器冷却风扇等电器附件全关条件下，检查发动机怠速是否正常。如怠速正常，说明节气门自学习后节气门位置适当，怠速节气门开度正常。至此，节气门学习完成。反之，如怠速不正常，那么需按上述过程重新进行节气门的学习操作。

表 5-3 节气门系统故障码

DTC	故障代码含义	DTC	故障代码含义
P0122	节气门位置传感器（主）电路输入过低	P0123	节气门位置传感器（主）电路输入过高
P0222	节气门位置传感器（副）电压过低	P0223	节气门位置传感器（副）电压过高
P0638	节气门控制伺服电路范围/性能故障	P0642	节气门位置传感器电源
P0657	节气门控制伺服继电器电路故障	P1121	节气门控制伺服电机电源系统
P1122	节气门控制伺服电机连接器系统	P2100	节气门控制伺服电路（断路）
P2101	节气门控制伺服电机故障	P2102	节气门控制伺服电路（低压短路）
P2103	节气门控制伺服电路（高压短路）	P2135	（主传感器和副传感器）范围/性能故障

4. 加速踏板位置传感器控制电路

三菱格兰迪轿车使用的双霍尔式加速踏板传感器与前述双霍尔式节气门位置传感器工作原理相同，其线路连接图如图 5-9 所示，传感器输出特性曲线如图 5-10 所示。

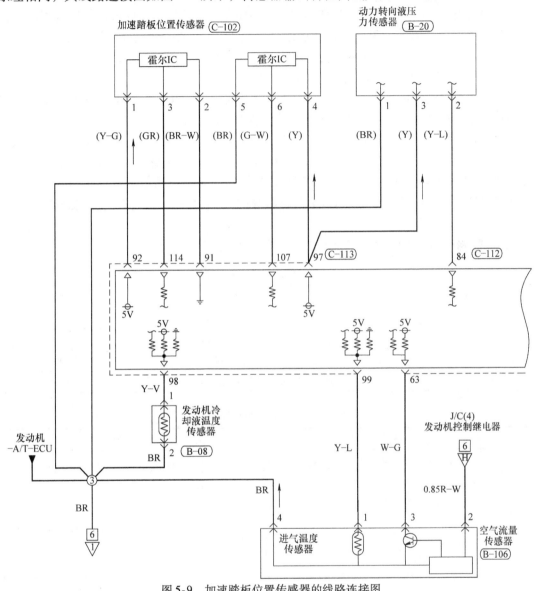

图 5-9 加速踏板位置传感器的线路连接图

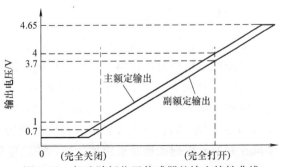

图 5-10 加速踏板位置传感器的输出特性曲线

1）工作电压检测。利用霍尔效应工作的传感器需要供给一定的工作电压，因此首先进行电压测试。关闭点火开关，断开加速踏板位置插头，再打开点火开关，用万用表的电压档测量 1-2、4-5 间是否有 5V 电压。如果没有，可能是线路损坏或 ECU 故障。

2）输出信号检测。因为格兰迪使用的是线性霍尔式传感器，因此可以使用万用表进行模拟信号的检测。关闭点火开关，连接加速踏板位置插头，再打开点火开关，用背插法分别检测 3-2、5-6 间的电压。其电压值应该随着加速踏板的下压而连续改变，不应有断点或者突变，否则应检查或更换加速踏板位置传感器。

3）解码器检测。在维修过程中，利用三菱专用解码器 MUT-Ⅲ 读出电子控制节气门系统的数据流和故障码，从而准确、快速地判断故障部位。

① 加速踏板位置主传感器和副传感器的检查。将点火开关旋至"ON"位置，慢慢踩下加速踏板，应用 MUT-Ⅲ 从数据流读出 77 项-加速踏板位置传感器（副）和 78 项-加速踏板位置传感（主）的电压数值，看电压数值是否可以随加速踏板的下压而同步变大。如果变化不同步或中间有断点，则加速踏板位置传感器线路或本体有故障。传感器标准参数值见表 5-4。

② 故障码检测。利用 MUT-Ⅲ 的诊断功能，读出故障码见表 5-5。

表 5-4 传感器标准参数值

序号	MUT-Ⅲ 显示项目	条 件	正 常 值
78	加速踏板位置传感器（主）	点火开关 ON，松开加速踏板	0.9~1.2V
		点火开关 ON，完全踩下加速踏板	≥4.0V
77	加速踏板位置传感器（副）	点火开关 ON，松开加速踏板	0.4~1.0V
		点火开关 ON，完全踩下加速踏板	≥3.6V

表 5-5 传感器故障码表

DTC	故障码含义	DTC	故障码含义
P2122	加速踏板位置传感器（主）电路输入电压过低	P2123	加速踏板位置传感器（主）电路输入电压过高
P2127	加速踏板位置传感器（副）电路输入电压过低	P2128	加速踏板位置传感器（副）电路输入电压过高
P2138	加速踏板位置传感器（主传感器和副传感器）范围/性能故障		

五、大众直喷发动机 EPC 电子节气门

在电子节气门系统中，节气门不是通过加速踏板的拉索来控制的，二者之间无机械式连接装置。加速踏板位置由两个加速踏板位置传感器传递给发动机控制单元，这两个传感器与加速踏板连为一体，是可变电阻，且包在一个壳体内。加速踏板位置（司机意愿）是发动机控制单元的一个主要输入参数。节气门是由节气门控制单元内的一个电机（即节气门控制器）根据发动机控制单元指令来控制的，在整个转速及负荷范围内均有效。当发动机不运转且点火开关打开时，发动机控制单元根据加速踏板位置传感器的信息来控制节气门开度。也

就是说，当加速踏板踏下一半时，节气门也打开一半。当发动机运转（有负荷）时，发动机控制单元可能不依靠加速踏板位置传感器来打开或关闭节气门。也就是说，尽管加速踏板踏下一半，但节气门已完全打开。这样可以避免节流损失。另外还能在一定负荷状态下减少有害物质排放并降低油耗。发动机所需转矩由发动机控制单元通过节气门开度及进气压力确定。如果认为电子节气门（E - Gas）只是由一两个部件组成的，那是完全错误的。它包括用于确定、调整及监控节气门位置的所有部件，如节气门控制单元、加速踏板位置传感器、EPC警告灯、发动机控制单元等。

电子节气门体安装在空气流量计和发动机之间的进气管上，用来改变进气通道面积，从而控制进气量和发动机运行工况，其结构如图5-11所示。驾驶人踩下加速踏板，加速踏板传感器将加速踏板的位置转换为电信号，并传递给发动机ECU，ECU实时将驾驶人输入的信号传递给节气门执行器（电机），执行器将节气门转动到相应的角度。ECU可以独立于加速踏板的位置而调整节气门的位置，其优点是发动机可以根据各种不同的需求（如驾驶人的输入信号、废气的排放、燃油消耗以及安全性等）来确定节气门的位置。

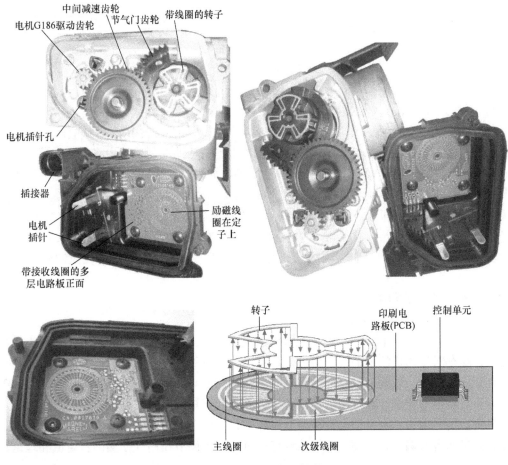

图5-11　电子节气门结构

1）霍尔式加速踏板优点：浮动式传感器无摩擦，寿命长，整体式传感器不需要进行强制低速档基本设定。当未加进行加速时，薄金属盘位于传感器的最初位置，此时传感器内无相对运动,传感器信号电压最低。当踩下加速踏板时,在踏板机构元件的作用下,薄金属盘发生移动,切割磁场,传感器产生较大电压。移动位置越大,感应出的电压越高,其结构及电压变化如图5-12所示。

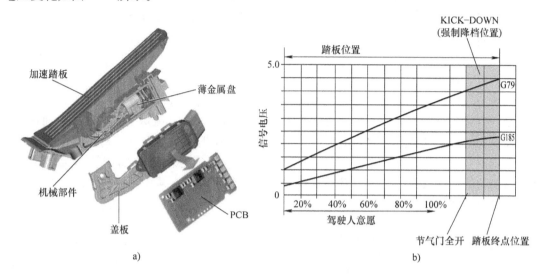

图5-12 大众新型电子加速踏板结构及电压变化

2) 霍尔式加速踏板失效影响:

① 一个或两个传感器失效后,系统会有故障记忆,同时仪表上的EPC故障警告灯也会亮起。车辆的一些便捷功能,如定速巡航或发动机制动辅助控制功能也将会失效。

② 一个传感器信号失真或中断,另一个传感器如果处于怠速位置,则发动机进入怠速工况;如果是负荷工况,则发动机转速上升缓慢。

③ 若两个传感器同时出现故障,则发动机高怠速(1500r/min)/怠速运转。

电控节气门系统的最大优点是可以实现发动机全范围的最佳转矩输出,实现牵引力控制、巡航控制等多种功能,兼顾提高动力性、经济性、操纵稳定性、排放控制性和乘坐舒适性。

1. 电子节气门控制策略

(1) 基于发动机转矩需求的节气门控制

电控节气门开度并不是完全由加速踏板位置决定的,而是发动机控制单元根据当前行驶状况下,整车对发动机的全部转矩需求,计算出节气门的最佳开度,从而控制电机驱动节气门达到相应的开度。因此,节气门的实际开度并不完全与驾驶人的操作意图一致。控制单元根据整车对转矩的需求计算所需的理论转矩,而实际转矩则通过发动机转速、点火提前角和发动机负荷信号求得。在发动机转矩调节过程中,控制单元首先将实际转矩与理论转矩进行对比,如果两者有偏差,发动机电控系统将通过适当的调节作用,使实际转矩值和理论转矩值一致。

(2) 传感器冗余设计

电控节气门系统采用2个加速踏板位置传感器和2个节气门位置传感器,传感器两两反接,以实现阻值的反向变化,即两个传感器阻值变化量之和为零。对两个传感器施加相同的电压，两者输出的电压信号也相应反向变化，且其和始终等于供电电压。该设计可使两个传感器相互检测，当一个传感器发生故障时，能及时被识别，在很大程度上增加了系统的可靠性，保证了行车的安全性。

（3）可选工作模式

驾驶人可根据不同的行车需要，通过模式开关选择不同的工作模式。通常有正常模式、动力模式和雪地模式三种，区别在于节气门对加速踏板的响应速度不同。正常模式下，节气门对加速踏板的响应速度适合于大多数行驶工况；动力模式下，节气门加快对加速踏板的响应速度，发动机能提供额外的动力；雪地、雨天附着较差的工况下，驾驶人可选择雪地模式驾驶车辆，此时节气门对加速踏板的响应降低，发动机输出的功率比正常情况下小，使车轮不易打滑，从而保持车辆稳定行驶。

（4）海拔补偿

在海拔较高的地区，大气压下降，空气稀薄，氧气含量下降，导致发动机输出动力下降。此时电控节气门系统可按照大气压与海拔的函数关系，对节气门开度进行补偿，使发动机输出的动力和加速踏板位置的关系保持稳定。

（5）控制功能扩展及其原理

现代电控节气门则独立成一个系统，可实现多种控制功能，既可以提高行驶可靠性，又可以简化结构，降低成本。其主要控制功能有牵引力控制（ASR）、巡航控制（CCS）、怠速控制（ISC）、减少换档冲击控制等。

2. 大众直喷奥迪、高尔夫 A6 电子节气门电路图

加速踏板位置传感器由两个霍尔传感器（G79 和 G185）组成，其作用是将驾驶人意图输送给发动机控制单元，并将由此产生反映加速踏板下踏量和变化速率的电压信号输入 ECU 来反映汽车的工作状况。节气门控制部件由节气门驱动装置 G186、节气门位置传感器 G187 和 G188。节气门驱动装置 G186 是一个伺服电动机，由发动机控制单元控制，端子 3 和端子 5 间的阻值约为 2.0Ω。G187 和 G188 是两个相互独立的线性可变电阻式节气门位置传感器，它将节气门的位置信号传送给发动机控制单元。电子节气门控制电路、加速踏板位置传感器电路及 EPC 指示灯电路如图 5-13 ~ 图 5-15 所示。

节气门驱动装置的直流电动机采用脉冲宽度调制 PWM 技术，其特点是频率高，效率高，功率密度高，可靠性高。控制单元通过调节脉宽调制信号的占空比来控制直流电机转角的大小。节气门由节气门驱动装置根据发动机控制单元的指令来控制的。当发动机不运转，且点火开关打开时，发动机控制单元根据加速踏板位置传感器的信息来控制节气门控制器，也就是说，当加速踏板踏下一半时，节气门驱动装置以同样的尺度打开节气门，则节气门也打开一半。当发动机运转时（有负荷），发动机控制单元可独立于加速踏板位置传感器来打开或关闭节气门；这样，即使加速踏板只踏下一半，但节气门则可能完全打开了。该电控节气门系统的优点是避免节气门的节流损失，明显地改善了有害物质的排放，降低了油耗。

组合仪表上的"电子功率控制"（Electronic Power ControL, EPC）警告灯，也就是电控节气门系统（E - Gas）警告灯。当发动机运转时，若电控节气门系统发生故障，则 EPC 警告灯点亮，同时发动机控制单元的故障存储器会记录该故障。

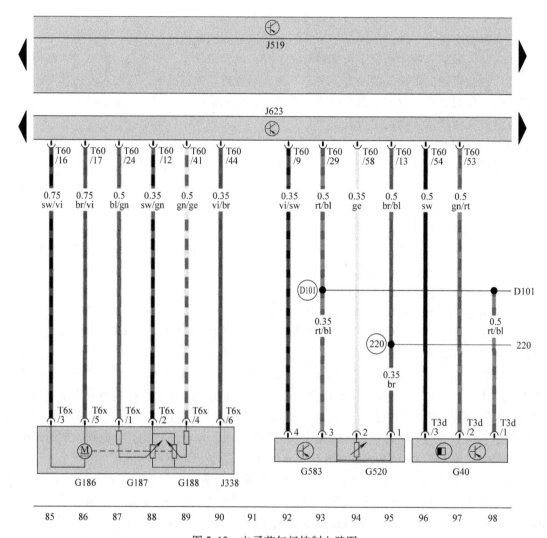

图 5-13 电子节气门控制电路图

G40—霍尔传感器 G186—电控节气门操纵机构的节气门驱动装置
G187—电控节气门操纵机构的节气门驱动装置位置传感器1
G188—电控节气门操纵机构的节气门驱动装置位置传感器2 G520—进气温度传感器3
G583—进气管压力传感器3 J338—节气门控制单元 J519—车载电网控制器
J623—发动机控制单元,排水槽内中部 T3d—3 芯插头连接
T6x—6 芯插头连接 T60—60 芯插头连接 220—接地连接(传感器接地),在发动机导线束中
D101—连接1,在发动机舱导线束中

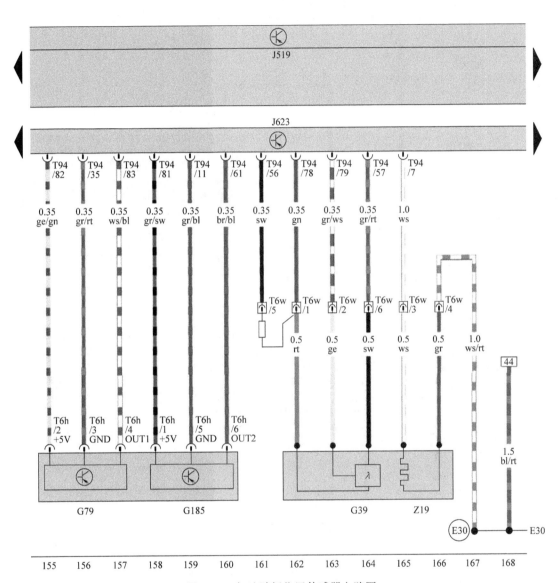

图 5-14 加速踏板位置传感器电路图

G39—氧传感器　G79—加速踏板位置传感器1　G185—加速踏板位置传感器2　J519—车载电网控制器
J623—发动机控制单元，排水槽内中部　T6h—6芯插头连接　T6w—6芯插头连接，发动机舱内后部
T94—94芯插头连接　Z19—氧传感器加热　E30—连接（87a），在发动机导线束中

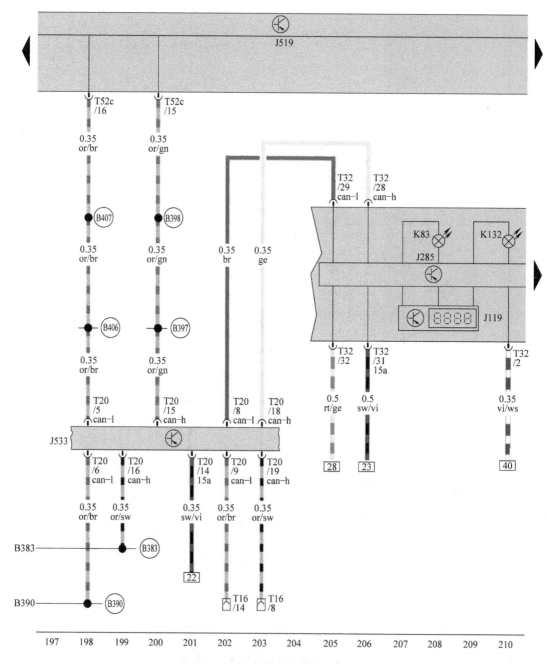

图 5-15　EPC 指示灯电路图

J119—多功能显示器　J285—仪表板中的控制单元　J519—车载电网控制器　J533—数据总线诊断接口，左侧脚部空间内，中控台附近　K83—废气警告灯　K132—EPC 故障信号灯　T16—16 芯插头连接　T20—20 芯插头连接　T32—32 芯插头连接　T52c—52 芯插头连接　B383—连接 1（驱动系统高速 CAN 总线），在主导线束中　B390—连接 1（驱动系统低速 CAN 总线），在主导线束中　B397—主导线束中的连接 1（舒适/便捷功能 CAN 总线，高速）　B398—主导线束中的连接 2（舒适/便捷功能 CAN 总线，高速）　B406—主导线束中的连接 1（舒适/便捷功能 CAN 总线，低速）　B407—主导线束中的连接 2（舒适/便捷功能 CAN 总线，低速）　*—诊断接口
ws—白色　sw—黑色　rt—红色　br—褐色　gn—绿色　vi—淡紫色　ge—黄色　or—橘黄色

由于电控节气门系统是通过控制单元来调整节气门的，因此电控节气门系统可以设置各种功能来改善驾驶的安全性和舒适性，其中最常见的就是ASR（牵引力控制系统）和速度控制系统（巡航控制）。

驾驶人操纵加速踏板，加速踏板位置传感器产生相应的电压信号输入节气门控制单元，控制单元首先对输入的信号进行滤波，以消除环境噪声的影响，然后根据当前的工作模式、踏板移动量和变化率解析驾驶人意图，计算出对发动机转矩的基本需求，得到相应的节气门转角的基本期望值。然后再经过CAN总线和整车控制单元进行通信，获取其他工况信息以及各种传感器信号如发动机转速、档位、节气门位置、空调能耗等，由此计算出整车所需求的全部转矩，通过对节气门转角期望值进行补偿，得到节气门的最佳开度，并把相应的电压信号发送到驱动电路模块，驱动控制电机使节气门达到最佳的开度位置。节气门位置传感器则把节气门的开度信号反馈给节气门控制单元，形成闭环的位置控制。

3. EPC警告灯功能检查

打开点火开关，EPC警告灯应点亮，起动发动机后，如果故障存储器中没有关于电控节气门系统的故障，则EPC警告灯将熄灭。否则，应进行检查（可用VAS 5052引导功能对ECP警告灯进行检查）。

1）如果开始时EPC警告灯不亮，应检查从发动机控制单元到EPC警告灯的导线。检查方法是关闭点火开关，接上检测盒VAG 1598/31，但不接发动机控制单元。用VAG 1594连接检测盒上插孔1和EPC警告灯的搭铁端。打开点火开关，EPC警告灯应点亮。如果EPC警告灯不亮，则检查组合仪表板内EPC警告灯是否烧坏，或按电路图检查EPC警告灯供电情况；如果EPC警告灯和供电都正常，按电路图排除发动机控制单元到EPC警告灯之间导线短路或断路处；如果导线无故障，则应更换发动机控制单元。

2）如果EPC警告灯亮的时间超过3s，或EPC警告灯一直亮，则应检查导线是否搭铁短路。检查方法是起动发动机并怠速运转，如果EPC警告灯不熄灭，则读取故障码；如果无故障码，则关闭点火开关，接上检测盒VAG 1598/31，但不接发动机控制单元，检查VAG 1598/31和EPC警告灯的搭铁端与组合仪表板端子间的导线连接是否搭铁短路。规定值应为无穷大。如果未达到规定值，则按电路图排除发动机控制单元到EPC灯之间导线搭铁短路处；如果导线无故障，则应更换发动机控制单元。

4. 节气门位置传感器G187和G188的检查

将VAS 6150连接到诊断座上，起动发动机，输入发动机电控系统，选择功能"读测量数据块"，显示区1显示节气门位置传感器1——G187的开度百分比，规定值为3%~93%；显示区2显示节气门位置传感器2——G188的开度百分比，规定值为3%~97%；显示区3显示加速踏板位置传感器1——G79的开度百分比，规定值为12%~97%；显示区4显示加速踏板位置传感器2——G185的开度百分比，规定值为6%~50%。怠速时，显示区1至显示区3的值为8%~18%，显示区4为3%~13%。慢慢将加速踏板踩到底，显示区1节气门位置传感器G187的百分比值应均匀升高，公差范围为3%~93%，而显示区2节气门位置传感器G188的百分比值应均匀降低。如果显示达不到上述要求，则检查节气门控制部件的供电及导线，尤其要注意插头是否松动或锈蚀。如果供电及导线正常，则更换节气门控制部件。

5. 节气门控制部件供电和连接导线的检查

拔下节气门控制部件插头，如图 5-16 所示，打开点火开关，用万用表测量插头 T6X/2 与 T6X/6、T6X/1、T6X/4 之间的电压值，应约为 5V。电机 T6X/3（正）与 T6X/5（负）之间的电压值应约为 5V。若达不到上述要求，按照电路图检查节气门控制部件插头 6 个端子至发动机控制单元相应端子之间的导线是否断路，然后检查导线相互之间是否导通（导线最大阻值为 1.5Ω）。注：电机 T6X/3（正）与 T6X/5（负）之间的阻值为 10~13Ω（新款捷达电机阻值约为 3Ω）。

图 5-16 节气门控制部件插头

急速时，测量端子 T6X/2 与 T6X/4 之间的电压值为 0.659V，端子 T6X/4 与 T6X/6 之间的电压值为 4.29V，端子 T6X/1 与 T6X/6 之间的电压值为 0.673V~0.783V。注：静态下测量端子 1 与 6 的电压约为 0.8V，端子 4 与 6 的电压约为 4.2V。

拔下节气门控制部件插头测量电子节气门端子 1 与 2、1 与 6、2 与 4 间的电阻值约为 76Ω，端子 1 与 4 间的电阻值约为 102Ω。

6. 发动机控制单元同节气门控制部件

J338 匹配即指当电源供应中断、更换了节气门控制部件或更换了发动机控制单元时，发动机控制单元必须与节气门控制部件进行匹配（即自适应或自学习）。通过匹配，发动机控制单元学习了节气门在不同位置时的特性参数，并将这些参数存入发动机控制单元。节气门位置由两个节气门位置传感器来反馈。匹配的条件为故障存储器中没有故障存储，蓄电池电压至少应为 12.7V，冷却液温度在 10~95℃ 之间，进气温度在 10~90℃ 之间，发动机不运转，点火开关打开，不踩加速踏板。进行匹配时，用 VAS 5053 对节气门体进行初始化设置。

1）选择 1000——读取网关安装列表，单击屏幕下方向右箭头进入下一界面，如图 5-17 所示。

2）选择 01——发动机控制装置，如图 5-18 所示。

图 5-17 读取网关列表

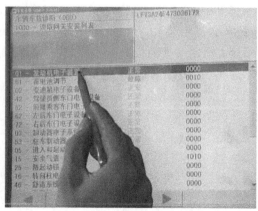

图 5-18 选择发动机电子装置

第五章 位置与角度传感器

3) 进入下一界面，选择006——基本设置，如图5-19所示。

4) 进入下一界面，在小键盘处输入匹配通道号60，再单击Q键，如图5-20所示。

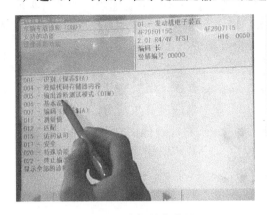

图5-19 选择基本设置

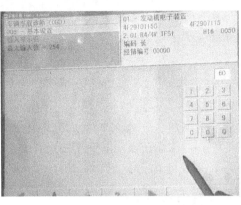

图5-20 在小键盘处输入60

5) 单击屏幕下方向右箭头进入下一界面，在基本设置内的测量值单击"激活"按钮，这时系统初始化设置开始，屏幕上的基本设置内的数字开始变化，如图5-21所示。而在节气门体附近可以听见节气门体电气元件工作的声音。之后单击屏幕下方向左的箭头退出此界面。

7. 加速踏板位置传感器 G79 和 G185

电子节气门踏板连接导线有6根，分别为2个霍尔传感器G185和G79的信号线，连接至发动机控制单元，检查时将VAS 6150B连接

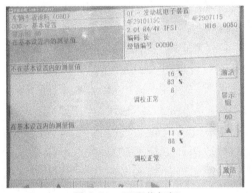

图5-21 匹配节气门

到诊断座上，起动发动机，进入发动机电控系统，选择功能"读测量数据块"。慢慢将加速踏板踩到底，同时注意显示区3和4的百分比值，应均匀升高，并且显示区3中的显示值总应是显示区4的2倍。如果显示值没有达到此要求，则继续进行下一步检查。

拆下驾驶人侧杂物箱，拔下加速踏板位置传感器插头。打开点火开关，测量插头端子T6h/1和T6h/5之间电压约为5V、T6h/2和T6h/3之间电压约为5V。怠速时，在线检测加速踏板位置传感器对应J623发动机ECU端子的电压电路，如图5-14所示。

电位计上的起始电压均为5V，出于安全考虑，每个传感器都有独立的电源、搭地和信号线。随着加速踏板从静止位置移动到安全行程位置，APP1信号电压变化范围是0.7~4.5V，APP2信号电压变化范围是0.3~2.2V，APP1信号电压约为APP2信号电压的2倍，端子电压见表5-6。

表5-6 加速踏板位置传感器各端子电压 （单位：V）

测试端子	T94/81	T94/82	T94/35	T94/83	T94/11	T94/61
正常值	4.99	4.98	0	0.76	0	0.38
测量值	4.99	4.98	0	0.74	0	0.39

8. 强制降档自适应

如果更换了加速踏板位置传感器或发动机控制单元，对于安装变速器的汽车，必须进行强制降档自适应操作。将 VAS 5052 连接到诊断座上，起动发动机，进入发动机电控系统，选择功能"基本设置"。显示区 1 显示加速踏板位置传感器 1（G79）的开度百分比，规定值为 79%～94%；显示区 2 显示加速踏板位置传感器 2（G185）的开度百分比，规定值为 79%～94%；显示区 3 显示加速踏板位置，应显示"Kick down"；显示区 4 显示自适应状态，可能显示"ADPi.o.""ERROR""ADPlauft"等。自适应完成应显示"ADPi.o."，表示要求"操纵强制降档功能"。应立即踩下加速踏板，一直踩过强制降档作用点，并保持该状态至少 2s。注意在强制降档作用点自适应过程中，VAS 5052 屏幕上会显"kick down ADPlauft"，完成自适应后会显示"Kick down ADPi.o."。

六、智能电子节气门

在常规型节气门体中，都是由加速踏板作用力确定节气门角度。丰田凯美瑞 ETCS-i 使用发动机 ECU 来计算适用于相应驾驶条件的最佳节气门开度，并使用节气门控制电动机来控制开度。在异常情况下，该系统切换至跛行模式。智能电子节气门控制系统 ETCS-i，如图 5-22 所示。

将节气门设置为适合加速踏板作用力和发动机转速等适应驾驶条件的最佳节气门角度，从而实现优异的节气门控制性能和所有工作范围内的舒适操作。ETCS-i 具有下列 5 项功能：

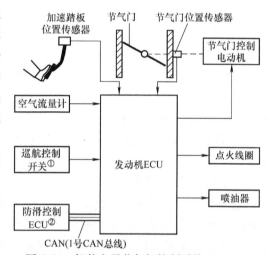

图 5-22 智能电子节气门控制系统 ETCS-i
① 仅适用于带巡航系统的车型
② 仅适用于带制动控制系统的车型

1）VVT-i（智能可变气门正时）系统结构。它用于将进气凸轮轴控制在（曲轴角度的）40°范围内，从而提供最适于发动机状态的气门正时。这使发动机在所有转速范围内的转矩得到改进，燃油经济性增强，废气排放量减少。

根据发动机转速、进气量、节气门位置和冷却液温度，发动机 ECU 可以计算每个驾驶条件下的最佳气门正时，控制凸轮轴正时机油控制阀。此外，发动机 ECU 使用来自凸轮轴位置传感器和曲轴位置传感器的信号来检测实际气门正时，从而提供反馈控制以达到目标气门正时。

2）ISC（急速控制）。发动机 ECU 控制节气门，从而使发动机恒定地维持理想的急速转速。

3）TRC（牵引力控制）。作为 TRC 系统的一部分，当驱动轮出现过量滑动时，根据来自防滑控制 ECU 的请求信号关闭节气门，这便于车辆确保稳定性和驱动力。

4）VSC（车辆防滑控制）。为了最好地发挥 VSC 系统控制的最佳效用，通过防滑控制

ECU 协调控制性能来控制节气门角度。

5）巡航控制。带有集成巡航控制 ECU 的发动机 ECU，直接控制节气门来进行巡航控制。

1. 失效保护

当失效保护检测到任何传感器存在故障时，如果发动机 ECU 仍能继续正常控制发动机控制系统，这说明发动机可能有故障或出现其他故障。为了防止出现此问题，发动机 ECU 的失效保护功能提供有助于存储在记忆中的数据，使发机控制系统继续运行，或在预测到即将出现危险的情况下停止发动机。

（1）加速踏板位置传感器的失效保护

加速踏板位置传感器有两个传感器（主和副），若其中一个传感器电路出现故障（图 5-23），则发动机 ECU 会检测两个传感器电路之间不正常的信号电压差，并切换到跛行模式。在跛行模式中，正常工作的电路被用来计算加速踏板开度，从而在跛行模式控制下运行车辆。

如果两个电路都出现故障（图 5-24），则发动机 ECU 会检测来自这两个传感器电路的不正常信号电压，中断节气门控制。此时，可以在车辆的急速范围内驾驶车辆。

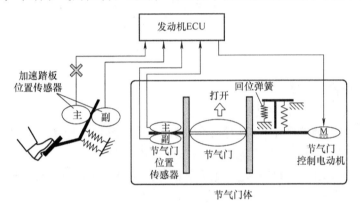

图 5-23 一个传感器故障

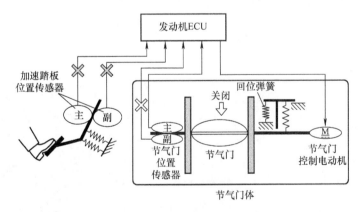

图 5-24 两个传感器故障

（2）节气门位置传感器的失效保护

节气门位置传感器有两个传感器（主和副），若其中一个传感器出现故障，则发动机 ECU 会检测两个传感器电路之间不正常的信号电压差，切断至节气门控制电动机的电流，并切换到跛行模式，如图 5-25 所示。然后，回位弹簧的弹力导致节气门回位，使其保持在指定的开度。此时，可以在跛行模式下驾驶车辆，同时根据加速器开度控制燃油喷射和点火正时，从而调节发动机的动力输出。如果发动机 ECU 检测到节气门控制电动机系统中存在故障，则执行与上述相同的控制。

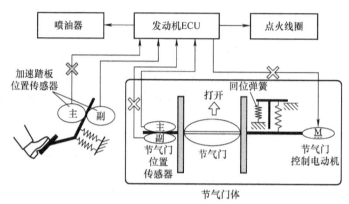

图 5-25　切换到跛行模式

2. 加速踏板位置传感器

（1）加速踏板位置传感器结构

图 5-26 所示为无触点型加速踏板位置传感器，该传感器使用了安装在加速踏板臂上的霍尔 IC。磁轭安装在加速踏板臂的底座上，该磁轭根据施加在加速踏板上的作用力，绕着霍尔 IC 旋转。霍尔 IC 将磁通量变化转化为电信号，并以加速踏板信号的形式，将其输送至发动机 ECU。

霍尔 IC 含有两个电路，一个用于主信号，一个用于副信号。它将加速踏板位置（角度）转化为具有不同特性的电信号，并将其输出至发动机 ECU。

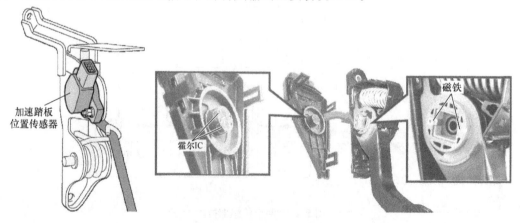

图 5-26　加速踏板结构图

(2) 加速踏板位置传感器的电压检测

1) 测量 ECM 插接器端子 VCPA 和 EPA、VPA2 和 EPA2 之间的电压,该电压值约为 4.5~5.5V,加速踏板位置传感器与发动机 ECU 电路图及电压线性输出如图 5-27 和图 5-28 所示。

2) 测量 ECM 插接器端子 VCPA 和 EPA、VPA2 和 EPA2 之间的动态电压,见表 5-7。

维修提示:检查方法不同于常规加速踏板位置传感器,因为此传感器使用了霍尔 IC。

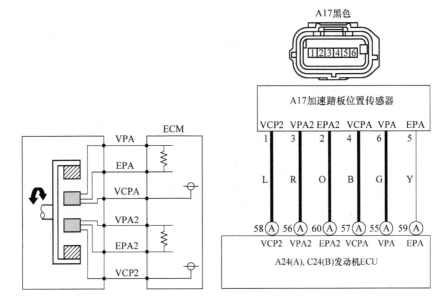

图 5-27 加速踏板位置传感器与发动机 ECU 电路图

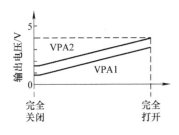

图 5-28 电压线性输出

表 5-7 加速踏板位置传感器的动态电压

加速踏板	电压	
	VPA	VPA2
松开	0.5~1.1V	0.9~2.3V
踩下	3.0~4.6V	3.4~5.0V

3. 节气门位置传感器

(1) 节气门位置传感器结构

该无触点型节气门位置传感器使用了安装在节气门体上的霍尔 IC。霍尔 IC 被电磁轭环绕,并将当时的磁通量变化转化为电信号,并以节气门作用力的形式将其输出至发动机 ECU,其组成元件及结构如图 5-29 所示。

(2) 节气门位置传感器电压值、电阻值的检测

霍尔 IC 含有分别用于主信号和副信号的电路,它将节气门开度转化为具有不同特性的电信号,并将其输出至发动机 ECU,节气门位置传感器与发动机 ECU 的连接电路图及线性图如图 5-30 所示,其电压及电阻检测结果见表 5-8 及表 5-9。

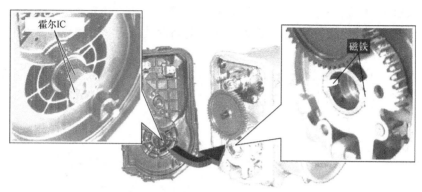

a) 传感器组成元件

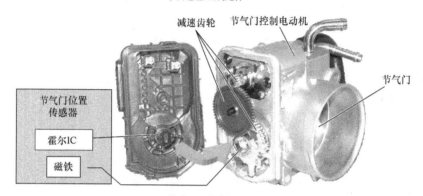

b) 传感器及其控制电动机

图 5-29 无触点型节气门位置传感器

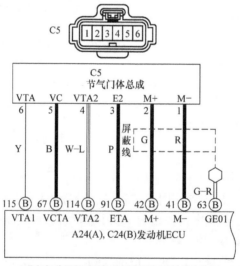

a) 节气门位置传感器与发动机ECU的连接电路图

图 5-30 节气门位置传感器与发动机 ECU 的连接电路图及线性图

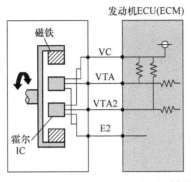 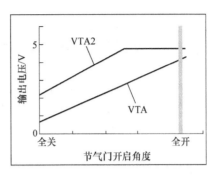

b) 节气门控制单元连接电路图及线性图

图5-30 节气门位置传感器与发动机 ECU 的连接电路图及线性图（续）

表5-8 节气门位置传感器电压检测结果

节气门位置传感器	电压/V	
	VTA - E2	VTA2 - E2
松开	0.4 ~ 1.0	2.0 ~ 2.9
踩下	3.2 ~ 4.8	4.6 ~ 5.0

表5-9 节气门位置传感器电阻检测结果

节气门位置传感器	电阻/kΩ	
	VC - E2	VTA - E2
全闭	1.2 ~ 3.2	1.2 ~ 3.2
全开	2.5 ~ 5.9	2.0 ~ 10.2

（3）节气门位置传感器（TPS）的检测数据

1) VC——节气门位置传感器电源电压为 4.5 ~ 5V。

2) VTA1——节气门位置传感器信号输出电压为 0.5 ~ 4.8V。

3) VTA2——节气门位置传感器信号输出电压为 2.1 ~ 5.0V。

① 节气门全闭

a. 节气门位置传感器插接器端子 VTA1 用百分数表示为 10% ~ 20%。

b. 节气门位置传感器插接器端子 VTA2 用电压表示为 2.1 ~ 3.1V。

② 节气门全开

a. 节气门位置传感器插接器端子 VTA1 用百分数表示为 64% ~ 96%。

b. 节气门位置传感器插接器端子 VTA2 用电压表示为 4.5 ~ 5.0V。

③ 节气门安全角度 7°时，节气门位置传感器插接器端子 VTA1 用百分数表示为 10% ~ 24%。

★ 第二节 曲轴位置传感器 ★

一、曲轴位置传感器的功用和安装位置

曲轴位置传感器（Crankshaft Position Sensor，CKP 或 CPS），又称为发动机转速与曲轴转角传感器，其功用是采集曲轴转动角度和发动机转速信号，并输入电子控制单元（ECU），以便确定喷射顺序、喷射正时、点火顺序、点火正时，然后根据信号监测到的曲轴转角波动大小来判断发动机是否有失火现象。它是发动机集中控制系统最主要的传感器之一，是控制发动机燃油喷射和点火时刻确认曲轴位置的信号源，同时也是测量发动机转速的

信号源。曲轴位置传感器用来检测活塞上止点及曲轴转角的信号并将其输入发动机 ECU，用来对点火时刻和喷油正时进行控制。在现代电控发动机上，曲轴位置传感器和发动机转速传感器制成一体，既可用于发动机曲轴位置、活塞上止点位置的测定，又可用于发动机转速的测定。

曲轴位置传感器一般安装于曲轴前端、靠近飞轮的变速器壳体位置，如图 5-31 所示。该传感器按其工作原理的不同可分为磁脉冲式曲轴位置传感器、光电式曲轴位置传感器和霍尔式曲轴位置传感器等。

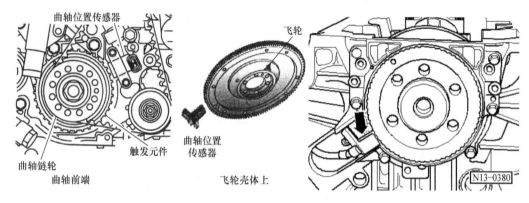

图 5-31　曲轴位置传感器安装位置

二、磁电感应式传感器的结构及工作原理

磁电感应式曲轴位置传感器，又称为磁脉冲式传感器、可变磁阻式传感器。其主要由导磁材料制成的信号转子、永久磁铁、信号线圈等组成，传感器的位置是固定的，软磁铁心与信号转子齿间隙必须保持一定间隙，如图 5-32 所示。

传感器插头接线形式主要有两线制和三线制两种。两线制的两根线为信号回路线，信号正负交替变化，三线制中多出的一根线为屏蔽线。

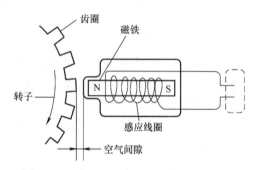

图 5-32　磁电感应式曲轴位置传感器的结构

1) 当信号转子凸齿靠近传感器时，磁头与齿间隙逐渐缩小，磁路中的磁阻逐渐减小，传感器的磁场便开始产生集中的现象，磁场强度增大，磁通量的变化率也逐渐增大，因此产生一个逐渐增大的正的感应电动势，磁场的变化愈大，则感应出的电压也愈强，其相对位置如图 5-33a 所示；磁通量和感应电动势的变化如图 5-34 的 $a-b$ 段所示。

2) 当凸齿继续靠近磁头时，磁通量仍在增大，但磁通量的变化率则减小，因此产生一个正的、逐渐减小的感应电动势，其相对位置如图 5-33b 所示；磁通量和感应电动势的变化如图 5-34 的 $b-c$ 段所示。

3) 当信号转子凸齿与传感器尖端对齐成一直线时，磁头与齿间隙最小，磁路中的磁阻最小，磁场强度最强，磁通量最大。但在该点磁场强度没有变化，磁场变化率为 0，所以感应电压和电流强度为 0，其相对位置如图 5-33c 所示；磁通量和感应电动势的变化如图 5-34

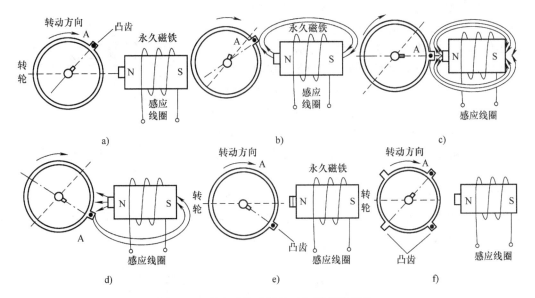

图 5-33 磁电式传感器的工作原理示意图

的 c 点所示。

4) 信号转子凸齿继续转动,其相对位置如图 5-33d 所示,凸齿远离磁头准备离开传感器时,二者间隙逐步变大,磁路中的磁阻逐渐增大,磁通量逐渐减小,但磁通量的变化率仍逐渐增大,所以产生一个负的但绝对值仍逐渐增大的感应电动势,如图 5-34 的 $c-d$ 段所示。

5) 当凸齿继续转动离开磁头时,磁路中的磁阻继续增大,磁通量继续减小,但磁通量的变化率也逐渐减小,因此产生一个负的绝对值逐渐减小直至为 0 的感应电动势,其相对位置如图 5-33e 所示;磁通量和感应电动势的变化如图 5-34 的 $d-e$ 段所示。

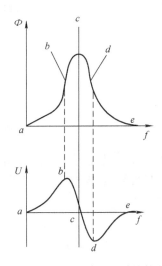

图 5-34 磁通量和感应电动势的变化

三、曲轴位置传感器的检测

1. 新款捷达轿车曲轴位置传感器检测

捷达轿车的磁感应式曲轴位置传感器安装在气缸体左侧、发动机后端靠近飞轮处,零件编号 G28,传感器用螺钉固定在发动机缸体上,信号转子为齿盘式,齿数为 60-2 齿。即在原来为 60 齿的圆周上,切掉 2 个齿,形成在其圆周上均匀间隔 58 个凸齿、57 个小齿缺和 1 个大齿缺。因为原来的 60 齿在圆周上均匀分布,齿与齿的间隔度数为 360°/60 = 6°,因此每个凸齿和小齿缺所占的曲轴转角均为 3°。曲轴旋转一圈 360°,将会产生 58 个脉冲信号。大齿缺所占的弧度相当于 2 个凸齿和 3 个小齿缺所占的弧度,大齿缺所占总的曲轴转角为 15°(2×3°+3×3° = 15°)。大齿缺输出基准信号,对应发动机气缸 1 或气缸 4 压缩上止点前一定角度。

由于信号转子上设有一个产生基准信号的大齿缺，所以当大齿缺转过磁头时，信号电压所占的时间较长，即输出信号为一宽脉冲信号，该信号对应于气缸 1 或气缸 4 压缩上止点前一定角度。电子控制单元接收到宽脉冲信号时，便可知道气缸 1 或气缸 4 上止点位置即将到来，至于即将到来的是气缸 1 还是气缸 4，则需根据凸轮轴位置传感器输入的信号来确定。由于信号转子上有 58 个凸齿，因此信号转子每转一圈（发动机曲轴转一

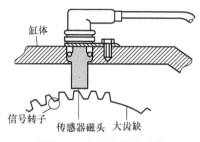

图 5-35　曲轴位置传感器

圈），传感线圈就会产生 58 个交变电压信号输入电子控制单元 ECU。因此，ECU 每接收到曲轴位置传感器 58 个信号，就可知道发动机曲轴旋转了一圈。依此类推，ECU 根据每分钟接收曲轴位置传感器脉冲信号的数量，便能计算出发动机曲轴旋转的转速和曲轴的位置。曲轴位置传感器如图 5-35 所示，输出波形如图 5-36 所示。

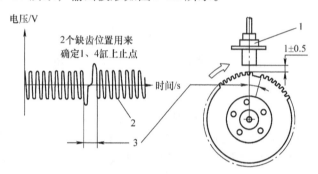

图 5-36　曲轴位置传感器输出波形
1—曲轴位置传感器　2—正常齿波形　3—缺齿波形

曲轴位置传感器安装位置如图 5-37 所示，与 ECU　J632 的连接电路如图 5-38 所示。端子 T3i/2 为传感器，其中一极与 ECU 的 T80/84 端子相连；端子 T3i/3 为传感器，与 ECU 的 T80/53 端子相连；端子 3 为屏蔽线端子，与发动机线束内的搭铁连接。

磁电感应式曲轴位置传感器的检测方法：

1) 故障征兆检测。在发动机运行中，当曲轴位置传感器出现故障时，会导致信号中断，发动机不能起动或在运行时立即熄火，这时电子控制单元可以诊断到故障并进行故障码存储。

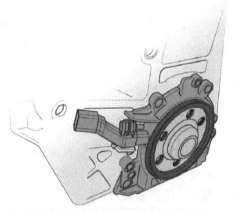

图 5-37　曲轴位置传感器安装位置

2) 曲轴位置传感器的电阻检查。关闭点火开关，拔下传感器插接器插头，检查传感器上 1 与 2 端子间的电阻，应为 450 ~ 1000Ω。若电阻为无穷大，则说明信号线圈存在断路，应更换传感器。检查传感器上端子 T3i/3 或端子 T3i/2 与屏蔽线端子 T3i/1 之间的电阻，阻值应为无穷大，如果电阻不是无穷大，则应更换传感器。

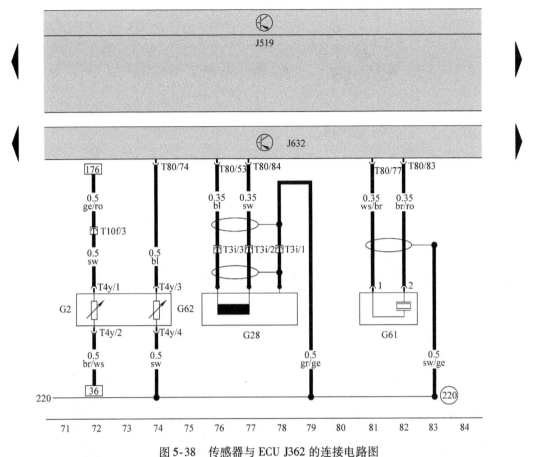

图 5-38　传感器与 ECU J362 的连接电路图

G2—冷却液温度传感器　G28—发动机转速传感器　G61—爆燃传感器1　G62—冷却液温度传感器
J632—Simos 发动机控制单元　J519—E-BOX 控制单元　T3i—3 芯黑色插头连接　T4y—4 芯黑色插头连接
T10f—10 芯插头连接　T80—80 芯黑色插头连接　220—发动机线束内的搭铁连接（传感器搭铁）
ws—白色　sw—黑色　ro—红色　br—棕色　bl—蓝色　gr—灰色　ge—黄色

3）信号转子与磁头间的间隙检查。用塞尺检查信号转子与磁头间的间隙，标准值为 0.2~0.5mm。当该值不在标准范围内时，需进行调整。

4）输出电压测量。用万用表的交流电压档，在线路正常连接、发动机运转时测量端子 T3i/3 或端子 T3i/2 间的电压，其电压值在 0.2~2V 范围内波动。

5）检查传感器与 ECU 之间的连接线束。分别检查 T3i/2 与 ECU 控制单元 T80/64 端子、T3i/3 与 ECU 控制单元 T80/53 端子、T3i/1 端子与发动机线束内电源线间的电阻值，应不超过 1.5Ω。如果电阻为无穷大，则说明存在导线断路或接触不良，需进行维修。

6）利用 V.A.S 5052 故障诊断仪。通过故障诊断插座可以读取故障信息，如果曲轴位置传感器发生故障，则会出现 00513——发动机转速传感器 G28 故障码。

2. 新款凯美瑞轿车曲轴位置传感器检测

新款凯美瑞轿车的曲轴位置传感器安装在曲轴正时护罩内，曲轴的正时转子由 34 个齿组成，带有 2 个缺齿。曲轴位置传感器每 10°输出曲轴旋转信号，齿缺用于确定上止点，曲轴位置传感器安装位置如图 5-39 所示。

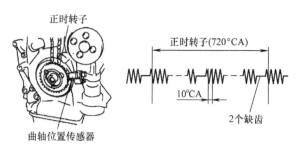

图 5-39　曲轴位置传感器安装位置

磁电感应式曲轴位置传感器的检测方法：

1）曲轴位置传感器的电阻检查。关闭点火开关，拔下传感器插接器插头，检查传感器上 122 与 121 端子间的电阻，20℃ 时应为 1850～2450Ω。若电阻为无穷大，则说明信号线圈存在断路，应更换传感器，电路如图 5-40 所示。

2）检查传感器上端子 122 或端子 121 端子与屏蔽线端子 C 之间的电阻，阻值应为无穷大。如果电阻不是无穷大。则应更换传感器。

四、霍尔式曲轴位置传感器

1. 霍尔式曲轴位置传感器工作原理

霍尔式曲轴位置传感器是利用霍尔效应产生与曲轴转角相对应的电压脉冲信号的原理制成的，可分为触发叶片式和触发轮齿式两种曲轴位置传感器。

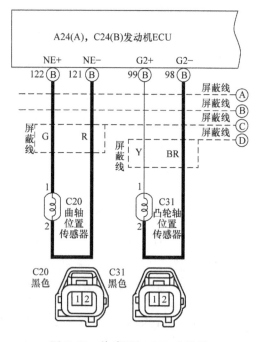

图 5-40　传感器与 ECU 电路图

霍尔效应：当电流 I 通过放在磁场中的半导体基片（称霍尔元件）且电流方向与磁场方向垂直时，电荷在洛仑兹力作用下向一侧偏移，在垂直于电流与磁场的霍尔元件的横向侧面上产生一个与电流和磁场强度成正比的电压，称为霍尔电压 U_H，如图 5-41 所示，霍尔电压可用下式表示，即

$$U_H = \frac{R_H}{d}IB$$

式中，R_H 为霍尔系数；d 为基片厚度；I 为电流；B 为磁场强度。

当结构一定且电流为定值时，霍尔电压与磁场强度成正比。霍尔式曲轴位置传感器主要使用霍尔开关电路，根据脉冲信号的多少计算曲轴的旋转速度和位置。为了能够输出数字信号，产生的霍尔电压应该能够打开和关闭功率晶体管，如图 5-42 所示。

2. 触发叶片式霍尔曲轴位置传感器

（1）触发叶片式霍尔曲轴位置传感器的结构

触发叶片式霍尔曲轴位置传感器主要由触发叶轮、霍尔集成电路、磁轭（导磁钢片）

和永久磁铁组成。而集成电路又由霍尔元件、放大电路、稳压电路、温度补偿电阻、信号变换电路和输出电路组成，其结构如图5-43所示。其中触发叶轮安装在转子轴上，随转子轴一起转动，叶轮上制有叶片；当曲轴带动转子轴转动时，触发叶轮随其一起转动，叶片便在霍尔集成电路与永久磁铁之间转动。

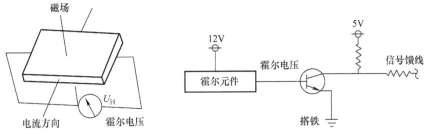

图5-41 霍尔效应原理　　　　　图5-42 霍尔开关电路

（2）触发叶片式霍尔曲轴位置传感器的工作原理

当曲轴转动并带动转子轴转动时，触发叶轮随转子轴一起转动，触发叶轮的叶片便从霍尔集成电路与永久磁铁之间的气隙中转过。当叶片进入气隙时，霍尔集成电路中的磁场被叶片旁路，如图5-44a所示。此时，霍尔元件产生的霍尔电压为零，集成电路输出级的晶体管截止，传感器输出一个高电平信号电压 U_0（试验表明：当电源电压 $U_{CC}=14.4V$ 时，信号电压 $U_0=9.8V$；当电源电压 $U_{CC}=5V$ 时，信号电压 $U_0=4.8V$）。

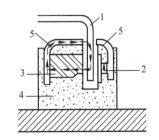

图5-43 触发叶片式霍尔
曲轴位置传感器的结构
1—触发叶轮　2—霍尔集成电路
3—永久磁铁　4—底板　5—导磁钢片

当叶片离开气隙时，永久磁铁的磁通便经过霍尔集成电路和导磁钢片构成回路，如5-44b所示。此时，霍尔元件产生霍尔电压 U_H（$U_H=1.9\sim2.0V$），霍尔集成电路输出级的晶体管导通，传感器输出一个低电平电压信号 U_0（试验表明：当电源电压 U_{CC} 为14.4V或5V时，信号电压 $U_0=0.1\sim0.3V$）。

ECU根据输入的脉冲信号计算出曲轴的转角及活塞上止点位置，从而对发动机的点火和喷油时刻进行控制。

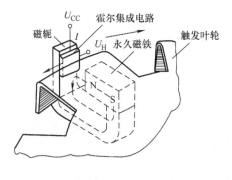 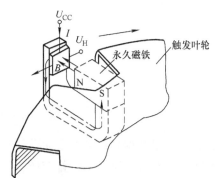

a) 叶片进入气隙，磁场被旁路　　　　b) 叶片离开气隙，磁场饱和

图5-44 霍尔曲轴位置传感器工作原理

3. 触发轮齿式霍尔曲轴位置传感器

（1）触发轮齿式霍尔曲轴位置传感器的结构

触发轮齿式霍尔曲轴位置传感器即差动霍尔式曲轴位置传感器，也叫双霍尔式曲轴位置传感器，其结构与磁脉冲式曲轴位置传感器相似，由带凸齿的信号转子和霍尔信号发生器组成，如图 5-45 所示。

（2）触发轮齿式霍尔曲轴位置传感器的工作原理

触发轮齿式霍尔曲轴位置传感器的工作原理与触发叶片式霍尔曲轴位置传感器的工作原理相同。触发轮齿式霍尔曲轴位置传感器的信号转子即凸齿转子安装在发动机曲轴上（部分汽车以发动机的飞轮为信号转子），当发动机曲轴或飞轮转动时，传感器的信号转子随其一起转动，从而使信号转子的齿缺与凸齿转过霍尔电路（与触发叶片式霍尔电路相同，由霍尔元件、放大电路、稳压电路、温度补偿电阻、信号变换电路和输出电路等组成）的探头，齿缺或凸齿与霍尔探头之间的气隙就会发生变化，磁通量随之变化，即磁场强度 B 发生变化，根据霍尔效应，在传感器的霍尔元件中就会产生交变电压信号，如图 5-46 所示，其输出电压由两个霍尔信号电压叠加而成。因为输出信号为叠加信号，所以转子凸齿与信号发生器之间的气隙可以增大到 (1.0±0.5) mm（普通霍尔式传感器仅为 0.2~0.4mm），从而便可将信号转子设置成与磁感应式传感器转子一样的齿盘式结构，其突出优点是信号转子便于安装。

汽车上用霍尔式传感器一般为两线式（一根电源、一根为信号线）或三线式：一根为电源线，供给工作电压，一般为 12V（也有的用 8V、5V、9V）；一根为信号线，需要提供 5V 参考电压，通过晶体管的导通或关闭，实现 0V 和 5V 的脉冲变化；第三根为搭铁线。

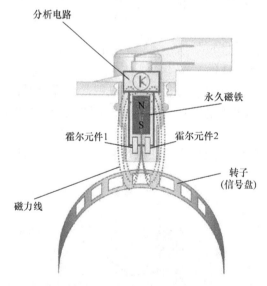

图 5-45 触发轮齿式霍尔曲轴位置传感器结构

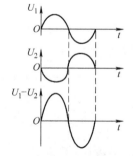

图 5-46 触发轮齿式霍尔曲轴位置传感器电压波形

4. 上海别克轿车触发叶片式霍尔曲轴位置传感器的检测

上海别克轿车的 24X 曲轴位置传感器属于触发叶片式曲轴位置传感器，是利用霍尔效应的原理制成的。24X 曲轴位置传感器的信号转子上有 24 个均匀的叶片和窗口，曲轴每转一次，24X 曲轴位置传感器就会产生 24 个通断脉冲信号，并将其输入 ECU。ECU 通过此信号来计算发动机低速运转时曲轴的位置和发动机的转速。24X 曲轴位置传感器安装在发动机右前部下侧,固接在铝质安装支架上,并用螺栓固定在发动机正时链条盖的前面,一部分位于曲轴平衡装置后。

24X 曲轴位置传感器与 ECU 的连接电路如图 5-47 所示。24X 曲轴位置传感器的插头端子如图 5-48 所示,其中 A 端子为电源线,B 端子为信号线,C 端子为搭铁线。24X 曲轴位置传感器的检测方法如下:

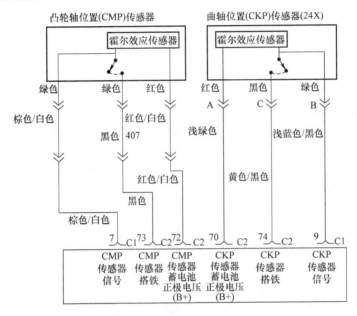

图 5-47　传感器与 ECU 的连接电路

1)检测传感器的输出信号。关闭点火开关,在曲轴位置传感器的信号线路上串接一个无源试灯(或发光二极管),起动发动机,观察灯(或发光二极管)的闪烁情况,试灯(或发光二极管)应有规律闪烁,否则曲轴位置传感器信号不良。

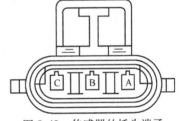

图 5-48　传感器的插头端子

2)检测传感器的电源电压。关闭点火开关,拔下曲轴位置传感器的 3 芯插头,打开点火开关,用万用表电压档测量曲轴位置传感器插座上 A 孔与搭铁之间的电压值,应为 12V(蓄电池电压),否则曲轴位置传感器的电源线路不良。

5. 三菱格兰迪轿车曲轴位置传感器的检测

三菱格兰迪轿车 4 缸发动机用曲轴位置传感器属于遮蔽叶片霍尔式曲轴位置传感器,该传感器固定安装于曲轴前端的发动机缸体上,其位置如图 5-49 所示。

叶片式磁场屏蔽板安装在曲轴带轮后,通过花键与曲轴相连,并能够随曲轴一起运转。该传感器为 U 形设计,U 形的一条臂为磁铁,另一条臂安装霍尔开关集成电路,U 形的中部缝隙用于叶片旋转时通过。三菱格兰迪轿车发动机用曲轴位置传感器的叶片有 3 个凸起和 3 个缺口,叶片随曲轴旋转,凸起通过时,磁铁的磁通被阻挡;缺口通过时,有磁力线通过霍尔开关。

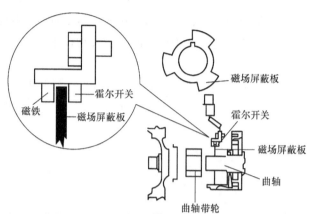

图 5-49　曲轴位置传感器的霍尔元件与叶片的位置关系

（1）槽口处于霍尔集成元件和磁铁之间时

当槽口通过磁场和霍尔开关元件之间时，霍尔开关元件接受磁铁产生的磁场，并产生霍尔电压。霍尔电压经放大后，作用于曲轴位置传感器的晶体管基极，使晶体管接通，来自发动机 ECU 的 5V 基准电压被搭铁。因此，发动机 ECU 将检测到曲轴位置传感器输出的 0V 低电位电压（注意：其实低电位电压并非为 0V，因为晶体管导通时，根据晶体管的不同，集电极和发射极会有 0.3V 或 0.7V 的压降）。当磁力线通过时，霍尔传感器线路电流流向和电压输出如图 5-50 所示。

（2）叶片经过磁场与霍尔开关时

当屏蔽板的叶片将磁场与霍尔开关隔开时，磁场被阻断，霍尔开关集成元件不能产生霍尔电压，在曲轴位置传感器内的晶体管不导通，来自发动机 ECU 的 5V 基准电压与搭铁线断开，于是发动机 ECU 检测到近似 5V 的高电位电压。磁力线被阻挡时，霍尔传感器线路电流流向和电压输出如图 5-51 所示。

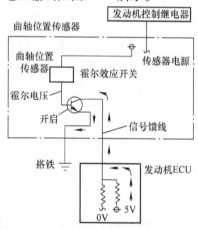

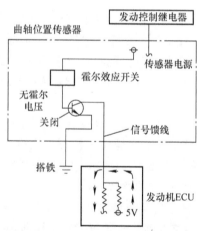

图 5-50　磁力线通过时电流流向和电压输出

图 5-51　磁力线被阻挡时电流流向和电压输出

(3) 连续运转时

因为屏蔽板随着曲轴一起旋转，所以通过曲轴位置传感器的输出信号会随着屏蔽板的叶片和槽口不断进行高电位和低电位的变换，其每分钟的脉冲数目也会随着曲轴的旋转速率而变化。因此，通过检测曲轴位置传感器脉冲信号频率即可测得曲轴的转速。连续运转时，曲轴位置传感器脉冲信号波形如图 5-52 所示。

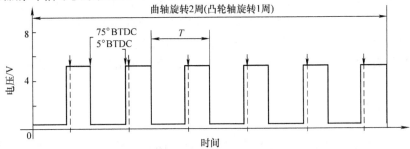

图 5-52　连续运转时曲轴位置传感器脉冲信号波形

(4) 传感器检测

三菱格兰迪轿车发动机曲轴位置传感器插头形状和与发动机 ECU 的连接电路图如图 5-53 所示。

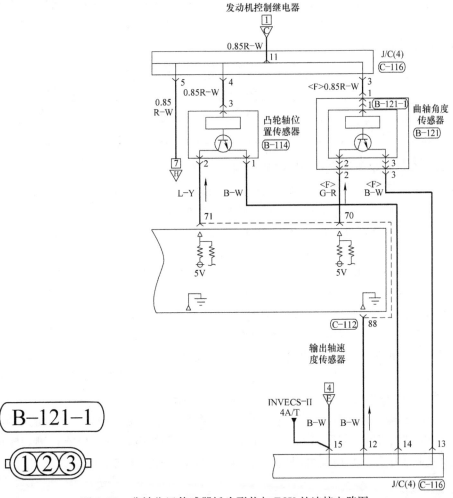

图 5-53　曲轴位置传感器插头形状与 ECU 的连接电路图

1）工作电压的检测。拔掉曲轴位置传感器插头,打开点火开关,用万用表的电压档测量线束侧 1 端子是否有 12V 蓄电池电压。如果没有,则检查控制继电器的 1 端子与曲轴位置传感器的导通性。

2）参考电压的检测。点火开关置于"OFF",将曲轴位置传感器接头断开,然后将点火开关置于"ON",检查曲轴位置传感器 2 号针脚对地的电压,正常时应为 4.8~5.0V。如果没有 4.8~5.0V 电压,将点火开关置于"OFF",检查曲轴位置传感器线束的 2 号针脚是否与 ECU 的 70 号针脚导通,如果导通,则为 ECU 故障。

3）检查搭铁性能。检查曲轴位置传感器 3 号针脚是否搭铁导通,如果不导通,则检查线束。

4）解码器检测。用 MUT-Ⅲ检测,如果曲轴位置传感器损坏,则会存储故障码 22——曲轴位置传感器故障。

5）输出信号的万用表检测。使用专用三通接口插头,或在线路完好连接的情况下,将曲轴位置传感器的 2 号信号线引出一条测量线进行测量,使用万用表电压档检测,应符合表 5-10 所示的电压值范围。

6）输出信号的示波器检测。霍尔式传感器一般情况下无法检查电阻,如能检查也是经验数值或对比数值,因此,最好用示波器检查其输出信号波形来准确判断好坏。使用专用三通接口插头,或在线路完好连接的情况下,将曲轴位置传感器的 2 号信号线引出一条测量线,用示波器进行测量。

表 5-10　曲轴位置传感器信号标准电压值

测量端子	发动机状态	万用表电压
2 端与搭铁	起动	0.4~4.0V
	怠速	1.5~2.5V

6. 大众 CC 轿车曲轴位置传感器的检测

由于霍尔式转速传感器能克服电磁式传感器输出信号电压幅值随车转速变化而变化,响应频率不高,以及抗电磁波干扰能力差等缺点,因而被广泛应用于汽车。

随着科学技术的发展,现代制造业对汽车生产技术要求不断提高。同时,为降低汽车生产成本,近年来,越来越多的汽车采用一种二线制霍尔式传感器,普通霍尔式传感器有 3 根引线,分别为电源线、信号线和搭铁线;而新型霍尔式曲轴位置传感器只有 2 根引线,如图 5-54 所示,分别为电源线和信号线。二线制传感器与普通霍尔式传感器的输出信号均为方波脉冲信号,占空比范围为 30%~70%,一般为 50%,如图 5-55 所示,但输出信号的高、低电压存在差异。新型霍尔式传感器输出信号的高、低电压不受速度影响,主要由电控单元内部的电阻 R 决定,电阻 R 一定,高、低电压便一定,即使转速很低,发动机电控单元仍能检测到输出信号电压,这就克服了电磁式传感器输出信号电压随转速变化而变化的缺点。

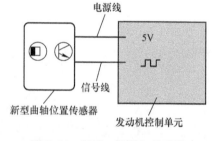

图 5-54　新型二线霍尔传感器

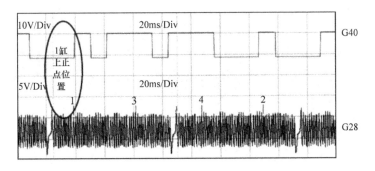

图 5-55　输出信号波形

（1）大众 CC 轿车曲轴位置传感器检测

大众 CC 轿车发动机曲轴位置传感器与发动机 ECU 的连接如图 5-56 所示。

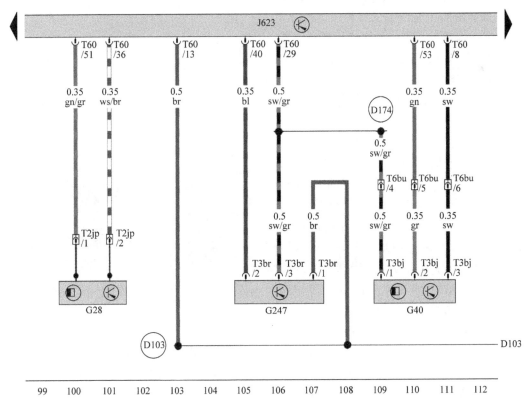

图 5-56　发动机转速传感器、霍尔传感器、燃油压力传感器与发动机控制单元的连接电路
G28—发动机转速传感器　G40—霍尔传感器　G247—燃油压力传感器　J623—发动机控制单元（排水槽内中部）
T2jp—2 芯插头连接　T3bj—3 芯插头连接　T3br—3 芯插头连接　T6bu—6 芯插头连接（气缸盖附近）
T60—60 芯插头连接　D103—连接 3（在发动机舱导线束中）　D174—连接 2（5V，在发动机预接导线束中）
ws—白色　sw—黑色　br—褐色　gn—绿色　bl—蓝色　gr—灰色

1）工作电压的检测。拔掉曲轴位置传感器插头，打开点火开关，用万用表的电压档测量线束侧 T2jp/1 端与搭铁是否有约为 5V 的电压，如果没有，检查插头端子 T2jp/1 与控制单 T60/51 的线束导通性。如果导通，说明控制单元故障。

2）检测传感器的输出信号。关闭点火开关，在曲轴位置传感器的信号线路T2jp/1与T2jp/2上串接一个发光二极管，起动发动机，观察发光二极管的闪烁情况，试灯应有规律地闪烁，否则曲轴位置传感器信号不良。如二极管试灯不闪烁，则应检查T2jp/2端子与控制单元的T60/36线束的导通性。如果导通，则检查端子T2jp/1与搭铁应有5V电压。电压正常则说明是传感器故障，否则是控制单元故障。

（2）霍尔传感器失灵的诊断方法

1）检查霍尔传感器线路有无断路或短路，以及插接器端子有无腐蚀。

2）清洁霍尔传感器传感器头部。

3）检查霍尔传感器的供电与搭铁情况。

4）用示波器读取波形，波形应为方波信号。

5）串接一个发光二极管，起动发动机，观察发光二极管的闪烁情况。发光二极管应有规律闪烁，否则曲轴位置传感器信号不良。

7. 新款速腾轿车曲轴位置传感器的检测

新款速腾轿车霍尔曲轴位置传感器结构如图5-57所示。其安装在气缸体左侧发动机后端靠近飞轮处，零件编号G28。传感器用螺钉固定在发动机缸体上，信号转子为齿盘式，齿数为60－2齿。即在原来为60齿的圆周上，切掉2个齿，形成在其圆周上均匀间隔的58个凸齿、57个小齿缺和1个大齿缺，如图5-58所示。因为原来的60齿在圆周上均匀分布，齿与齿的间隔度数为360°/60＝6°，因此每个凸齿和小齿缺所占的曲轴转角均为3°。曲轴旋转一圈360°，将会产生58个脉冲信号。大齿缺所占的弧度相当于2个凸齿和3个小齿缺所占的弧度，大齿缺所占总的曲轴转角为15°（2×3°+3×3°＝15°）。

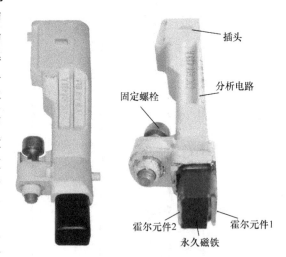

图5-57 霍尔曲轴位置传感器结构

大齿缺输出基准信号，对应发动机气缸1或气缸4压缩上止点前一定角度。

由于信号转子上设有一个产生基准信号的大齿缺，所以当大齿缺转过磁头时，信号电压所占的时间较长，即输出信号为一宽脉冲信号，该信号对应于气缸1或气缸4压缩上止点前一定角度。电子控制单元接收到宽脉冲信号时，便可知道气缸1或气缸4上止点位置即将到来，至于即将到来的是气缸1还是气缸4，则需根据凸轮轴位置传感器输入的信号来确定。由于信号转子上有58个凸齿，因此信号转子每转一圈（发动机曲轴转一圈），传感线圈就会产生58个交变电压信号输入电子控制单元ECU。因此，ECU每接收到曲轴位置传感器58个信号，就可知道发动机曲轴旋转了一圈。依此类推，ECU根据每分钟接收曲轴位置传感器脉冲信号的数量，便能计算出发动机曲轴旋转的转速和曲轴的位置，输出波形如图5-59所示。

曲轴位置传感器G28与控制单元J623的连接电路如图5-60所示。

第五章　位置与角度传感器

图 5-58　曲轴位置传感器信号靶轮

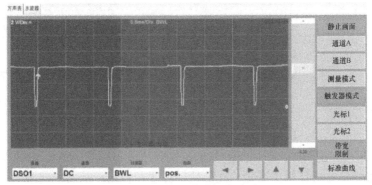

图 5-59　输出波形标准波形

霍尔曲轴位置传感器的检测方法：

1）故障征兆检测。在发动机运行中，当曲轴位置传感器出现故障时，会导致信号中断，发动机不能启动或在运行时立即熄火，这时电子控制单元可以诊断到故障并进行代码存储。

2）信号转子与磁头间间隙检查。用塞尺检查信号转子与磁头间间隙，标准值为 0.2~0.5mm。不在标准范围内时，需进行调整。

3）输出电压测量。用万用表的交流电压档，打开点火开关，静态时，端子 T3v/1 与端子 T3v/3 搭铁之间的电压约为 5V；端子 T3v/2 与端子 T3v/3 搭铁之间的信号电压约为 5V。急速或起动时，端子

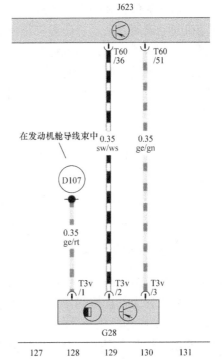

图 5-60　曲轴位置传感器 G28 与控制单元 J623 的连接电路图

105

T3v/2 信号电压约为 2.266V。注：搭铁线与车身间的阻值小于 5Ω，搭铁线的电压信号约为 0.03V。

4）检查传感器与 ECU 之间的连接线束。分别检查端子与控制单元间的电阻值，应不超过 1.5Ω。如果电阻为无穷大，则说明存在导线断路或接触不良，需进行维修。

5）利用 VAS 6150B 故障诊断仪。通过故障诊断插座可以读取故障信息。如果曲轴位置传感器故障，则会出现 00513——发动机转速传感器 G28 故障码。

6）阻值测量。端子 2 与端子 3 之间阻值约为 2.230MΩ。

常见故障码见表 5-11。

表 5-11　常见故障码

传感器名称	代号	针脚号	故障类型	故障码	故障
发动机转速传感器	G28	正极	正极断路	P033500	发动机转速传感器，功能失效
		T60/51	接地断路	P033500	发动机转速传感器，功能失效
		T60/36	信号断路	P033500	发动机转速传感器，功能失效
		T60/36	信号短地	P033500	发动机转速传感器，功能失效

★ 第三节　凸轮轴位置传感器 ★

凸轮轴位置传感器（Camshaft Position Sensor，CPS），又称为凸轮轴转角传感器、相位传感器、同步信号传感器、气缸识别传感器（Cylinder Identify Sensor，CIS）、气缸位置传感器（CID），有的车上还称为 1 缸上止点传感器（No.1Top Dead Center Sensor，No.1TDC）。

凸轮轴位置传感器的作用主要是检测凸轮轴位置和转角，从而确定第 1 缸活塞的压缩上止点位置。在起动时，发动机 ECU 根据凸轮轴位置传感器和曲轴位置传感器提供的信号，识别出各个气缸活塞的位置和冲程，控制燃油喷射顺序和点火顺序，进行准确的喷油和点火控制。在发动机起动期间，凸轮轴位置传感器是一个关键性的输入。在某些车型上，如果没有凸轮轴位置传感器的输入，发动机将不能正常起动。一旦发动机正常运转，在下一个点火钥匙循环之前，就不再需要凸轮轴位置传感器信号，发动机可以正常运转。这是因为 ECU 已经确定了第 1 缸的压缩上止点位置，发动机 ECU 可以利用曲轴位置传感器，便可推算出其他各缸的工作情况。

随着可变气门正时技术的出现和发展，凸轮轴位置传感器也被赋予了新的内涵，除了在起动时用于压缩上止点判定外，在发动机正常工作后，还要肩负起监控可变的进气或排气凸轮是否达到预定位置的重任。

按照工作原理不同，凸轮轴位置传感器可以分为磁电式凸轮轴位置传感器、光电式凸轮轴位置传感器、霍尔式凸轮轴位置传感器和磁阻元件式凸轮轴位置传感器。

一、霍尔式凸轮轴位置传感器

新款捷达轿车的霍尔式凸轮轴位置传感器（简称霍尔传感器）向 ECU J623 提供第 1 缸点火位置信号，故又称为判缸传感器。霍尔传感器安装在气缸盖前端凸轮轴正时齿轮之后，如图 5-61 所示。霍尔传感器是一个电子开关，它按霍尔原理工作。霍尔传感器隔板上有一个霍尔窗口，曲轴每转两周产生一个信号，根据霍尔传感器信号和发动机转速传感器的点火时间信号，控制单元识别出 1 缸点火上止点，其电路图如图 5-62 所示。

第五章 位置与角度传感器

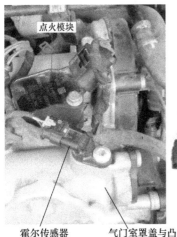
a) 新款捷达轿车霍尔传感器安装位置

b) 大众高尔夫A6轿车霍尔传感器安装位置

图 5-61 霍尔式凸轮轴位置传感器

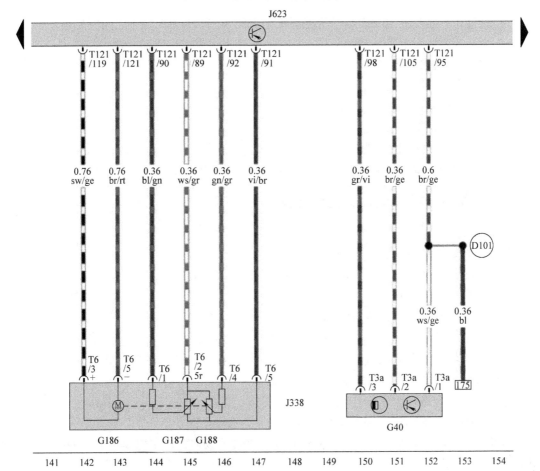

图 5-62 霍尔传感器电路
G40—霍尔传感器 G186—电控加速操纵机构的节气门驱动装置 G187—电控加速操纵机构的节气门驱动装置
角度传感器1 G188—电控加速操纵机构的节气门驱动装置角度传感器2 J338—节气门控制单元 J623—发动机控制单元
T3a—3 芯插头连接 T6—6 芯插头连接 T121—121 芯插头连接 D101—连接 1，在发动机舱导线束中
ws—白色 sw—黑色 rt—红色 br—褐色 gn—绿色 bl—蓝色 gr—灰色 vi—淡紫色 ge—黄色

1. 检测霍尔传感器的供电电压

1）关闭点火开关。

2）拔下霍尔传感器的 3 芯插头。

3）打开点火开关，用万用表的电压档测量 3 芯插头的 T3a/1 与 T3a/3 之间的电压约为 5V。

4）打开点火开关，用万用表的电压档测量 3 芯插头的信号端子 T3e/2 与 T3e/3 之间的电压约为 5V。怠速测量端子 T3e/2 间的电压约为 2.2~2.5V。注：搭铁线与车身间的阻值小于 5Ω，搭铁线的电压信号约为 0.03V。

2. 检测霍尔传感器的线束导通性

1）关闭点火开关。

2）拔下控制单元 J623 的连接插头。

3）拔下霍尔传感器的 3 芯插头。

4）用万用表电阻档测量 3 芯插头的 T3a/1 端子与控制单元 J623 的 T121/96 端子之间应导通。

5）测量 3 芯插头上 T3a/2 端子与控制单元 J623 的 T121/105 端子之间应导通

6）测量 3 芯插头上 T3a/3 端子与 T121/98 发动机线束内传感器接地之间应导通。

3. 霍尔传感器工作情况检测

1）关闭点火开关。

2）拔下燃油泵 G6 的熔丝 S37 号（20A）。

3）释放燃油系统的压力。

4）将二极管连接到传感器 T3a/2 与 T3a/3 之间。

5）短暂起动发动机检测二极管，二极管应有规律地闪烁。

二、磁阻元件式凸轮轴位置传感器

1. 磁阻效应

利用磁阻效应制成的磁敏电阻元件叫作磁阻元件（Magneto Resistance Element，MRE）。磁阻效应是指半导体材料的电阻值随与电流相同或垂直方向的磁场强弱而变化的现象，如图 5-63 所示。在一个长方形半导体元件的两端面通电，在无磁场时，电流电极间的电阻值取最小电流分布。当长方形元件处于磁场中时，由于两电极间的电流路径因磁场作用而加长，从而使电极间的电阻值增加。利用磁阻效应，可实现磁和电→电阻的转换。对于非铁磁性物质，外加磁场通常使电阻率增加，即产生正的磁阻效应。

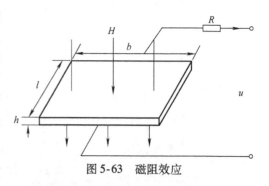

图 5-63 磁阻效应

2. 检测原理

MRE 凸轮轴位置传感器由信号发生器、磁铁和用树脂封装的信号处理电路集成的电路模块组成，如图 5-64a 所示。当传感器的磁头正对转子凹槽时，磁力线向两侧的叶片分布构成闭合磁路,此时磁阻元件电阻较小,通过磁阻元件的磁力线较少,磁场强度较弱,且磁力线与磁阻元件成一定角度,如图 5-64b 所示,此时磁阻元件输出 5V 高电平信号;当磁阻传感器的磁头正对转子叶片时,磁力线通过正对的叶片构成闭合磁路,此时磁阻元件电阻较大,通过磁阻元件的磁力线较多,磁场强度较强,且磁力线与磁阻元件垂直,如图 5-64c 所示,此时磁阻元件输出 0V 低电平信号。

因此,随着转子的旋转,叶片的凸起与凹槽交替变化,引起通过磁阻元件的磁力线的强弱和角度发生改变。由于磁阻效应的作用,磁阻元件的电阻也发生变化,通过 MRE 装置的电流也随之改变,这种电流的变化由信号放大电路、滤波电路和整形电路转换成二进制数字信号,并输送给发动机 ECU。发动机 ECU 根据此信号判别进、排气凸轮轴位置。

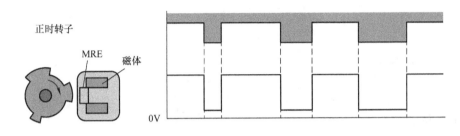

a) MRE传感器结构及输出信号波形

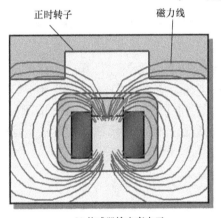

b) 传感器输出高电平

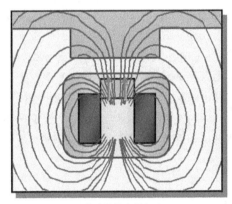

c) 传感器输出低电平

图 5-64　MRE 传感器结构原理

3. MRE 凸轮轴位置传感器检测

丰田、HQ300、新皇冠轿车发动机智能可变气门正时系统 VVT-i 采用 MRE 凸轮轴位置传感器,在每一气缸组上的进、排气凸轮轴上都装有 1 个 MRE 凸轮轴位置传感器(也称为 MRE 式 VVT 传感器,共 4 个),传感器的安装位置如图 5-65 所示。

进、排气凸轮轴上凸轮轴位置传感器正时转子有 3 个凸起,所对应的凸轮轴角分别为 90°、60°、30°,即所对应的曲轴转角为 180°、120°、60°。曲轴每旋转两周,进、排气凸轮轴旋转一圈,产生 3 个大小不同的脉冲。智能可变气门正时系统通过凸轮轴位置传感器的检测,由 ECU 占空比控制油压控制电磁阀,从而把进气和排气凸轮轴分别控制在 40°和 35°曲轴转角之间,提供最适合发动机工作特性的气门正时,改善发动机所有转速范围内的转

 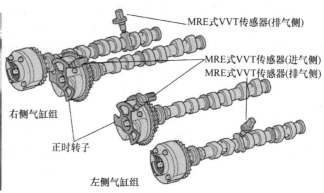

图 5-65 MRE 传感器安装位置

矩，提高燃油经济性，减少污染物的排放。MRE 传感器的连接电路如图 5-66 所示，信号波形如图 5-67 所示。

1）工作电压的检测。关闭点火开关，断开凸轮轴位置传感器，打开点火开关至"ON"位置，用万用表检查 VC 端子与 VV－端子之间的电压，应为 5V。如果没有 5V 电压，则应分别检查与 ECU 间线路的连接情况。如果线路正常，则发动机 ECU 有故障。

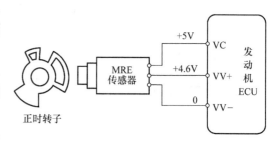

图 5-66 MRE 传感器的连接电路

2）参考电压的检测。关闭点火开关，断开凸轮轴位置传感器，打开点火开关至"ON"位置，用万用表检查 VV＋端子与 VV－端子之间的电压，应为 4.6V。如果没有 4.6V 电压，应检查 VV＋端子与 ECU 间线路的连接情况。如果线路正常，则发动机 ECU 有故障。

3）波形检测。在线路正常连接的情况下，使发动机运转，用示波器检测输出信号，其标准波形应与图 5-67 所示的波形相同。

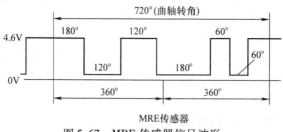

图 5-67 MRE 传感器信号波形

第四节 其他位置传感器

一、电容式液位传感器

1. 机油油位传感器

封装式超声波机油油位传感器（PULS）是依据超声波原理来工作的，其发出的超声波脉冲被机油与空气的边界层所反射。根据发出的脉冲和返回的脉冲之间的时间差，参照声波的速度就可计算出机油油位。这种传感器是利用其壳体内集成的传感器电子机构来处理测量到的信号的，发送出的是脉冲宽度调制（PWM）信号。其结构如图5-68所示。

超声波机油油位传感器的优点：

1）传感器信号很快就可使用（约100ms后）。

2）电流消耗非常小，通常小于0.5A（TOG传感器则高达5A）。

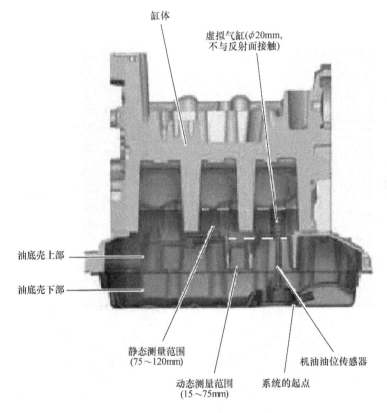

图5-68　超声波机油油位传感器

2. 电容式液位传感器

电容式液位传感器常用作燃油、机油和冷却液液位的测量，其原理图和结构如图5-69所示。将电容式传感器放入燃油或冷却液中，随着燃油或冷却液液面高度发生变化，电容电极间的电介质发生变化，进而引起电容的变化，电容的变化导致振荡周期发生变化。因此，通过计算振动频率，就能获知液面状态。

电容式液位传感器是大众/奥迪车系所配备的反映机油状况的一个重要传感器，其主要作用是随时监控机油液位、机油温度。下面以大众CC轿车发动机为例，说明其电容式液位传感器的构造和检测方法。

如图5-70所示，机油油位和机油温度传感器G226安装于发动机油底壳上，该传感器由两个重叠安装的筒形电容器组成。两根金属管作为电容器电极嵌套安装在电极之间，发动机机油作为电介质。作为电介质的机油因磨损碎屑不断增加以及添加剂的分解而使介电常数发生变化，相应的电容值将在传感器内的电子装置中被处理成数字信号，并作为发动机机油状态信息被传送给仪表控制单元。在机油状态传感器的底座上装有一个铂温度传感器，该传感器检测机油温度，并将检测到的温度信号传送到仪表控制单元，再输出到机油温度表显示。只要在输出信号端连续测量，即可测得机油液位、温度和发动机机油状态信号的变化。机油油位和机油温度传感器 G266 是一个三线式数字信号传感器，电路连接如图 5-71 所示。

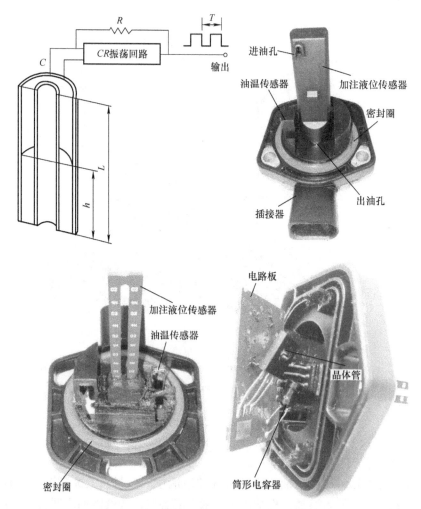

图 5-69　电容式液位传感器的原理图和结构

3. 机油油位和机油温度传感器 G226 的检测

1）供给电源检测。用数字式万用表对传感器 1 号端子进行工作电压检查。用数字万用表直流电压档检测机油状态传感器 T3bu/1 号端子与 T3bu/2 号端子间的电压，点火开关打开时，其电源端电压应是蓄电池电压。

2）搭铁线检测。检测 T3bu/2 号线与搭铁间的电阻，正常值应为 0Ω，否则说明搭铁不正常。

3）信号线参考电压检测。检测 T3bu/3 号线信号电压，正常值应在 9.8～10.5V 范围

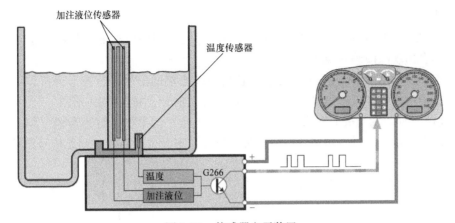

图 5-70　传感器电子装置

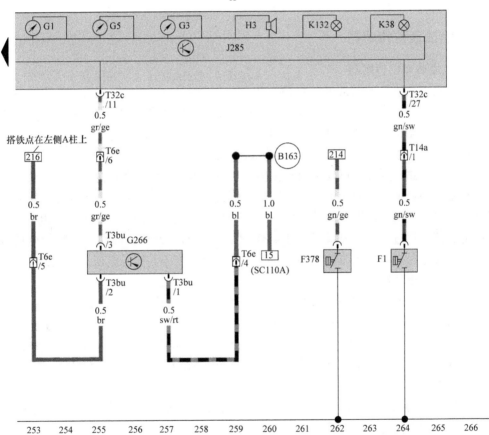

图 5-71　机油油位和机油温度传感器电路连接图

F1—油压开关　F378—机油压力降低开关　G1—燃油储备显示表　G3—冷却液温度表　G5—转速表
G266—机油油位和机油温度传感器　H3—警报蜂鸣器和警报音　J285—仪表板控制单元　K—仪表板
K38—油位指示灯　K132—电子节气门故障信号灯　T3bu—3 芯插头连接　T6e—6 芯插头连接
T14a—14 芯插头连接，发动机舱内左侧　T32c—32 芯插头连接　B163—正极连接 1（15），在车内导线束中
sw—黑色　rt—红色　br—褐色　gn—绿色　bl—蓝色　gr—灰色　ge—黄色

内。在怠速时测量电压值应基本不变化。

4）解码器检测。使用 VAS 5052 可以查询故障码，如果机油液位传感器本身或线路出现问题，则会出现故障码 00562。

5）波形检测。运用示波器对机油状态传感器输出端的信号进行波形分析，可以进一步确定该传感器信号特征。该信号是一个脉冲矩形方波信号，如图 5-72 所示。

6）油位显示。发动机油压指示灯也用来显示油位，如果指示灯为黄色，则表示油位过低；如果黄色指示灯闪烁，则表示油位传感器损坏；当油位过高时，则无信号显示。

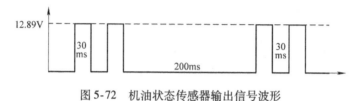

图 5-72　机油状态传感器输出信号波形

二、燃油液位传感器

1. 大众燃油液位传感器

大众直喷发动机用的燃油液位传感器也为三线制滑动电阻式传感器，就传感器本身来说，它与其他浮子可变电阻式燃油液位传感器的工作原理相同，但不同点在于燃油表的显示信号由燃油泵控制单元 J538 控制，而不是传感器本身。大众 CC 轿车燃油液位传感器与燃油泵控制单元 J538 的连接电路图如图 5-73 所示。

燃油液位传感器为浮子可变电阻式传感器，滑动电阻臂随浮子的上升和下降而变化。燃油液位传感器由燃油泵控制单元 J538 的 T5a/2 号脚提供 5V 电压，由燃油泵控制单元 J538 的 T5a/4 号脚提供搭铁回路。燃油液位的改变引起滑动电阻值的变化，因滑动电阻的变化而产生的电压信号通过 T5a/3 号端子提供给燃油泵控制单元 J538，因滑动电阻的电压改变最终使燃油液面信号电压发生改变。油面高时，滑动电阻值小，信号电压低；油面低时，滑动电阻值大，信号电压高。

燃油泵控制单元 J538 根据燃油液位传感器的 T5a/3 信号电压的高低，通过燃油泵控制单元 J538 上的 T10p/4 端子向仪表控制单元 J285 上的端子 T32c/1 提供脉冲参考电压约为 5V 的方波信号，燃油泵控制单元 J538 根据燃油液位传感器的信号电压高低，控制方波的占空比，即控制搭铁时间，也就控制了供给燃油表的平均电压，从而驱动燃油表指针指示不同的值。

燃油液位电路端子经常出现的故障主要有：变形、端子损坏、端子与导线接触不良、线束损坏、电阻片表面附着脏物等。

1）检查燃油液位传感器参考电压。关闭点火开关，断开燃油泵插接器，接通点火开关，用数字电压表在燃油液位传感器插接器端子 T5a/2 与搭铁电压，正常值为约为 5V。

2）检查燃油液位传感器搭铁状况。断开燃油泵控制单元 J538，检查燃油液位传感器插接器端子 T5a/4 和燃油泵控制单元 J538 之间的燃油液位传感器搭铁电路导通情况，正常导通。

3）检查燃油泵控制单元 J538 与仪表板的线路连接情况。T10P/4 与 T32C/1 间线路应该

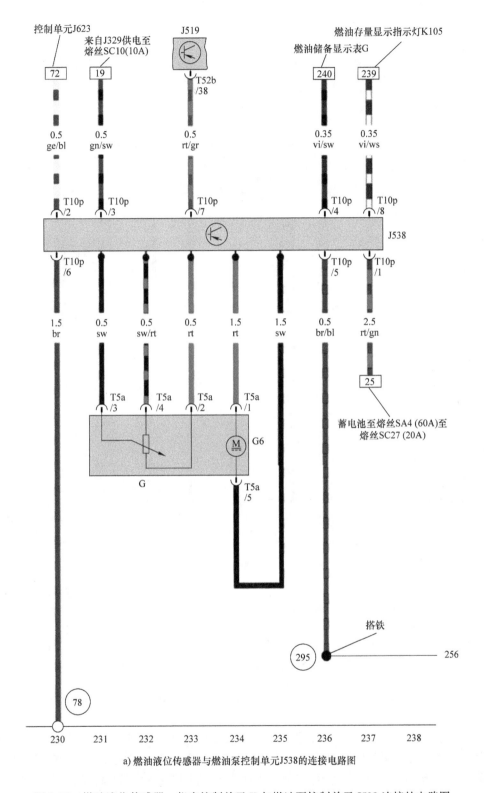

a) 燃油液位传感器与燃油泵控制单元J538的连接电路图

图 5-73 燃油液位传感器、仪表控制单元 K 与燃油泵控制单元 J538 连接的电路图

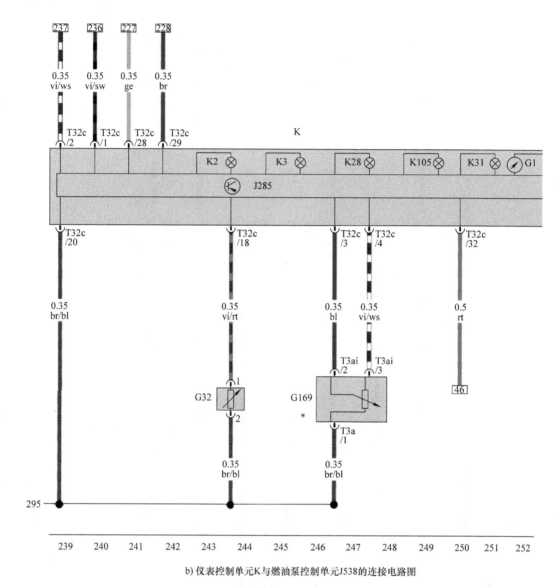

b) 仪表控制单元K与燃油泵控制单元J538的连接电路图

图5-73 燃油液位传感器、仪表控制单元K与燃油泵控制单元J538连接的电路图（续）
G—燃油存量传感器1　G6—预供给燃油泵　J519—车载电网控制单元　J538—燃油泵控制单元
J285—仪表板控制单元　G169—燃油存量传感器2　＊—仅适用于带全轮驱动的车辆
G32—冷却液不足显示传感器　K—仪表板　K2—发电机指示灯　K3—机油压力指示灯
K28—冷却液温度和冷却液不足显示指示灯　K31—GRA指示灯　K105— 燃油存量指示灯

导通，如果T32C/1端连线断路或接地，燃油信号变为100%或0，燃油表不确认，也不动作。

4）检查熔丝SC27没有熔断，拆开后排坐垫，在燃油泵控制单元J538的T10P插接器处，用万用表测量T10P/1与T10P/6端子间有12.3V电压。连接发光二极管在T10P/2线与搭铁端子间。起动时，发光二极管闪烁，表明发动机控制单元J623的控制信号已输入，控制信号也满足条件。燃油泵插接器T5a/1与T5a/5端子上的12V试灯点亮，意味着J538给燃油泵供电。

5）检查燃油液位传感器电阻。断开燃油液位传感器插接器，用万用表的电阻档测量传感器本体 T5a/2 与 T5a/4 间的电阻。随着浮子位置的变化，燃油液位传感器的电阻应符合：满箱时，阻值不大于 36Ω；半箱时，阻值约为 90Ω；空箱时，阻值约为 285Ω。

6）如果没有供电，则按照电路图检查 J538 的供电情况。

2. 奥迪 A8 燃油表传感器

（1）结构

燃油油面的高度是由两个浸入式传感器和两个旋转角传感器来感知的。其中，旋转角传感器是电磁被动式位置传感器，如图 5-74 所示。

陶瓷基片上有 51 个串联的薄膜电阻，每个电阻都有自己的分接头，离这些分接头很近（距离很小）处有一个软磁体薄膜，其上带有相同数量的弹性触点。

陶瓷基片下面的电磁被动式位置传感器会将弹性触点拉到分接头上。输出的电信号根据磁铁的位置就会成比例地变化。由于使用了电磁耦合，所以测量系统可以获得极好的密封。

（2）优点

1）该测量系统是非接触式的，使用寿命长。

2）可防止脏污和污物沉积。

3）接触电流小。

（3）确定油位高度

1）燃油油面较低时，只由旋转角传感器的测量值来确定燃油油面高度。

2）燃油油面较高时，只由浸入式传感器的测量值来确定燃油油面高度。

3）燃油油面处于中间位置时，由所有传感器信号的逻辑电路来确定燃油油面高度，如图 5-75 所示。

传感器信号由组合仪表进行分析，所有传感器是并联在一起的。连接导线在油箱下面汇集在一起，这样在测量电阻时就不需要再进一步拆卸，传感器位置如图 5-76 所示。

（4）燃油表传感器控制电路

燃油表传感器控制电路如图 5-77 所示。燃油表传感器 G237 的端子 T6i/3 与端子 T6i/1 之间的电压为 5V，端子 T6i/3 与端子 T6i/5 之间的阻值为 70~158Ω；燃油表传感器 G169 的端子 T6i/4 与端子 T6i/2 之间的电压为 5V，端子 T6i/4 与端子 T6i/6 之间的阻值为 50~300Ω；燃油表传感器 G 的端子 T3y/2 与端子 T3y/1 之间的电压为 5V，端子 T3y/2 与端子 T3y/1 之间的阻值为 50~300Ω。

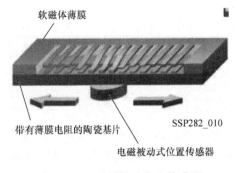

图 5-74 电磁被动式位置传感器

图 5-75 油位高度

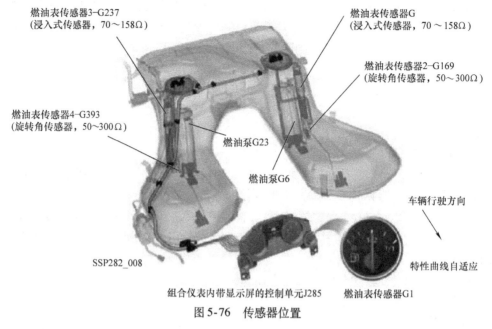

图 5-76 传感器位置

三、电极式液面高度传感器

1. 结构与原理

蓄电池液面报警系统利用电极式液面高度传感器测量液面高度,当蓄电池液面下降低于规定量时,蓄电池液面警告灯点亮,向驾驶人报警,以便对蓄电池进行维护。如图 5-78 所示,该传感器主要由装在蓄电池盖板上作为电极的铅棒构成。当把传感器的电极置于蓄电池电解液槽中时,该电解液槽具有与蓄电池阴极板相同的作用,该电极也将产生电动势。如使其电极长度与电解液的规定液面位置下限处吻合,则当实际液面高于该位置时,铅棒起电极作用,它浸在蓄电池液中,作为正电极的铅棒与蓄电池负极之间将产生电压和电动势。低于该位置则不产生电动势。因此,电极式液面高度传感器在蓄电池液量正常时可产生电压信号,异常时不产生电压信号。当蓄电池液位符合正常规定要求时,如图 5-79 所示,传感器即铅棒浸入蓄电池液中产生电动势,晶体管 VT_1 处于导通状态。蓄电池电流按图中箭头方向从正极经过点火开关、晶体管 VT_1 流向蓄电池负极。由于 A 点电位接近于零,晶体管 VT_2 处于截断状态,警告灯不亮。

当蓄电池液量不足时,由于此时传感器未浸入蓄电池液中,不能产生电动势,晶体管 VT_1 处于 OFF 状态。同时,又由于 A 点电位升高,VT_2 得到正偏压而导通电流按箭头方向流过晶体管 VT_2 基极,从而使 VT_2 处于 ON 状态,警告灯亮,警告驾驶人蓄电池液量不是,如图 5-80 所示。

2. 检测

电极式液面高度传感器由于是利用电极产生电动势来对液面进行监控,因此,如果蓄电池液面警告灯点亮,则首先检查蓄电池液面。如果液面正常,可以用下述方法对传感器和线路的损坏部分进行判定:拔掉传感器单线插头,将通向控制电路的线束侧插头与蓄电池正极直接相连,如果蓄电池液面警告灯熄灭,则说明传感器故障。

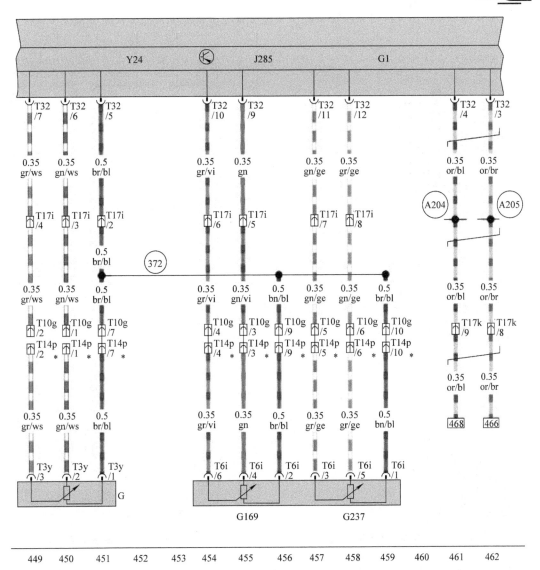

图 5-77 燃油储备显示表、燃油存量传感器 2、燃油存量传感器 3、仪表板控制单元

G—燃油存量传感器 1　G1—燃油储备显示　G169—燃油存量传感器 2　G237—燃油存量传感器 3　J285—仪表板控制单元
T3y—3 芯插头连接　T6i—6 芯插头连接　T10g—10 芯插头连接，右后部汽车地板上，黑色
T14p—14 芯插头连接，右后部汽车地板上，黑色　T17i—17 芯插头连接，车内左侧的连接位置中，白色
T17k—17 芯插头连接，连接站内，A 柱右侧，蓝色　T32—32 芯插头连接　Y24—组合仪表显示单元
372—搭铁连接 7，在主导线束中　A204—连接（仪表盘 CAN 总线，High），在仪表板导线束中
A205—连接（仪表盘 CAN 总线，Low），在仪表板导线束中　＊—自 2013 年 9 月起

四、冷却液液位传感器

1. 别克轿车冷却液液位传感器

别克轿车的传感器使用半导体型发动机冷却液液位传感器。当点火钥匙处"RUN"位置时，液位传感器的 B 端由蓄电池电压供给，传感器电极浸入发动机冷却液中，而发动机冷却液作为电介质被传感器电路视为电阻，电路如图 5-81 所示。

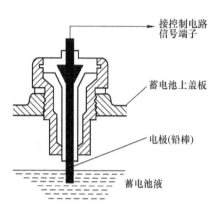

图 5-78 电极式液面高度传感器的构造

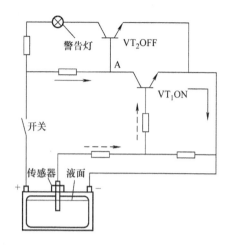

图 5-79 蓄电池液面正常时的电路

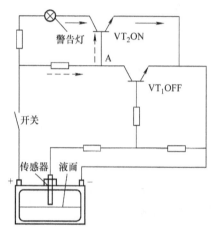

图 5-80 蓄电池液面下降时的电路

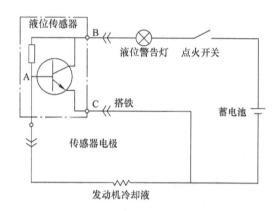

图 5-81 冷却液液位传感器电路图

发动机冷却液液位传感器的内部电路类似于晶体管的工作原理，液位传感器的 B 端"+"电压不仅是发动机冷却液液位警告灯电路的一部分，同时也是液位传感器的内部电路的工作电压，C 端为搭铁端。当发动机冷却液液位正常时，发动机冷却液导电能力相对较强，电阻较小。根据分压原理，基极电位（A 点电位）较低，晶体管截止，液位传感器的内部电路将使 C 端处于开路状态，则液位警告灯不亮。

反之，当发动机冷却液液位较低时，发动机冷却液电阻较大。根据分压原理，A 点电位较高，晶体管导通，液位传感器的内部电路使液位传感器的 B 端和 C 端导通，则液位警告灯点亮。

检测时，关闭点火开关，断开液位传感器接头，打开点火开关，首先检测 B 端是否有蓄电池电压，检查 C 端搭铁是否正常。如果不正常，应检查线路。检查发动机冷却液液位传感器 B 端与 C 端的线路是否有短路现象。传感器的 B 端与 C 端之间并非电阻信号，因此在液位正常的情况下，传感器本体的 B 端与 C 端之间不应导通。拔出液位传感器，则 B 端与 C 端之间应导通，检测时应注意表笔的正、负极不要接反。在发动机冷却液液位正常的情况下，发动机液位警告灯依旧点亮，此时应检查液位警告灯至液位传感器 B 端的线路是否有短路现象。

2. 奥迪轿车冷却液液位传感器

传感器对冷却液罐中的两个金属销之间的电阻进行测量，以确定冷却液液位。如果冷却液液位降低，引脚之间的电阻值将增加，电子元件间的电流减小。如果阻值大于 65Ω，仪表故障灯亮起。在正常液位时，两个电阻被充分冷却，之间的电阻值减小，电流增加如图 5-82 所示。这种技术也被用来监测风窗清洗液液位。

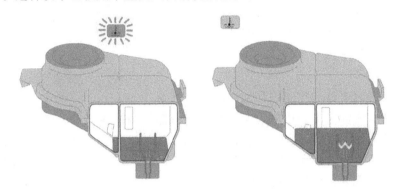

图 5-82　冷却液罐中传感器位置

五、浮子舌簧管开关式液位传感器

1. 浮子舌簧开关式液位传感器的结构

浮子舌簧开关式液位传感器由树脂圆管制成的轴和可沿其上下移动的环状浮子组成，如图 5-83 所示。在管状轴内装有舌簧开关（强磁性材料制成的触点），浮子内嵌有永久磁铁。舌簧开关内部是一对很薄的触点，随浮子位置不同触点的闭合或断开，可以判定液量多于规定值还是少于规定值。浮子舌簧开关式液位传感器主要用于制动液液位、冷却液液位以及洗涤液液位的报警检测。

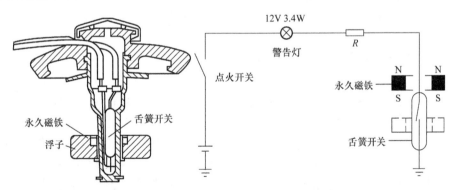

图 5-83　浮子舌簧管开关式传感器结构及电路图

2. 浮子舌簧开关式液位传感器的工作原理

当液位低于规定值时，浮子的位置低于规定值，因为浮子内嵌有永久磁铁，所以永久磁铁接近舌簧开关，磁力线从舌簧开关中通过，使舌簧开关内两金属触点磁化产生吸引力，即舌簧一个触点磁化生成 N 极，另一个触点磁化生成 S 极，二者相互吸引克服舌簧的弹性而使开关闭合，警告灯点亮，表明液位已低于规定值。

当液位达到规定值时，浮子上升，永久磁铁产生的磁场偏离于开关中心，两个舌簧触点被接近的磁极磁化为同性极，因相互排斥而使触点打开，警告灯熄灭，表示液位在正常位置。液位传感器液位正常和不足时，触点的开闭情况如图 5-84 所示。

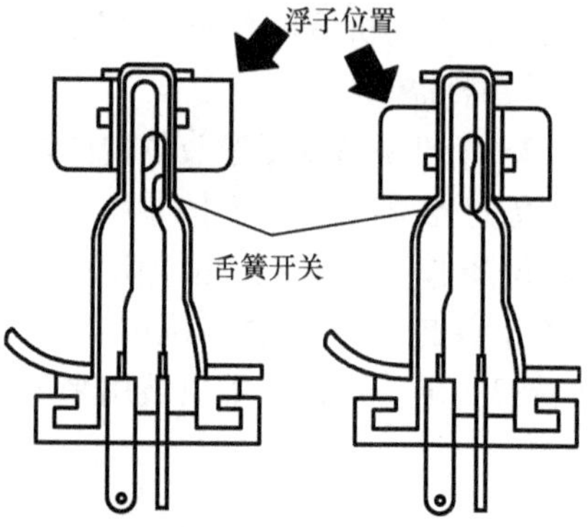

图 5-84 液位传感器开关情况

3. 检测

浮子舌簧开关式液位传感器的常见故障是浮子损坏、舌簧弹性丧失不能工作。可用万用表测量传感器的两接线端子电阻来判断传感器的好坏：当浮子上下移动时，确认开关是否随之通断变化。当传感器工作正常，浮子向下移动时，两端子电阻为 0Ω，表示导通；浮子向上移动时，两端子电阻为 ∞，表示不导通。如果不符合要求，则表示液位传感器已损坏，应当更换。

六、转向盘转角传感器

1. 传感器的作用

ESP ECU 根据转向盘转角传感器和轮速传感器判断驾驶人想往什么方向行驶，同时 ECU 根据横摆率传感器和横向加速传感器判断车辆实际行驶方向。如果车辆实际行驶方向与驾驶人的意图相同，则 ESP 系统不工作；如果车辆发生跑偏或甩尾，导致车辆实际行驶方向与驾驶人意图不同的时候，则 ESP 系统工作，调节车辆实际行驶方向，防止发生事故。当车辆转向不足时，通过对内侧后轮施加相应的制动，并控制发动机和变速器管理系统，减小动力输出，ESP 在一定程度内阻止车辆向外驶出弯道。当车辆出现过度转向时，通过对外侧前轮施加制动，并对发动机和变速器管理系统施加控制，ESP 在一定程度内可以阻止车辆向内过度转向。向带有 EDL/TCS/ESP 的 ABS 控制单元传递方向盘转角信号。测量范围为 ±720°，4 圈；测量精度为 1.5°；分辨速度为 1~2000°/s。

2. 传感器的安装位置、结构

转向柱上，转向开关与方向盘之间，转向盘转角传感器与安全气囊时钟弹簧集成为一体，如图 5-85 所示。拆装注意事项：安装时，要保证 G85 在正中位置进行标定，观察孔内黄色标记可见，如图 5-86 所示。

转向盘转角传感器 G85（它是独立的驱动 CAN 总线用户）测量出当前的转向角值并把该值发送到 CAN 总线上。驻车转向统控制单元现在就可以从转向角实际值与规定值的对比中确定出实际驻车路线与理想驻车路线之间的偏差。根据这个偏差信息计算出新的转向角规定值，并把该值发送到 CAN 总线上。打开点火开关后，转向盘被转动 4.5°（相当于 1.5cm），传感器进行初始化。

大众轿车转向盘转角传感器 G85 的结构如图 5-87 所示。

第五章 位置与角度传感器

图 5-85 转向盘转角传感器 G85

图 5-86 拆装转向盘转角传感器 G85 注意标定

3. 传感器的工作原理

1）带有两个密码环的密码盘。

2）各有一个光源和一个光学传感器的光栅对。

密码盘由两个环组成，如图 5-88 所示，在外面的一个称为绝对环，里面的一个称为增量环。增量环被分为 5 个扇区，每个扇区 72°，它由一对光栅对读取，如图 5-89 所示。该环在扇区有开口，同一扇区内的开口顺序是相同的，但不同扇区之间的开口顺序则不同，从而实现了各扇区之间的设码。

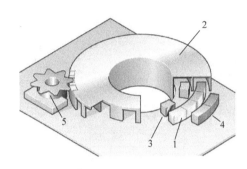

图 5-87 大众轿车转向盘转角传感器 G85 的结构
1—光源 2—编码盘 3、4—光学传感器 5—整圈计数器

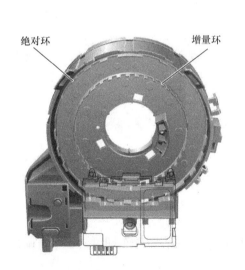

图 5-88 密码盘组成

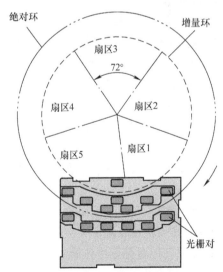

图 5-89 光电编码器

绝对环确定精度，它被 6 个光栅对读取。转向角传感器可以识别 1044°的转向角，它对角度进行累加。由此当超出 360°标记时，能够识别转向盘完全转动了一圈。转向器的这种

设计结构可以使转向盘转动 2.76 圈。

利用光栅原理将传感器结构简化，如图 5-90 所示，包括带孔模板 1 和带孔模板 2，光源在两板之间，光学传感器在两板之外。

如图 5-91 所示，光束通过孔隙照到传感器上，产生电压信号。如果光线被挡住，则电压消失。

如图 5-92 所示，移动模板产生两个不同的电压序列。其中一个模板因孔隙间隔一致，产生的电压信号也是规则信号。另一个模板因不规则间隙生成不规则信号。比较两个信号，系统可以计算出模板移动的距离，由不规则板确定运动的起始点。

当传感器失灵、紧急运行程序启动时，缺损的信号被设置成某个替代值，完全保持转向助力。该故障将通过指示灯 K161 点亮显示出来。

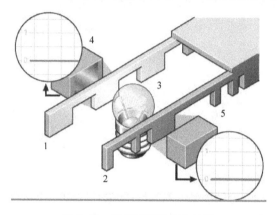

图 5-90 光栅原理的简化结构

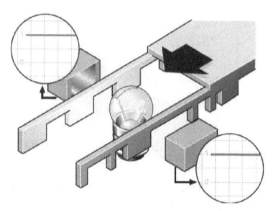

图 5-91 光栅工作原理（一）

4. G85 零点平衡

1）前轮保持直线行驶状态，用 VAS 5051 输入地址码 44 后，转向盘左转 4°~5°（一般在 10°之内），回正转向盘。

2）再向右转 4°~5°，将转向盘回正，双手离开转向盘。

① 连接 VAS 6150 或 ODIS 进入 03 地址。

② 登录 11Q、40168Q（做多项调整时，只需登录 1 次）。

③ 起动车辆，在平坦路面试车，以不超过 20km/h 的车速行驶。

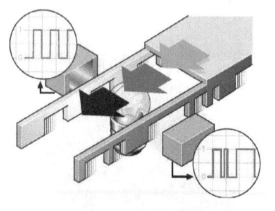

图 5-92 光栅工作原理（二）

④ 如果转向盘是正中位置（若不在正中位置应进行调整），停车即可，不要再调整转向盘，不要关闭点火开关。

⑤ 检查 08 功能下 004 通道第一显示区 0°。

⑥ 04Q、060Q、ABS 警告灯点亮。

⑦ 06 退出，ABS 和 ESP 警告灯点亮约 2s。

⑧ 结束。

注意：在做转向零位设定时，发动机不能运行。转向盘左、右转动后再回正，双手必须离开转向盘，使转向盘静止不动，以便让控制单元对零位进行确认。

3) 转向极限位置的设定方法。如果在更换了转向盘转角传感器、转向器总成（含转向控制单元）、转向柱开关总成（含控制单元）或做过一次四轮定位，做过转向零位（中间）设定后出现故障码02546，则需要做转向极限位置的设定，具体方法如下：

① 将前轮保持在直线行驶状态，起动发动机，将转向盘向左转动10°左右，停顿1~2s，回正。

② 将转向盘向右转动10°，停顿1~2s，回正。

③ 将双手离开转向盘，停顿1~2s。

④ 将转向盘向左转到底，停顿1~2s。

⑤ 将转向盘向右转到底，停顿1~2s。

⑥ 将转向盘回正，断开点火开关6s，设定完成。

如果出现转向盘转角传感器的相关故障，一定要先做零位（中间）设定和转向极限位置设定，然后才能清除。故用VAS 5051进入44-10-01，在VAS 5051屏幕内的条形块上选择某个合适的助力数值（1~16档），按保存键，然后再按接收键。此时，屏幕就会显示新设定助力大小的名称，然后再按返回键，退出即可。

注意：由中间位置向左或向右最大的旋转角度为90°。

5. 斯柯达车系转角传感器基本设定方法

斯柯达车系所有PQ35及PQ46平台上的车辆全部运用电子控制动力转向系统（EPS），其中关键元件转向角传感器G85在维修中需要基本设定时可采用以下两种方法完成。

1) 起动发动机并将转向盘保持在车辆直行位置→通过VAS 6150B的自诊断功能进入44——助力转向系统（如果ABS含ESP电子稳定功能也可以在ABS内进入）→进入015→访问许可输入40168并确认→显示成功执行该功能后退出→进入006→基本设置输入通道号060并确认→故障检测仪界面会显示"激活"字样→点击"激活"，故障检测仪即会显示"转向角传感器已校准"→退出故障检测仪，将转向盘向左转到极限位置后再向右转到极限位置即可。

2) 连接VAS 6150B引导性功能→功能→车辆系统或功能选择→防抱死系统→转向角传感器基础设定→前提条件（起动发动机→向左和向右转动转向盘→在平地上直线行驶汽车，车速不要超过20km/h→把转向盘转到直线行驶位置→汽车由直线行驶状态停车，注意不要再调整转向盘）→确认在试驾时转向盘和前轮在正前方位置→导入基本设置→成功后对零位进行测试，基本设定完成。

注意：一般在更换相关配件后只要通过简单的通道号并激活即可完成对G85的基本设定，但如果系统内由于接收到错误的数据而存储了故障码，只有通过引导性功能做动态的基本设定方可排除。

七、霍尔式转向盘转角传感器

（1）标致轿车霍尔式转向盘转角传感器

随速可变电子泵助力转向系统中，使用了霍尔式转向盘转角传感器，同使用遮蔽板的霍尔式曲轴位置传感器原理相似，霍尔式转向盘转角传感器也是利用遮蔽转盘旋转时遮蔽或通过磁场，使霍尔元件产生或不产生霍尔电压的办法来计量转向角度的大小。转向盘转角传感器需要使用一根 12V 工作电压线，一根搭铁线和两根用于转向盘转动信号 S_1 和 S_2 的信号线。转向盘角度信息以两个方波信号传给助力转向控制单元，控制单元通过这两个信号确定转向盘转动的速度和方向。霍尔式转向盘转角传感器的结构如图 5-93 所示。

由于霍尔式转向盘转角传感器产生的也是脉冲方波信号，如图 5-94 所示，因此判断转向盘转角的方式和光电式相似。两个霍尔式传感器从相位上错开 90°±30°，能够确定转向盘的旋转方向。转向时，控制器可根据 S_1 信号和 S_2 信号的相对位置确定旋转方向，其检测方法也可参照光电式转向盘转角传感器来进行。

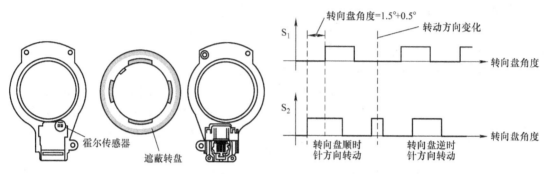

图 5-93 霍尔式转向盘转角传感器的结构　　图 5-94 输出脉冲方波信号图

（2）高尔夫 A6 轿车转向盘转角传感器

在第三代电子机械式动力转向器中，利用电动机转子位置传感器信号和圈数指示器信号来计算车辆的转向角度。转向角度信号不仅用于实现转向功能，同时也将信号提供给其他控制单元，控制原理如图 5-95 所示。

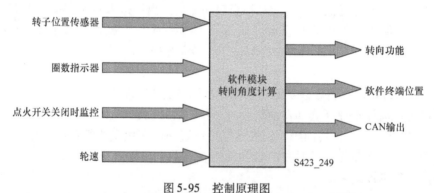

图 5-95 控制原理图

1）集成的转向角度传感器。在转向输入轴上，圈数指示传感器（集成的转向角度传感器）以一定角度安装在转矩传感器上。磁铁块被安装在锥形弹簧盒的旋转部件上，如图 5-96 所示。当转向轴转动时，磁铁块经过霍尔传感器的检测区域，传感器安装在锥形弹簧盒的固定部件上。转向盘每转一圈，霍尔传感器信号就被转向盘的正中位置触发一次。

在整个转向范围内，转向轴转过约 3.7 圈，圈数指示传感器被触发 3 次。利用此传感器，可以确定转向盘的正中位置，但不能确定清晰的转向正中位置或者车辆是否为直线行驶，还要借助高分辨率的转子位置传感器来确定，并且通过轮速信号来验证。

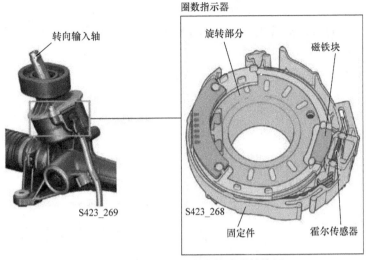

图 5-96　集成的转向角度传感器结构图

2）转子位置传感器。每180°转子位置传感器检测非接触式转子的位置。传感器元件在控制单元内部。相应的传感器磁铁是一个磁力盘，位于电动机轴的端面处，如图5-97所示。转子位置传感器检测整个转向动作（左/右）。通过转子位置传感器、圈数指示传感器和轮速信号，可以准确地判断出转向中间位置和车辆直线行驶。

当点火开关关闭时（睡眠模式），为满足实时获取绝对转向角度信息和保持最低信号传输电流的要求，需要持续不断地监测电机位置传感器信号。一个机械的计数装置集成在控制单元内部，当点火开关关闭后，持续不断地监测电机位置传感器，并且自动记录识别出的任何转向运动（睡眠模式计数）。当打开点火开关后，计数器的信号被读出，绝对转向角度信号又被提供。

注意：如果更换蓄电池，转向系统则需要通过圈数指示传感器和评估轮速来进行标定。

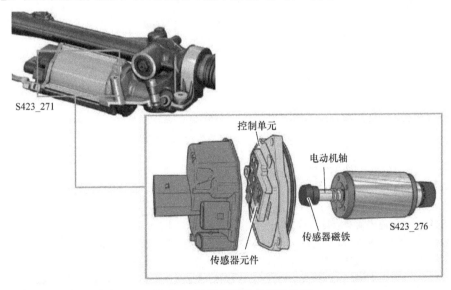

图 5-97　转子位置传感器结构图

(3) 高尔夫 A7 轿车转向盘转角传感器

该传感器的控制电路如图 5-98 所示。

1) 检测电压。打开点火开关，T5u/1 与 T5u/4 之间的电压约为 5V，T5u/5 与 T5u/4 之间的电压约为 12V。

2) 转向盘转角传感器端子 T5u/4 与搭铁应导通。

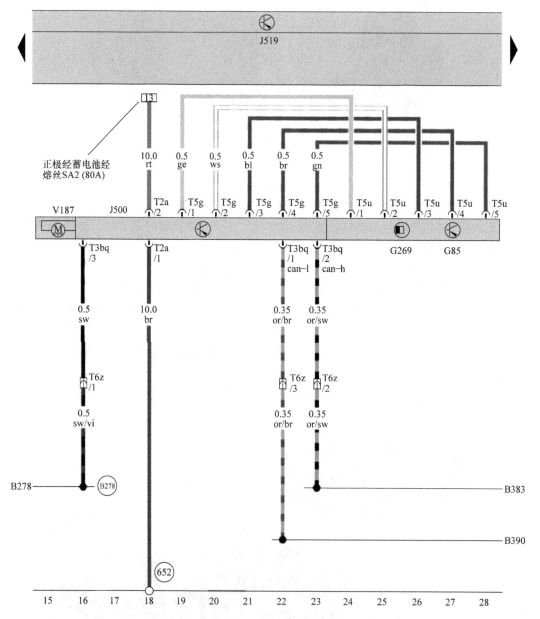

图 5-98 转向角传感器、转向转矩传感器、转向辅助控制单元、电控机械式伺服转向电动机
G85—转向角传感器 G269—转向转矩传感器 J519—车载电网控制单元 T2a—2 芯插头连接 T3bq—3 芯插头连接
T5g、T5u—5 芯插头连接 T6z—6 芯插头连接，左侧大灯附近 V187—电控机械式伺服转向电动机
652—变速器和发动机地线的接地点 B278—正极连接 2（15a），在主导线束中
B383—连接 1（驱动系统 CAN 总线，High），在主导线束中 B390—连接 1（驱动系统 CAN 总线，Low），在主导线束中

八、超声波距离传感器

倒车雷达是由超声波传感器、控制器、显示器和蜂鸣器等部分组成的。倒车雷达一般采用超声波测距原理,传感器在控制器的控制下发射超声波信号,当遇到障碍时,产生回波信号。传感器接收到回波信号后,经控制器进行数据处理,判断出障碍物的位置,显示距离并发出其他警示信号,从而达到安全泊车的目的。

超声波距离传感器就是利用超声波的发射和接收原理进行距离测定的传感器,也称为超声波换能器,俗称"探头",主要用于倒车雷达系统中车辆与障碍物距离的测量,或者在车距控制辅助系统中,用于测定后车与前车的跟车距离。倒车雷达系统所使用的超声波距离传感器,有2个、3个、4个、6个、8个及10个之分。具有2个、3个、4个探头的倒车雷达安装在汽车的后保险杠上面,具有6个、8个探头的倒车雷达一般安装为前2后4和前4后4。通常来说,探头数量决定了倒车雷达的探测覆盖能力,能减少探测盲区。6个以上探头的倒车雷达在倒车时,还可探测前方左、右角与障碍物的距离。目前常用的频率有40Hz、48Hz、58Hz,选择不同的频率以满足不同车型的需要。

1. 测距原理

超声波测距是通过不断检测超声波发射后遇到障碍物所反射的回波来实现的,由单片机实时检测出超声波传播所用的时间 ΔT。利用超声波在同种介质中传播速度不变的性质,在声速 v 已知的条件下,得到障碍物与传感器之间的距离为

$$S = \Delta T v / 2$$

式中,v 为超声波波速,常温下取为344m/s;ΔT 为自发射出超声波到接收到反射回波的时间差。

2. 结构

由物理学可知,将两个压电元件(或一个压电元件和一个金属板)粘合在一起成为压电片。当超声波照射到压电晶体上时,压电晶体产生振动,并产生压电信号;同理,当有电信号输入到压电晶体上时,压电晶体产生超声波。超声波距离传感器就是根据这一原理设计的测量距离的检测装置。

超声波探头利用压电陶瓷(主要材料为 GaAs 和 SiGe),作为换能器件实现超声波的发射和接收。给探头压电陶瓷片施加一定的超音频电信号,压电陶瓷片将电能转换成声能发送出超声波。超声波遇到障碍被反射后作用于探头压电陶瓷片,压电陶瓷片将声能再转换成电信号,微弱的电信号经放大后送控制单元处理。双压电晶片示意图如图 5-99 所示。

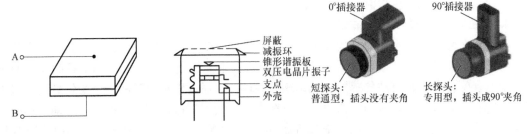

图 5-99 双压电晶片示意图

3. 超声波传感器工作原理

超声波传感器将发射的超声波脉冲与接收的第一个反射回声之间的持续时间传输给控制单元，控制单元根据这个持续时间计算出至附近物体的距离。

（1）发射模式

处于发射模式时，超声波传感器的作用相当于扬声器。所选择的超声波频率约为40~50kHz，在这个频率范围内对人和家畜无害。

超声波传感器电子装置通过电脉冲使压电陶瓷移动（将电能转化为机械能）。压电陶瓷位于外部隔膜的内侧。外部隔膜以共振频率振动并产生超声波，短脉冲序列碰到障碍物后反射回来，如图5-100所示。

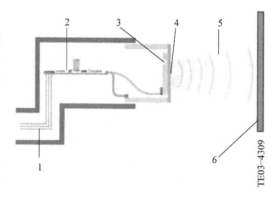

图5-100 发射模式
1—超声波传感器接口 2—超声波传感器电子装置
3—压电陶瓷 4—外部隔膜 5—超声波
6—障碍物/墙壁

（2）接收模式

处于接收模式时，超声波传感器的作用相当于传声器。外部隔膜振荡衰减后（约1ms），超声波传感器接收到障碍物反射回来的超声波，如图5-101所示。外部隔膜和压电陶瓷受激振动并向超声波传感器电子装置发送电脉冲（将机械能转化为电能）。

电气测量信号进行数字化处理后传输给控制单元。在控制单元内对数据进行处理并计算出至障碍物的距离。通过开始发射的时间和接收到回声的时间，可计算出回声的传播时间。根据超声波在空气中传播的速度和回声传播时间，可计算出至障碍物的距离。

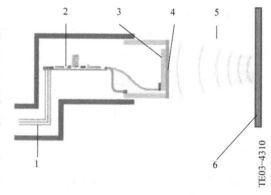

图5-101 接收模式
1—超声波传感器接口 2—超声波传感器电子装置
3—压电陶瓷 4—外部隔膜 5—超声波 6—障碍物/墙壁

按照接收和发射信号的传感器的组合情况，可以将其检测方式分为直接检测方式和间接检测方式。直接检测方式是指用一个传感器发射并接收信号的检测方式，即使用发射/接收一体式车距传感器；间接检测方式是指用两个传感器，一个发射信号、一个接收信号的检测方式。目前，以使用直接检测方式为主。

4. 迈腾轿车驻车辅助系统的工作原理

迈腾轿车驻车辅助系统的结构及工作原理如图5-102所示，后保险杠上安装了4个超声波传感器，并在前保险杠或散热器格栅上安装了4个超声波传感器。驻车辅助控制单元J446通过前后保险杠内的超声波传感器监控车辆周围环境。通过汽车内部的两个警告蜂鸣器来进行声音间距的警示。驻车辅助按钮位于变速杆右侧，按下该按钮或挂倒档，驻车辅助功能被激活。再次按下该按钮或当车速大于15km/h时，该功能终止。驻车辅助起作用时，LED灯为黄色，若有故障，则该灯闪烁。

在打开点火开关以后进行自检，在1s后关闭自检。如果驻车辅助系统已待命，则信号声会短促响起,功能指示灯亮起。如果发现系统故障,就会响起一个持续 5s 的信号声,驻车辅助系统的功能指示灯闪烁。在正常情况下进行测距时,在声脉之间的暂停间隔时间随着距离逐渐减小而成比例缩短。测量不超过 30cm 的距离时,声脉变为持续音。

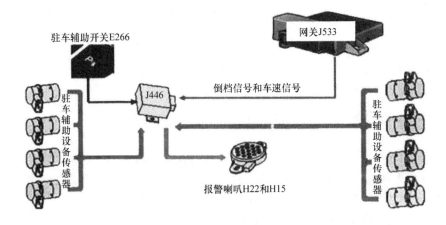

a) 驻车辅助系统的结构

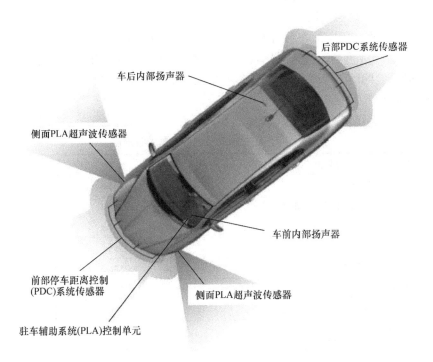

b) 工作原理图

图 5-102 迈腾驻车辅助系统结构及工作原理示意图

5. 迈腾轿车驻车辅助系统检测

1）驻车辅助控制单元 J446 及驻车辅助控制单元 J446 线路检查如图 5-103～图 5-105 所示。检查驻车辅助控制单元 J466 的供电线路，拆下驻车辅助控制单元的插接器，检查 T16/3 脚与搭铁之间的电压为 12.3V。打开点火开关，检查 T16/1 脚与搭铁之间的电压为 12.3V，说明正极线路供电正常（T16/3 脚 SC37 的 30 供电，倒车雷达 T16/1 脚接收来自 SC19 的 15 供电）。

2）检查 T16/8 脚与正极之间的电压为 12.3V，并检查行李舱内的搭铁点是否良好。

3）检查驻车辅助系统传感器线路前部 T3ax/1、T3ay/1 T3ba/1、T3az/1 与搭铁之间电压约为 10.5～14.5V。

4）检查驻车辅助系统传感器线路后部 T3at/1、T3au/1 T3av/1、T3aw/1 与搭铁之间电压约为 10.5～14.5V。

5）检查驻车辅助系统传感器线路 3 号端子与搭铁的导通性，应正常导通。

6）打开点火开关，断开传感器接头，将车辆挂入倒档，用万用表的电压档测量控制模块侧的 1 号端子与 3 号端子，应该有约 10.5～14.5V 的电压。如果没有，则应检查控制模块是否从倒档开关处取得 10.5～14.5V 的工作电压。

7）当倒车雷达主机在通电后，自检出现约 4～6s 的长鸣音后，发出"嘀、嘀、嘀、嘀、嘀"五声报警时，提示为倒车雷达主机出现故障。如倒车雷达在通电后没有任何的提示反应，则先检查倒车雷达主机端子的安装状态，是否为线束脱落或断路造成。

8）经验判断法。在汽车进入倒车工作状态下，用耳朵贴近传感器表面，仔细听是否有轻微的"嘀答"声（可与正常情况比较）。如果响声正常，则说明传感器的电源正常，检查传感器和控制器之间的信号连接是否正常。如果搭铁、供电、线束都没有问题，则应尝试更换控制单元和传感器。

9）驻车辅助系统传感器的数据流见表 5-12。

表 5-12　驻车辅助系统传感器的数据流

测量值	结果	规定值
左后停车辅助设备传感器 G203（间距）	255cm	0
左后中央停车辅助设备传感器 G204（距离）	255cm	0
右后中央停车辅助设备传感器 G205（距离）	255cm	0
右后停车辅助设备传感器 G206（间距）	255cm	0
左前停车辅助设备传感器 G255（距离）	255cm	0
左前中央停车辅助设备传感器 G253（距离）	255cm	0
右前中央停车辅助设备传感器 G253（距离）	255cm	0
右前停车辅助设备传感器 G252（间距）	255cm	0
前间距结果	255cm	0
后间距结果	255cm	0
速度信号	0km/h	0
停车辅助设备传感器的供电电压	0.0V	10～14.5V
倒档识别	反向	

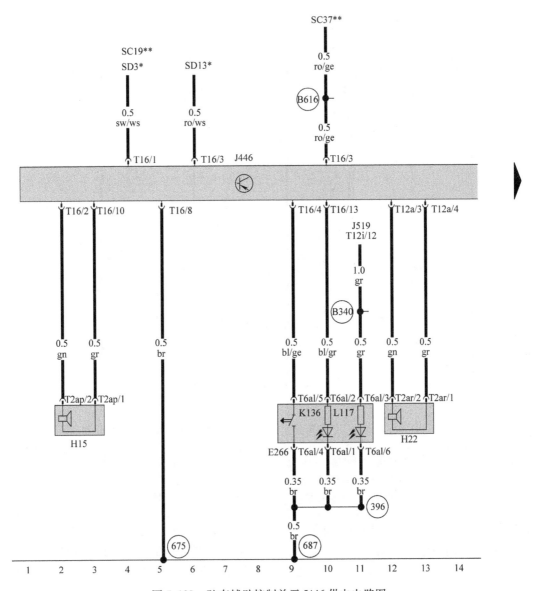

图 5-103 驻车辅助控制单元 J446 供电电路图

E266—驻车辅助系统按键　H15—后部驻车辅助系统报警蜂鸣器　H22—前部驻车辅助系统报警蜂鸣器
J446—驻车辅助系统控制单元　K136—驻车辅助系统指示灯　L117—驻车辅助系统开关照明灯泡
SC19—熔丝架 C 上的熔丝 19　SC37—熔丝架 C 上的熔丝 37　SD3—熔丝架 D 上的熔丝 3
SD13—熔丝架 D 上的熔丝 13　T2ap、T2ar—2 芯插头连接　T6al—6 芯插头连接　T12a—12 芯棕色插头连接
T12i—12 芯黑色插头连接　T16—16 芯棕色插头连接　396—接地连接 31，在主线束中
675—接地点 2，在行李舱内右侧　687—接地点 1，在中间通道上　B340—连接 1（58d），在主线束中
B616—连接 12（30a），在车内线束中　*—截止到 2008 年 12 月　**—自 2009 年 1 月起

九、离合器位置传感器

1. 作用

大众离合位置传感器 G476 能切断定速巡航的控制，使换档时减少喷油保证换档平顺，

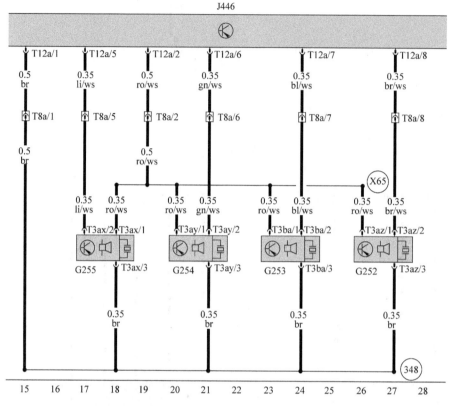

图5-104 驻车辅助系统控制单元，豪华车型的前部驻车辅助系统传感器
G252—右前驻车辅助系统传感器　G253—右前中部驻车辅助系统传感器　G254—左前中部驻车辅助系统传感器
G255—左前驻车辅助系统传感器　J446—驻车辅助系统控制单元　T3ax、T3ay—3芯插头连接
T3az、T3ba—3芯插头连接　T8a—8芯黑色插头连接，在左前纵梁上　T12a—12芯棕色插头连接
348—搭铁连接（驻车辅助系统），在前保险杠线束中　X65—连接（驻车辅助系统），在前保险杠线束中

此外还能识别离合器的接合状态。对于安装手动变速器的车型，要起动EPB的坡道起步辅助功能或者奥迪坡道起动辅助功能，必须事先确定离合器踏板的位置。EPB的控制单元要综合分析下列因素才能确定制动起动点的位置，即离合器踏板位置、所选档位、道路坡度以及发动机转矩等。

同样，在具备奥迪坡道辅助功能的车型中，EPB的控制单元要确定何时释放系统中的电磁阀以及已降低的制动力。这两种情况下，为了防止翻车，在降低制动力之前都必须达到足够的发动机转矩。

2. 结构

离合器位置传感器用卡箍固定在主缸上，用于监测离合器踏板的动作。主缸通过一个卡扣安装在轴承支撑架上。当踩下离合器踏板时，推杆推动主缸的活塞。离合器踏板及位置传感器如图5-106所示。

3. 原理

当踩下离合器踏板时，推杆头和推杆一起沿离合器位置传感器方向被推动。在活塞的最前端是一块永久磁铁。3个霍尔传感器集成在离合器极板中。永久磁铁一经过霍尔传感器，电子机构就会向相应的控制单元发送信号，内部原理如图5-107所示。

第五章 位置与角度传感器

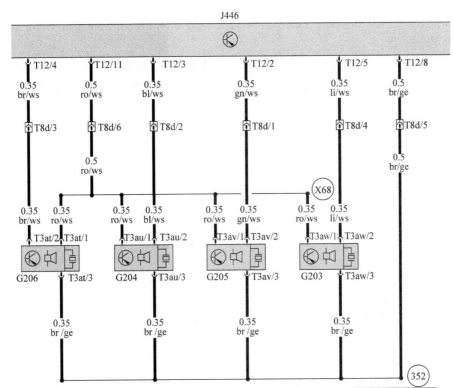

图5-105 驻车辅助系统控制单元，豪华车型的后部驻车辅助系统传感器
G203—左后驻车辅助系统传感器　G204—左后中部驻车辅助系统传感器　G205—右后中部驻车辅助系统传感器　G206—右后驻车辅助系统传感器　J446—驻车辅助系统控制单元　T3at、T3au、T3av、T3aw—3芯插头连接　T8d—8芯黑色插头连接，在右后保险杠上　T12—12芯黑色插头连接　352—接地连接（驻车辅助装置），在后保险杠线束中　X68—连接（驻车辅助装置），在后保险杠线束中
ws—白色　ro—红色　br—褐色　gn—绿色　bl—蓝色　li—淡紫色　ge—黄色

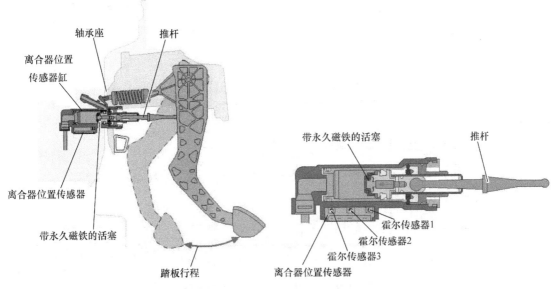

图5-106 离合器位置传感器G476　　　　图5-107 离合器位置传感器G476内部原理图

135

1）霍尔传感器 1 是一个数字传感器。它将电压信号发送到发动机控制单元,该信号用于关闭巡航控制系统。

2）霍尔传感器 2 是一个模拟传感器。它将一个频宽可调脉冲信号（PWM 信号）发送到电控机械驻车制动控制单元,这样就可监测到离合器踏板的准确位置,控制单元可在动态起步时,计算出驻车制动的最佳解除时间点。

3）霍尔传感器 3 是一个数字传感器。它将电压信号发送到车载电网控制单元,控制单元监测是否踩下了离合器踏板。只有在踩下离合器踏板的状态下可起动发动机（互锁功能）,如图 5-108 所示。

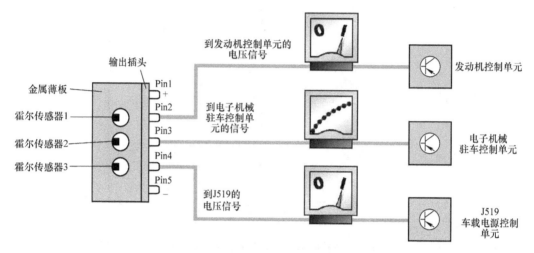

图 5-108　离合器电路控制

4. 检测

1）正常情况下测量离合器开关的 2、3、4 号脚的电压,如图 5-109 所示。数据流见表 5-13。

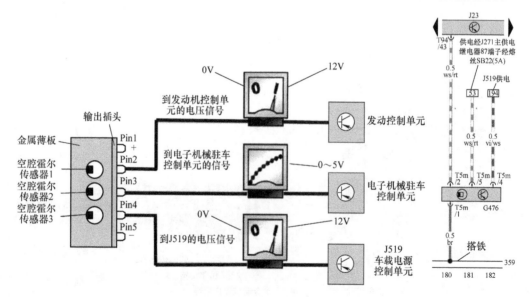

图 5-109　正常的离合器各端子的电压

表 5-13　正常情况下测量离合器开关的 2、3、4 号脚数据流

	01-08-66-02	09-08-15-03	03-08-03-01
不踩离合器	00000000	关	00
踩下 1/3	00000100	关	10
踩下 2/3	00000100	开	11

2）分别断开离合器 G476 的 2、3、4 号脚后，数据流见表 5-14。

表 5-14　断开离合器 G476 的 2、3、4 号脚后的数据流

	01-08-66 第2区	09-08-15-03	03-08-03-01
不踩离合器	00000000	关	00
到 J540 断路 踩下离合器	00000100	开	11
到 J623 断路 踩下离合器	00000100	开	01
到 J519 断路 踩下离合器	00000100	关	10

从上述试验得出：从 ABS 控制单元 J104 中可以读出 G476 到 J540、J623、J519 的线路通断状态，J104 从 J623 中得出第 1 状态位，从 J519 中得出第 2 状态位。

十、乘员位置传感器

大众新款速腾轿车智能安全气囊系统区别于以前一般的安全气囊系统的重要一点，就在于智能安全气囊系统采用了乘员位置感知系统。对于丰田轿车乘员位置感知系统（OPDS），即探测前排座椅是否坐有乘员，以及乘员的坐姿、体形和体重等状况，从而对气囊爆出的时间和阶段做出必要的调整。

1. 乘员位置感知系统

丰田轿车 OPDS 系统由 OPDS 传感器和 OPDS 装置组成，其结构如图 5-110 所示。在乘员座椅内暗藏了 7 个传感器，即 6 个高度传感器和 1 个位置传感器，这些传感器和 OPDS 装置一起隐藏在前排乘员座椅内部。在 OPDS 传感器中，由座椅靠背内的 6 个传感器负责观察乘员的坐姿高度，以此来判断坐着的是儿童还是大人；靠背侧边的一个传感器则专门检查儿童是不是侧着头打瞌睡，以此判断儿童的头部是不是处于侧气囊展开的范围内。

OPDS 传感器的感测原理是检测放射电波因电介质的存在而发生输出电流增加或减少。在 OPDS 装置内有高频振荡回路，发射频率为 120kHz，并设有输出监视回路。高度传感器（天线）则位于前排乘员座椅的靠背中央，座椅和乘员都可以看成是特定的电介质，具有一定的导电体量。由于儿童的导电体量比大人少，所以乘员为儿童时，传感器的输出电流也会减少。

另外，当乘员远离传感器时，虽然乘员本身没有变化，但是乘员的实际导电体量变少，因而传感器的输出电流也会减少。这样，OPDS 传感器就把乘员的导电体量转化成电信号。OPDS 装置根据输出电流的变化，判断出乘客的大小和位置的高低、坐姿和头部位置，从而知道乘员是大人还是儿童或幼儿，知道其头部是否处于侧气囊的引爆范围。OPDS 的工作原

理简图如图 5-111 所示。

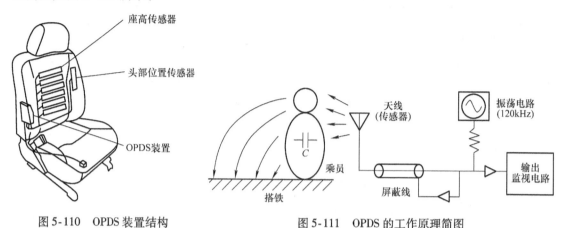

图 5-110　OPDS 装置结构　　　　图 5-111　OPDS 的工作原理简图

2. 座椅占用识别传感器

大众新款速腾轿车前排乘客处设置座椅坐人识别功能，前排乘客座椅占用识别传感器 G128 是一张塑料薄膜，该薄膜一直延伸到前排乘客座椅的后部区域，它由多个单独的压力传感器组成，这样可以保证识别出座椅表面各处的状态，其位置如图 5-112 所示。

前排乘客座椅占用识别传感器对压力做出反应并根据负荷来改变电阻值。如果前排乘客座椅占用识别传感器识别出高于 5kg 的负荷，那么安全气囊控制单元 J234 就认为"座椅已坐人"。只要前排乘客座椅上未坐人，那么座椅占用识别传感器就处于高阻值状态；如果有人坐，那么阻值就会下降。如果电阻值超过 480Ω，安全气囊控制单元就认为是断路了，并会在故障存储器内记录一个故障码。安全气囊控制单元通过分析座椅占用识别传感器的信号和安全带开关的信号来判断乘员是否系上了安全带，控制电路如图 5-113 所示。

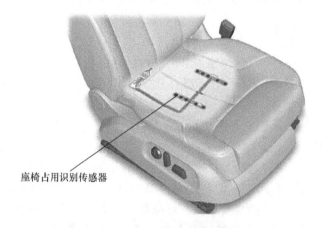

图 5-112　座椅占用识别传感器的位置

3. 检测

打开点火开，检测座椅占用识别传感器 G128 端子 T2bc/1/与 T2bc/2 之间的电压约为 5V。检测 T2bc/2 端子与搭铁之间的导通性。测量前排乘客侧安全带开关 E25，电阻为 2Ω，插上开关时电阻为无穷大。

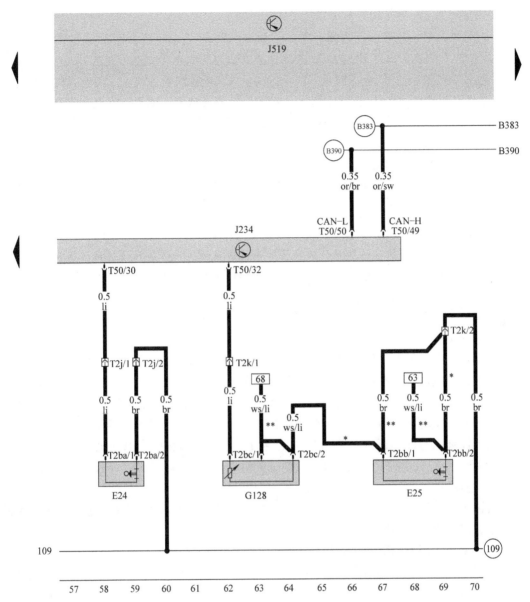

图 5-113　驾驶人侧安全带开关、前排乘客侧安全带开关、前排乘客侧座椅占用识别传感器、安全气囊控制单元

E24—驾驶人侧安全带开关　E25—前排乘客侧安全带开关　G128—前排乘客侧座椅占用识别传感器
J234—安全气囊控制单元　J519—车载电网控制单元　T2j、T2k、T2ba、T2bb、T2bc—2 芯插头连接
T50—50 芯插头连接　109—安全气囊线束中的搭铁连接
B383—主线束中的连接 1（驱动系统总线　CAN—H）　B390—主线束中的连接 1（驱动系统总线 CAN‐L）

（1）控制逻辑分析

舒适型速腾轿车气囊电控系统功能，当车辆的车速超过一设定目标值，气囊 ECU 监控在乘客侧座位处于占用状态（由座椅占用识别传感器 G128 识别），且前排乘客侧安全带开关不插合时，仪表将发出安全带未系提示音报警。

（2）电路图分析

1）根据电路图所示，ECU 供 5V 电→座椅占用识别传感器 G128→前排乘客侧安全带开关 E25→搭铁。

2) 当无乘员时, 整个回路是闭合的, G128 和 E25 产生电压降, ECU 通过 T50/32 电位变化进行监测（实际上 ECU 通过 ECU 内部分压电阻器的电压变化进行监测）。

3) 当有乘员未系上安全带时（E25 闭合）, G128 阻抗发生变化, 电压降发生变化, ECU 通过 T50/32 的电位变化进行监测。此时乘员未系安全带, 则系统发出报警提示音。

4) 当有乘员系上安全带时, 安全带开关 E25 将断开回路, 无电压降, 电位约 5V, ECU 通过 T50/32 进行监测。

座椅占用识别传感器标准电阻值见表 5-15。

表 5-15 座椅占用识别传感器标准电阻值

G128 的电阻值	分析结果
约 430~480Ω	座椅上未坐人
120Ω 或更小	座椅上已坐人
大于 480Ω	故障, 断路

十一、EGR 阀位置传感器

(1) 奥迪直喷 2.0TSI EGR 阀

该发动机装备有外部废气再循环装置。它通过初级催化净化器上的一根连接管来抽取废气。由发动机控制单元精确计算出的废气供应量经废气节流阀（由一个电动机来驱动）被抽入, 如图 5-114 所示。废气节流阀的位置值由电位计来监控并用于计算废气量以及自诊断。导回到燃烧室的废气用于降低最高燃烧温度, 从而减少氮氧化物的生成量。

废气再循环阀 N18 设计成一个模块, 主要由一个节流阀和一个电动机（带有废气再循环电位计 G212, 正极由控制单元提供 5V 电压）组成, 其结构如图 5-115 所示, 控制电路图如图 5-116 所示。

废气再循环发生在分层充气模式/均质模式且转速不超过 4000r/min 的中等负荷状态。怠速时不会出现废气再循环。

(2) 别克 EGR 阀位置传感器

废气再循环（Exhaust Gas Recirculaton）系统简称 EGR 系统。按照是否设置有反馈监测元件, 废气再循环系统可以分为开环控制 EGR 系统和闭环控制 EGR 系统。闭环控制 EGR 系统与开环控制 EGR 系统相比, 只是在 EGR 阀上增设了一个 EGR 阀位置传感器作为反馈信号, 用以监测 EGR 阀开度的大小, 使 EGR 率保持在最佳值。

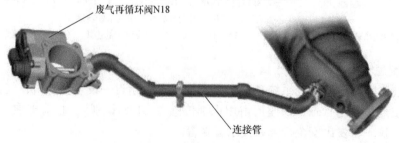

图 5-114 废气再循环连接方式

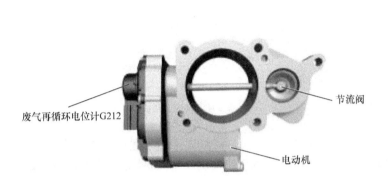

图 5-115　废气再循环阀结构

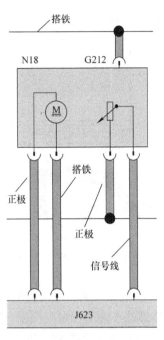

图 5-116　废气再循环控制电路图

1) EGR 阀位置传感器的结构。EGR 阀位置传感器位于 EGR 阀的上部，一般使用电位计式传感器来检测 EGR 阀阀杆的上下移动位置，发动机 ECU 以此确定阀门开度的大小。EGR 阀位置传感器结构如图 5-117 所示，EGR 阀阀针与电位计的滑动触点臂相连，占空比控制的 EGR 阀随着占空比的变化，控制的真空吸力也不同，引起 EGR 阀阀门开启的大小也不一样，阀杆上升的位移也不同。阀杆上升，推动与之相连的滑动触点臂的位置发生变化，从而使滑动触点在滑动电阻上滑动，产生不同的电压信号，这个信号会传递到发动机 ECU，发动机 ECU 以此监视 EGR 阀的位置，确保阀门对 ECU 的指令做出正确的响应，从而调整和修正 EGR 阀的开启时刻和占空比，精确控制再循环量的大小，以减小排放、改善性能。

2) EGR 阀位置传感器的检测。上海别克轿车废气再循环系统 EGR 阀位置传感器的电路连接如图 5-118 所示。废气再循环真空控制电磁阀和废气再循环 EGR 阀位置传感器共用一个 5 针插头，灰色连接的端子 A、白色连接的端子 E 分别和发动机控制单元 PCM 连接，采用正极驱动器和 PCM 中的搭铁电路控制，用于废气再循环真空控制电磁阀的驱动；另外 3 条为电位计式的废气再循环 EGR 阀位置传感器所使用，它能够监视 EGR 阀的位置，确保阀门对 PCM 的指令做出正确的响应。电位计的 D 端子为 5V 参考电源，B 端子为搭铁端子，C 端子为信号输出端子。

① 故障征兆判断法。当发动机在怠速、低速小负荷及冷机时，发动机控制单元控制废气不参与再循环，避免发动机性能受到影响。因此，一旦发动机的 EGR 系统出现故障，特别是在发动机怠速、低速、小负荷及冷机工况下，使废气参与再循环，将会影响发动机混合气的正常燃烧，导致发动机怠速不稳、加速不稳、汽车行驶无力等故障现象，从而影响发动机的动力性。

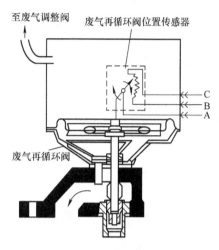 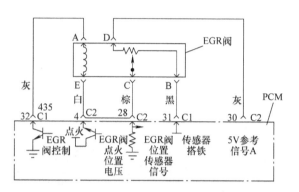

图 5-117　EGR 阀位置传感器结构　　　　图 5-118　传感器的电路连接图

② 电阻检测。在检测电阻时，首先关闭点火开关，拔掉 EGR 阀位置传感器线束插头，对传感器本体进行电阻测量。插座端子 B 与 D 之间的电阻应为 4.92kΩ；插座端子 B 与 C 之间的电阻应随 EGR 阀开度的变化而变化。

③ 外部电压和信号电压检测。在检查传感器外部供电电压时，打开点火开关至"ON"位置，断开 EGR 阀位置传感器线束插头，用数字万用表电压档检查 D 端子与搭铁端电压，应有 5V 参考电压；检查 B 端子与搭铁端电压，应为 0V。连接 EGR 位置传感器线束插头，测量 C 端子信号电压，在 EGR 阀全关时为 0.14~1.0V；用手动方式打开 EGR 阀，其信号电压随着 EGR 阀开度的变化而变化，全开时为 4.5~4.8V。如果测量结果不符合要求，则应更换 EGR 阀。

④ 输出波形检测。将示波器信号测量线探针插入传感器信号线中，起动发动机并加速，观察波形变化情况，如图 5-119 所示。当 EGR 阀打开时，波形上升，这时废气排放；当 EGR 阀关闭时，波形下降，这时限制废气排出。汽车急速时，EGR 阀是关闭的，不需要废气再循环；汽车正常加速时，EGR 阀开大；汽车减速时，EGR 阀也是关闭的。

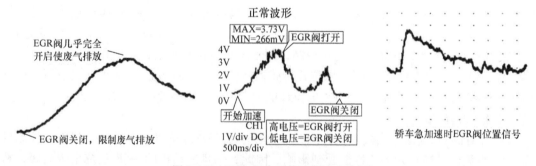

图 5-119　EGR 阀位置传感器输出波形

（3）别克凯越轿车废气再循环阀

1) 废气再循环阀的工作原理。废气再循环系统的功能是降低氮氧化合物的排放量。气缸内混合气的燃烧温度越高，氮氧化合物的产生量就越大，其会严重污染环境。适当降低燃烧温度，可以减小氮氧化合物的生成量。当将适量的废气送回燃烧室时，就可以降低混合气的燃烧温度。

别克凯越轿车废气再循环系统采用了一个受发动机 ECU 控制的线性废气再循环阀为气缸提供准确的废气量，如图 5-120 所示。

发动机 ECU 根据节气门位置信号和进气歧管绝对压力信号，计算废气再循环阀的理想位置之后，再驱动废气再循环阀到达理想位置。发动机 ECU 通过 EGR 阀的位置传感器监测阀的实际位置，控制废气阀接近或处于理想位置，从而达到精确控制废气再循环的流量。故障诊断仪能读取理想位置和实际位置的数据。在必要时，发动机 ECU 还可以根据点火信号，控制废气再循环阀。

当 ECU 预先计算出废气再循环阀的理想位置后，也预先计算出了因废气再循环阀的开启而产生的进气压力变化的理论值；当废气再循环阀真正开启时，将产生进气压力变化的实际值。理论值与实际值之差的平均值叫作废气再循环减速过滤器值。系统在自诊断时，ECU 将根据废气再循环减速过滤器值的大小来判断废气再循环阀是否有故障，若有故障就存储相关的故障码（P1401——废气再循环阀流量不足；P0404——废气再循环阀开度错误；P0406——废气再循环阀位置信号电压过高；P0402——废气再循环阀流量过大；P0405——废气再循环阀位置信号电压过低；P1404——废气再循环阀的阀芯关闭错误），其控制电路图如图 5-121 所示。说明：在发动机运转时，测量废气再循环阀 5 号端子的灰色线电压应为蓄电池电压，ECU 以脉冲的方式控制 1 号绿色线搭铁。把发动机转速提高到 3000r/min 时，测量废气电磁阀 1 端子的平均电压为 8.5V。

废气再循环阀通常在发动机热机工作、超过怠速转速时打开。如果废气再循环流量过大，会削弱混合气燃烧速度，导致发动机运转不稳或停机。因此，仅允许少量废气通过此阀，特别是在怠速时。在怠速、巡航或冷机运转时，排气再循环流量过大会导致冷起动后发动机停机、发动机减速后停机、怠速不稳、巡航时犟车，如果废气再循环阀始终打开，发动机就不能在怠速下运行。如果废气再循环流量过小或没有，会使发动机在提速和负载条件下燃烧温度过高，从而导致爆燃、发动机过热、设置废气再循环方面的故障码。

2）废气再循环阀的功能检查。修理人员可以用诊断仪读取废气再循环减速过滤器值，分析废气再循环系统是否有堵塞故障，也可以用其检验维修效果。首先驾驶车辆加速到 97km/h，之后减速到 32km/h。正常工作的废气再循环阀，使进气压力产生变化的理论值要小于实际值。也就是说，废气再循环减速过滤器值应为负数，正常应在 -3 以下。若数据在 -3 ~ +2 之间时，表示系统有部分堵塞，但没有完全堵塞，达不到预期的废气再循环流量，会影响排放水平。

3）故障检修

① 在寒冷天气条件下，废气中的水分在废气再循环阀处有时会结冰，使阀卡住，造成 ECU 设置废气再循环阀的故障码。当车辆温度上升后，故障消失。用诊断仪监测废气再循环阀的实际位置和理想位置，很容易检验出废气阀是否卡住。

② 按照废气再循环阀的电路图以及前述的废气再循环阀数据，检查废气再循环阀的线路，排除开路、短路接触不良等故障。

③ 废气再循环阀性能不良时，也会导致 ECU 设置废气再循环阀故障码。用诊断仪指令废气再循环阀按照规定值打开（如 25%、50%、75%、100%），可以确定废气再循环系统

能否准确控制废气再循环阀以及是否出现故障。若实际位置与指令位置之差大于15%，证明废气再循环阀有性能故障，应更换废气再循环阀。

④ 若废气再循环阀4号端子的5V线路开路，会导致位置信号电压过低而设置故障码P0405；此时，诊断仪显示废气再循环阀的实际位置为0%。断开废气再循环阀插头时，诊断仪显示废气再循环阀的实际位置应为0%。否则证明废气再循环信号电路或发动机控制模块有故障。

图5-120 废气再循环阀安装位置

⑤ 将5V基准电路跨接到信号电路（3、4号端子短接），会导致位置信号电压过高而设置故障码P0406；诊断仪显示废气再循环阀的实际位置应为100%。否则证明线路或ECU有故障。

⑥ 清除故障码后，ECU才能重新学习废气再循环阀的位置。因此在每次维修后，都要先清除故障码，再进行功能检验。

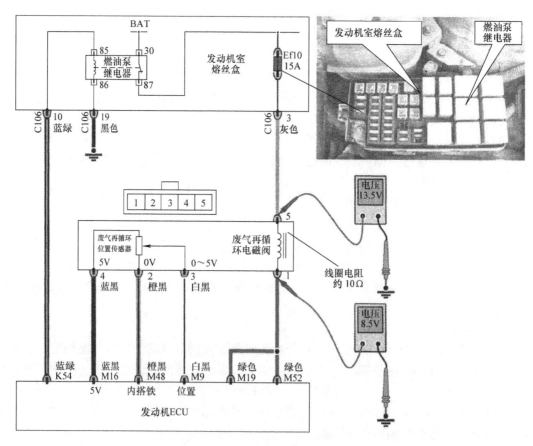

图5-121 废气再循环控制电路图

十二、水平位置传感器

（1）水平位置传感器工作原理

水平传感器 G84 用于判定车身的水平状态。这种传感器是一种非接触式的转角传感器，它通过一根联动杆来判定后桥相对于车身的弹簧压缩量。所使用的转角传感器也是根据霍尔原理来工作的。集成在传感器内的测量电子装置将霍尔集成电路信号按角度比例转换成电压信号，如图 5-122 所示。有一块环形磁铁与传感器曲拐轴连接在一起（转子）。在分为两半的铁心（定子）之间有一个偏心安装的霍尔集成电路，与测量电子装置共同构成一个部件。根据环形磁铁的位置不同，穿过霍尔集成电路的磁场会发生变化。由此而产生的霍尔信号就被测量电子装置按角度比例转换成电压信号，这个模拟的电压信号由控制单元 J197 来使用，用于判定车身的水平状态。这种转角传感器也用于前照灯照程自动调节装置上。带有前照灯照程自动调节装置的车上共装有 3 个传感器。

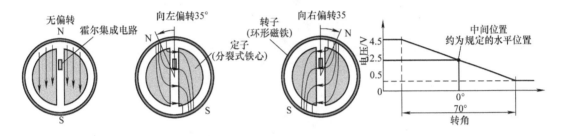

图 5-122　电路信号图

水平位置传感器可以借助一个连杆机构，将车身水平变化转换成角度变化。前、后桥水平位置传感器如图 5-123 和图 5-124 所示。

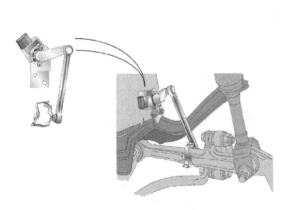

图 5-123　前桥水平位置传感器

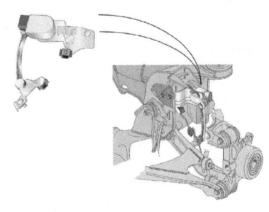

图 5-124　后桥水平位置传感器

该角度传感器是非接触式的，采用感应原理。这种水平位置传感器的一个特点是：它可以产生两个不同的且与转角成比例的输出信号。这种传感器既可用于空气悬架，也可用于前照灯照程调节。其中，一个输出信号提供一个与角度成比例的电压（用于前照灯照程调节）；另一个输出信号提供一个与角度成比例的 PWM 信号（用于空气悬架）。这两个水平位置传感器结构是相同的，只是支架和联杆根据左右和车桥的不同而有所不同。由于左、右传感器臂的偏转方向是相反的，所以输出的信号也是相反的。例如，车身一侧的传感器输出信号在空气悬架压缩时如果是增大的话，那么在车身另一侧，该输出信号则是减小的。

（2）结构

水平位置传感器主要是由定子和转子组成的，其结构如图 5-125 所示。定子由多层电路板构成，电路板上有励磁线圈、3 个接收线圈以及控制/分析电子装置。这 3 个接收线圈布置成多角星形，相位是彼此错开的。励磁线圈装在电路板的背面。转子由一个封闭的线匝构成，线匝上连着传感器臂（线匝与传感器臂一同转动）。线匝的形状与接收线圈的形状是一样的。

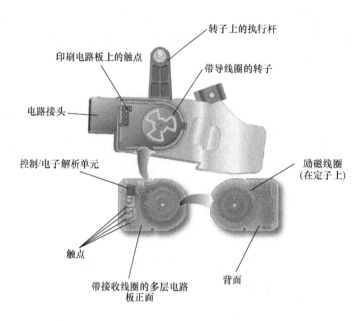

图 5-125　水平位置传感器结构

（3）功能

交变电流流过励磁线圈，于是就产生了一个交变电磁场，其电磁感应会穿过转子。转子中感应出的电流又会在线匝（转子）周围感应出一个二次交变磁场，如图 5-126 所示。这两个交变磁场（分别由励磁线圈和转子产生）共同作用在接收线圈上，在接收线圈内感应出交流电压。转子中的感应电压与角度位置无关，但接收线圈的感应电压取决于它与转子之间的距离和角度位置。

由于角度位置不同，转子与接收线圈的重合度就不同，因而对应于角度位置的感应电压幅值也就不同。电子分析装置会对接收线圈的交变电压进行整流并放大，并使得三个接收线圈的输出电压成比例（相对比例测量）。分析完电压后，分析结果转化成水平位置传感器的输出信号，送至控制单元做进一步处理，电路控制如图 5-127 所示。（传感器 1 号端子由 J197 提供 5V 电压、2 号端子为传感器搭铁、3 号端子为传感器输出电压信号、1 号端子与 3 号端子间的电压在 0.5~4.5V 之间）

第五章 位置与角度传感器

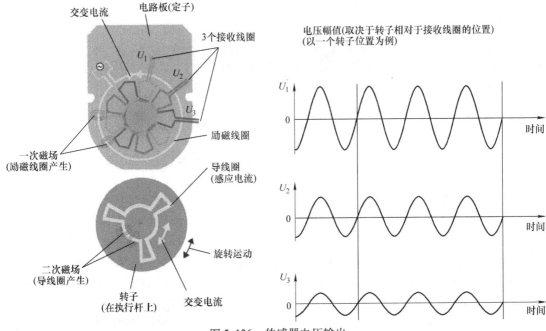

图 5-126 传感器电压输出

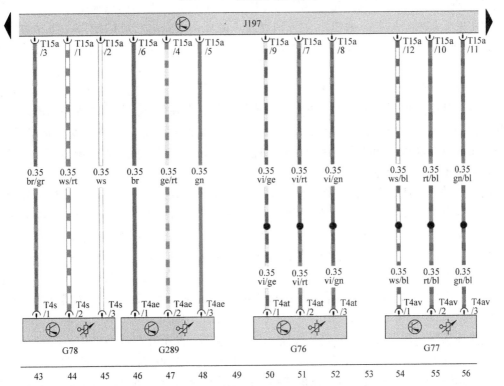

图 5-127 左后汽车高度传感器、左前汽车高度传感器、水平高度调节系统控制单元
G76—左后汽车高度传感器 G77—右后汽车高度传感器 G78—左前汽车高度传感器
G289—右前汽车高度传感器 J197—水平高度调节系统控制单元
T4ae、T4at、T4av、T4s—4 芯插头连接 T15a—15 芯插头连接
ws—白色 rt—红色 br—褐色 gn—绿色 bl—蓝色 gr—灰色 vi—淡紫色 ge—黄色

147

第六章
爆燃、碰撞传感器

★ 第一节 爆燃、碰撞传感器概述 ★

为了避免因爆燃损坏发动机，人们通过在发动机上安装爆燃传感器来检测有无爆燃现象的发生，并将检测的信号输入 ECU，ECU 根据爆燃传感器的反馈信号来调整点火提前角，从而使点火提前角保持在最佳位置，改善发动机的工作性能。点火时间过早是产生爆燃的重要原因，采用点火时刻闭环控制可以防止这种现象的发生。点火时刻的闭环控制是采用爆燃传感器（Detonation Sensor，DS）检测发动机是否发生爆燃作为反馈信号，从而决定点火时刻是提前还是推迟。因此，爆燃传感器是点火时刻闭环控制系统重要的部件。

在利用发动机爆燃信号作为反馈信息的闭环控制方式中，爆燃传感器将发动机的爆燃信息提供给 ECU，一旦爆燃程度超过规定的标准，ECU 立即发出推迟点火指令；当爆燃程度低于规定的标准时，ECU 又会将点火时刻提前。循环调节点火时刻的结果，使发动机始终处于临界爆燃的工作状态，可使发动机获得最大的动力性能，经济性能也可以得到一定程度的改善。

检测发动机爆燃通常有三种途径：一是检测气缸压力；二是检测发动机振动；三是检测燃烧噪声。其中，检测气缸压力的方法精度最好，但是存在传感器的耐久性差和难以安装的问题；检测燃烧噪声的方法，由于是非接触式的，其耐久性很好，但是精度和灵敏度偏低；现在常用检测发动机振动的方法来判断有无爆燃发生，这种方法可获得高输出信号，灵敏度高，安装简单，应用最为广泛。

用于发动机机体振动检测的爆燃传感器有共振型和非共振型两大类，共振型又分为磁致伸缩式和压电式两种，非共振型只有压电式。共振型传感器在发动机爆燃时输出的电压比较高，因此无须使用滤波器即可判别有无爆燃产生；而非共振型的爆燃传感器需经滤波器检出爆燃信号。现代绝大多数汽车采用共振型压电式爆燃传感器，它是利用发动机产生爆燃时其振动频率和传感器本身的固有频率一致而产生共振的现象，用以检测爆燃是否产生，其输出信号为电压信号，电压值的大小表示爆燃的强度。注：现在汽车的爆燃传感器有带电源和无电源两种。

碰撞传感器用在现代轿车的安全气囊（SRS）和新型防抱死制动系统中，已成为确保汽车操纵稳定性和制动性能的重要元件。其功能是检测并判断汽车的碰撞强度，以便及时"通知" SRS ECU 打开安全气囊。碰撞传感器按工作原理可分为机电结合式、电子式和水银开关式三种。

机电结合式碰撞传感器是一种利用机械机构运动（滚动或转动）来控制继电器触点动作，再通过触点断开与闭合来控制安全气囊点火器电路接通与切断的传感元件。常用的有滚球式、滚轴式和偏心锤式三种碰撞传感器。

电子式碰撞传感器没有继电器触点，一般用作中心碰撞传感器，常用的有压阻效应式和压电效应式两种。压阻效应式碰撞传感器是指在发生碰撞时传感器的应变电阻发生变形，使应变电阻的值发生变化，进而使传感器的输出电压信号发生变化，当电压值超过预定值时，安全气囊被触发；压电效应式碰撞传感器则是传感器的压电晶体在碰撞时输出电压发生变化，当变化的电压值达到预定值时，安全气囊被触发。

水银开关式碰撞传感器利用水银（汞）导电的良好特性来控制安全气囊点火器电路的接通或切断，一般用作防护传感器。

第二节　爆燃传感器

一、爆燃传感器控制系统

汽油发动机是利用火花塞产生的电火花将混合气点燃，使火焰在混合气中不断扩展传播燃烧的。在火焰的传播过程中，如果压力和温度异常升高，一些部位的混合气不等火焰传到，就自行着火燃烧，在整个燃烧室内造成瞬时爆发燃烧，产生高温和强大的压力波，这种现象称为爆燃。发动机工作时，如果持续产生爆燃，不但会引起气缸体、气缸盖和进气歧管等薄壁构件的高频振动，以及因运动机构的冲击载荷而产生很大噪声，最终导致机件损坏；而且火花塞电极或活塞很可能产生过热、熔损等现象，造成发动机的严重故障。因此，必须防止爆燃的发生（爆燃和点火时刻有密切的关系，在一定的范围内，点火时刻提前，燃烧的最大压力就高，就越容易发生爆燃）。

为防止爆燃的发生，在发动机上安装了爆燃传感器，用于检测爆燃，从而可以把点火时刻控制在接近爆燃极限的位置，使发动机的潜力得到充分的发挥。

爆燃传感器一般安装在发动机气缸体、火花塞或进气歧管上，它能够感应出发动机各种不同频率的振动，并将振动转化为不同的电压信号。当发动机发生爆燃时，爆燃传感器感应到此变化并产生较大的振幅电压信号，如图6-1所示。来自爆燃传感器的含有各种频率的电压信号输入ECU的爆燃信号判别电路，如图6-2所示。首先须经滤波电路，将爆燃信号与其他振动信号分离，只允许特定范围频率的爆燃信号通过，然后将此信号的最大值与爆燃强度基准值进行比较，如大于基准值，则将爆燃信号电压输入ECU，表示发生爆燃，由ECU进行处理。

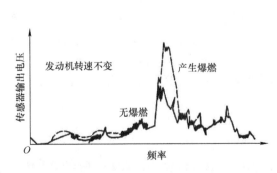

图6-1　爆燃传感器的检测频率与输出电压

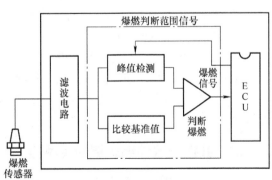

图6-2　ECU中的爆燃信号判别电路

由于发动机的振动频繁而剧烈，为了使传感器只检测到爆燃信号，从而防止 ECU 发生错误爆燃判别，因此判别爆燃信号并非任何时刻都在进行，而是有一个判别范围，如图 6-3 所示。限于识别发动机点火后爆燃可能发生的一段曲轴转角范围内的振动，只有在该范围内，爆燃传感器的信号才能被输入比较电路。

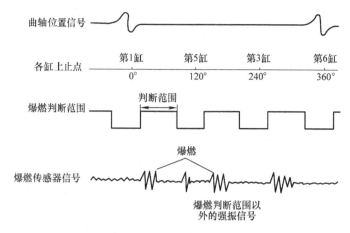

图 6-3　爆燃传感器判别范围

爆燃强度则以超过基准值的次数计量，其次数越多，则爆燃强度越大；次数越少，则爆燃强度越小，如图 6-4 所示。试验表明，当发动机的负荷低于一定值时，一般不会出现爆燃，这时不宜采用控制爆燃的方法来调整点火提前角，可采用开环控制的方式控制点火提前角，即此时 ECU 不再检测和分析爆燃传感器输入的信号，只根据有关传感器及只读存储器（ROM）中存储的数据控制点火提前角的大小。而要判断在某一时刻究竟要采用开环还是闭环控制，可由 ECU 对负荷传感器送来的信号进行分析判断。

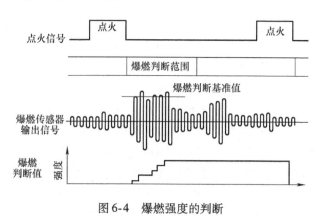

图 6-4　爆燃强度的判断

当 ECU 进行闭环控制时，实际点火提前角的控制如图 6-5 所示。当任何一缸产生爆燃时，ECU 立即以某一固定值（1.5°～2°曲轴转角）逐渐减小点火提前角，直至发动机不产生爆燃为止。然后，在一定的时间内，先维持调整过的点火提前角不变。在此期间内，若又有爆燃发生，则继续以固定值减少点火提前角；若无爆燃发生，则此段缓冲时间过后，又开始逐渐以同样的固定值增大点火提前角，直至爆燃重新发生，又开始进行上述的反馈控制过程。

二、共振磁致伸缩式爆燃传感器

磁致伸缩式爆燃传感器应用较早，它是一种磁电感应式传感器，属于共振型爆燃传感

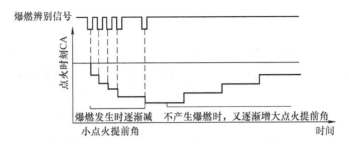

图 6-5 点火提前角的闭环控制

器。其结构如图 6-6 所示,由永久磁铁、靠永久磁铁励磁的强磁性铁心以及铁心周围缠绕的感应线圈和壳体组成。

磁致伸缩式爆燃传感器安装在发动机上,它将发动机振动的频率变换成电压信号,以此来检测爆燃强度。其工作原理是:当发动机的气缸体出现振动时,外壳和感应线圈绕组随发动机振动,磁铁因弹簧的存在由于惯性而保持不动,这样磁铁和感应线圈间便存在相对运动。根据电磁感应原理,绕组中就会有感应电动势产生,当频率在 6~9kHz 左右时,传感器将产生共振,使传感器感应线圈的感应电压显著增大。图 6-7 所示为磁致伸缩式爆燃传感器的输出特性图。

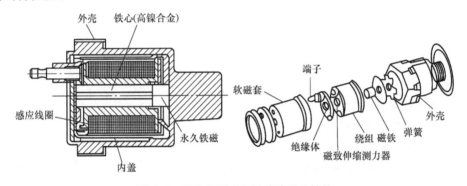

图 6-6 磁致伸缩式爆燃传感器的结构

三、压电式爆燃传感器

压电效应是指当沿着一定方向向某些电介质施力而使其变形时,其内部会发生极化,同时在其表面产生电荷的现象。压电式爆燃传感器是利用结晶或陶瓷多晶体的压电效应和硅压电效应,把爆燃传到缸体上的机械振动转变成电信号。压电式爆燃传感器从振动方式上可分为共振型和非共振型两种。共振型爆燃传感器由与爆燃几乎具有相同共振频率的振子和能够检测振动压力并将其转换成电信号的压电元件构成,非共振型爆燃传感器用压电元件直接检

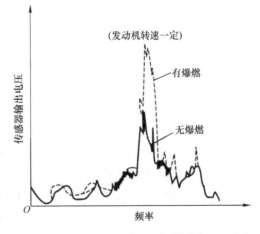

图 6-7 磁致伸缩式爆燃传感器的输出特性图

测爆燃信息。

1. 共振型压电式爆燃传感器

共振型压电式爆燃传感器的结构主要由压电元件5、振荡片4、基座3等组成，如图6-8所示。压电元件5紧密地贴合在振荡片4上，振荡片则固定在传感器的基座3上。振荡片随发动机的振动而振荡，波及压电元件，使其变形而产生电压信号。当发动机爆燃时的振动频率与振荡片的固有频率相同时，振荡片产生共振，此时压电元件将产生最大的电压信号。共振型压电式爆燃传感器的输出特性如图6-9所示。根据此特性曲线可知，该爆燃传感器在发动机爆燃时输出的电压比较高，因此即可判别有无爆燃产生。

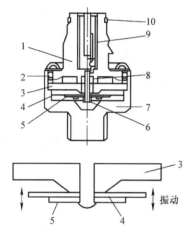

图6-8 共振型压电式爆燃传感器的结构
1—插接器 2、10—O形圈 3—基座 4—振荡片
5—压电元件 6—引线端头 7—外壳
8—密封剂 9—接线端子

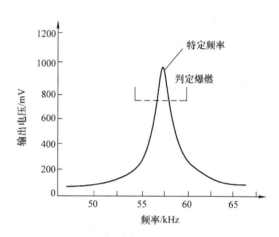

图6-9 共振型压电式爆燃传感器的输出特性

2. 非共振型压电式爆燃传感器

非共振型压电式爆燃传感器由平衡块、压电元件、壳体、电气连接装置等组成。平衡块由螺钉固定在壳体上，两个压电元件同极性相向对接，输出电压由两个压电元件的中央取出。这种传感器与共振型传感器结构的不同之处在于它内部没有振荡片，但设置了一个平衡块。平衡块以一定的预紧力压紧在压电片上。当发动机产生爆燃时，发动机缸体的振动传到爆燃传感器壳体上，平衡块就产生一个正比于加速度的交变力，壳体与平衡块之间就产生相对运动，使夹在中间的压电元件所承受的压紧力发生变化，压电元件承受推压作用力产生电压，并作为电信号输出。非共振型压电式爆燃传感器结构简单，制造时不需要调整。

非共振型压电式爆燃传感器结构示意图如图6-10所示。非共振型传感器在爆燃时输出电压较无爆燃时无明显增加，具有平缓的输出特性，不像共振型爆燃传感器在爆燃时会输出较高的电压。爆燃是否发生是靠滤波器检出传感器输出信号中有无爆燃频率来判

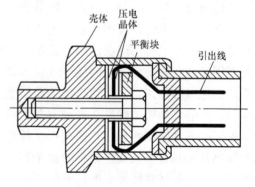

图6-10 非共振型压电式爆燃传感器结构示意图

别的。因此，必须将反映发动机振动频率的输出电压信号输送给识别爆燃的滤波器中，从而判别发动机是否有爆燃产生。

3. 共振型压电式爆燃传感器与非共振型压电式爆燃传感器的比较

1）电压。共振型在爆燃时输出电压明显增大，非共振型输出电压增大不明显。

2）测量。共振型电压易于测量，但传感器必须与发动机配套使用；非共振型用于不同发动机时，只需调整滤波器的频率范围就可以工作，不需要更换传感器，通用性比较强，但爆燃信号的检测复杂一些。

3）从共振型爆燃传感器的输出波形可以直接观察出爆燃的波形，即爆燃点；而非共振型的爆燃传感器需经滤波器才能检出爆燃的信号。共振型和非共振型爆燃传感器输出波形的比较如图 6-11 所示。

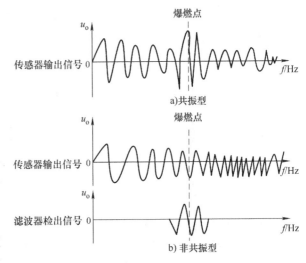

图 6-11　共振型和非共振型爆燃传感器输出波形的比较

四、压电式爆燃传感器的检测

1. 大众 CC 轿车爆燃传感器的检测

大众 CC 轿车设有两个爆燃传感器。爆燃传感器 1（G61、白色插头）安装在缸体进气管侧 1、2 缸之间，用于检测 1、2 缸的爆燃情况；爆燃传感器 2（G66、蓝色插头）安装在缸体进气管侧 3、4 缸之间，用于检测 3、4 缸的爆燃情况。

大众 CC 轿车爆燃传感器是根据压电原理制成的，传感器由压电陶瓷（压电元件）、惯性配重、壳体、导线等组成，其结构及安装位置如图 6-12 所示。传感器电路图如图 6-13 所示。

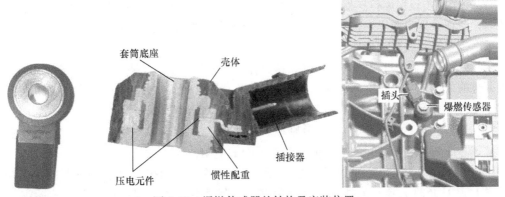

图 6-12　爆燃传感器的结构及安装位置

传感器的检测方法如下：

1）爆燃传感器的随车检查。在进行爆燃传感器的检查时，可轻轻敲击该爆燃传感器附

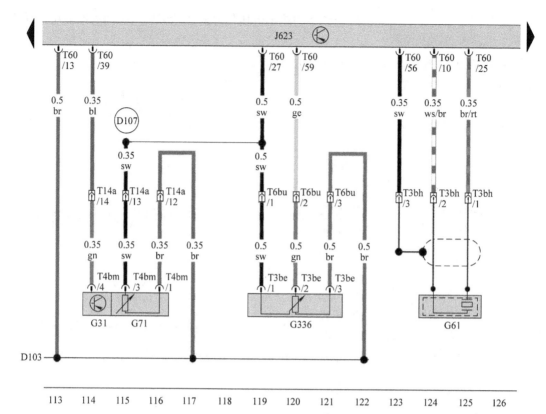

图 6-13 增压压力传感器、爆燃传感器 1、进气管压力传感器、进气管风门电位计、发动机控制单元
G31—增压压力传感器 G61—爆燃传感器 1 G71—进气管压力传感器 G336—进气管风门电位计
J623—发动机控制单元，排水槽内中部 T3be、T3bh—3 芯插头连接 T4bm—4 芯插头连接
T6bu—6 芯插头连接，气缸盖附近 T14a—14 芯插头连接，发动机舱内左侧 T60—60 芯插头连接
D103—连接 3，在发动机舱导线束中 D107—连接 5，在发动机舱导线束中
ws—白色 sw—黑色 rt—红色 br—褐色 gn—绿色 bl—蓝色 ge—黄色

近的缸体，发动机的转速应随之下降。

2）轻轻敲击该爆燃传感器附近的缸体，此时点火提前角应该突然向后推迟，然后又向前提前，此现象即说明爆燃传感器在起作用，爆燃传感器及其线路基本没有问题。反之，则说明爆燃传感器或线路出现故障。

3）在发动机工作过程中，如果爆燃传感器发生故障，则监测爆燃信号中断，ECU 就会将点火提前角推迟一定角度。在汽车行驶过程中，驾驶人就会明显感觉到发动机动力不足，这时发动机电控系统会诊断出有故障，并使故障指示灯点亮。

4）电阻检查。关闭点火开关，分别拔下爆燃传感器的 3 芯插头，用万用表的电阻档分别测量 3 芯插头各端子之间的电阻值，各端子间的电阻值应都大于 1MΩ。

5）检测爆燃传感器线束的导通性。关闭点火开关，分别拔下爆燃传感器的 3 芯插头，然后拔下 ECU J623 控制单元插头。用万用表的电阻档分别测量爆燃传感器 3 芯插座 1、2、3 号端子与 ECU J623 控制单元的 T60/10、T60/25 及 T60/56 之间的电阻值，应均小于 0.5Ω。如果电阻值过大或为无穷大，则线束与端子可能接触不良或存在断路，应及时排除。

6）用 VAS 5052 专用诊断仪。通过诊断插座读取有关故障的信息：00524——G61 传感器搭铁开路或短路；00540——G66 传感器搭铁开路或短路。

7) 检测爆燃传感器的输出信号。检测爆燃传感器的输出信号时，应先关闭点火开关，拔下传感器的插接器插头，再打开点火开关，起动发动机使之怠速运转。用示波器或万用表电压档检测传感器的两个接线端子 T3bh/1 与 T3bh/2，输出信号波形如图 6-14 所示。否则，应更换爆燃传感器。

8) 敲击缸体进（人工模拟）。正常情况下，爆燃传感器端子间电压大于 0.5V；当发动机正常怠速时，小于 0.6V；当发动机起动时，大于 0.8V；当发动机发生爆燃时，大于 1.2V。

9) 爆燃传感器安装注意事项。为了避免爆燃传感器误传输爆燃信号，必须保证爆燃传感器固定螺栓的拧紧力矩准确无误。在安装爆燃传感器时若紧固力矩过大，爆燃传感器感知气缸爆燃信号电压太低，从而出现点火过早现象；若紧固力矩过小，爆燃传感器会感知气缸爆燃信号电压太高，出现点火过迟现象。

2. 新款凯美瑞轿车爆燃传感器（平型）

常规型爆燃传感器（共振型）内置有振动板，该板具有与发动机爆燃频率相同的共振点，并能检测此频段的振动。

平型爆燃传感器（非共振型）能够检测 6~15kHz 的更宽频带范围内的振动，它具有如下特性：根据发动机转速的不同，发动机爆燃频率会有些许变化，即使在发动机爆燃频率变化时，平型爆燃传感器也能检测振动。因此，与常规型爆燃传感器相比，平型爆燃传感器的共振动检测能力增强，并可获得更加精确的点火正时控制。爆燃传感器的特性如图 6-15 所示。

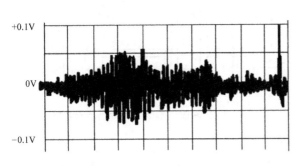

图 6-14 爆燃传感器输出信号波形

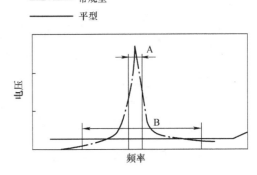

图 6-15 爆燃传感器的特性
A—常规型的检测波段 B—平型的检测波段

如图 6-16 所示，非共振型传感器通过安装在气缸体上的双头螺柱安装在发动机上。因此，供双头螺柱使用的孔穿过传感器的中心。在传感器内侧的上部有钢制配重，压电元件穿过绝热体位于配重下方。该传感器整合了开路/短路检测电阻器。常规型爆燃传感器则是通过自身的螺纹旋入缸体。

将爆燃振动传输给钢制配重，其惯性将压力施加给压电元件，进而产生电动势，如图 6-17 所示。

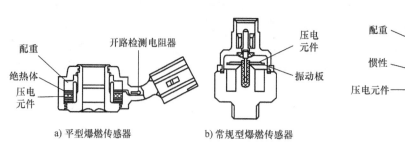
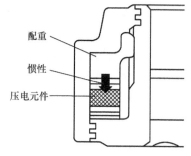

图 6-16　平型爆燃传感器和常规型爆燃传感器　　　图 6-17　惯性将压力施加给压电元件

（1）开路/短路电阻器的检测

打开点火时，检测爆燃传感器中的开路/短路电阻器及发动机 ECU 中的电阻器时，保持发动机端子 KNK1 处的电压恒定。发动机 ECU 中的 IC（集成电路）始终监视端子 KNKI 的电压，如果爆燃传感器和发动机 ECU 之间出现开路/短路，则端子 KNK1 的电压将改变，发动机 ECU 出现开路/短路并存储诊断故障码（DTC），检测电路如图 6-18 所示。

（2）维修提示

1）当检测开/短路电阻器时，传感器的检查方法随之更改。

2）确保按照如图 6-19 所示的位置安装平型爆燃传感器，以防插接器中积水。

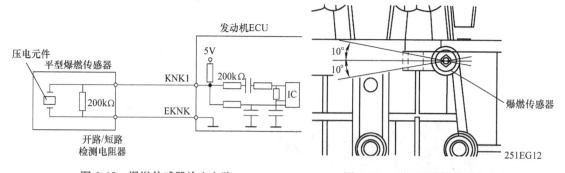

图 6-18　爆燃传感器检查电路　　　图 6-19　平型爆燃传感器安装位置

3. 帕萨特轿车非共振型压电式爆燃传感器

在帕萨特轿车 1.8T 发动机上安装的是非共振型压电式爆燃传感器，其结构如图 6-20 所示。它是由压元件、惯性配重、套筒底座、壳体、传感器信号线、插头等组成。该传感器结构简单，制造时不需要调整。

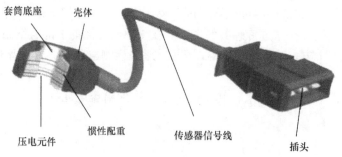

图 6-20　非共振型压电式爆燃传感器结构图

帕萨特轿车 1.8T 发动机爆燃传感器 KNK 安装在进气管侧气缸体上部，一个在第 1、2 缸之间，另一个在第 3、4 缸之间，图 6-21 所示为帕萨特发动机 2 号爆燃传感器安装位置。图 6-22 所示为爆燃传感器的插头与插座，由图可知其有 3 个接线端子，其中 1、2 为信号端子，3 号为屏蔽线端子。轻击缸体爆燃传感器就有信号产生，能将发动机的爆燃情况转成电信号输入 ECU，ECU 收到爆燃信号后将根据爆燃强度推迟点火时间，从而修正点火提前角，并能单独对每一个气缸进行最佳点火提前角的控制，以清除发动机爆燃现象的发生，保证发动机输出的功率高、油耗低。图 6-23 所示为爆燃传感器与 ECU 的控制电路图。图 6-24 所示为爆燃传感器电压波形图，由图可知爆燃时电压为 0.4~1.4V，它属于低频电压，易受外界干扰。

图 6-21　2 号爆燃传感器安装位置

a) 爆燃传感器插头

b) 爆燃传感器插座

图 6-22　爆燃传感器的插头与插座

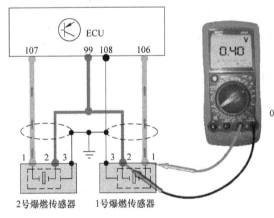

图 6-23　爆燃传感器与 ECU 的控制电路图

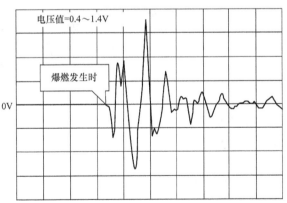

图 6-24　爆燃传感器电压波形

第三节　碰撞传感器

碰撞传感器的作用是在汽车发生碰撞时，检测汽车碰撞强度，并将信号输入给安全气囊

ECU，安全气囊 ECU 根据碰撞传感器传送的信号来决定是否引爆气体发生器使气囊充气，从而提高乘员的安全性。

碰撞传感器按其功用可分为碰撞信号传感器（impact sensor）和安全传感器（safety sensor）。平时所讲的碰撞传感器其实是指碰撞信号传感器，也称为碰撞强度传感器、触发碰撞传感器，其作用是将汽车碰撞时的强度信号输入 SRS ECU，用于判断是否需要引爆气囊，一般采用机电结合式结构或机械式结构。正面的碰撞传感器常安装在散热器支架内，侧面的碰撞传感器安装在 B 柱内。安全传感器又称为碰撞防护传感器、防护传感器或保险传感器，一般安装在 SRS ECU 内部，其功用是防止气囊在非碰撞情况下发生错误引爆。安全传感器与触发碰撞传感器串联，且一般采用电子式结构。正面和侧面碰撞传感器及安全传感器的安装位置如图 6-25 所示，其连接关系如图 6-26 所示。

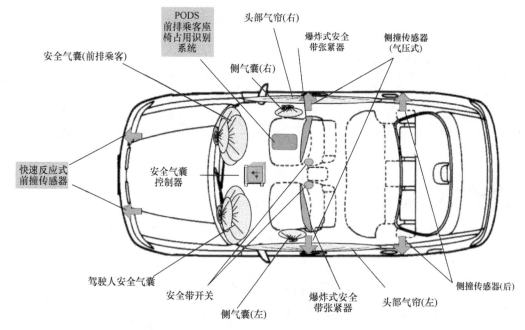

图 6-25　碰撞传感器在汽车上的位置

按照结构来分，碰撞传感器可分为机械式碰撞传感器、机电式碰撞传感器、电子式碰撞传感器。

常见的机械式碰撞传感器有阻尼弹簧式，没有电子设备，只靠机械力控制气囊电路的接通和切断。

电子式碰撞传感器没有电器触点，目前常用的有电阻应变式和压电效应式两种。电阻应变式碰撞传感器在发生碰撞时

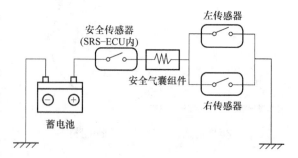

图 6-26　安全传感器与碰撞传感器的关系

其应变电阻发生变形，使电阻发生变化，传感器输出信号电压发生变化，当电压值超过预定值时，气囊被触发；压电式碰撞传感器在碰撞时，压电晶片输出电压发生变化，当变化的电压达到预定值时，气囊被触发。

机电结合式碰撞传感器是利用机械的运动（滚动或转动）来控制电器触点动作，再由触点断开和闭合来控制气囊电路的接通和切断，常见的有滚球式、滚轴式和偏心锤式碰撞传感器。

一、滚轴式碰撞传感器

1. 滚轴式碰撞传感器的结构

滚轴式碰撞传感器由止动销、滚轴、滚动触点、固定触点、底座和片状弹簧等零件构成，如图6-27所示。片状弹簧5的一端固定在底座6上，另一端略微弹起。滚轴2可沿片状弹簧5滚动，滚动触点3固定在滚轴2上，可随滚轴一起滚动并引出传感器的一个电极。固定在片状弹簧5上并与之绝缘的固定触点4接传感器的另一个电极。

2. 滚轴式碰撞传感器的工作原理

汽车未碰撞时，传感器处于静止状态，此时滚轴在弹起的片状弹簧作用下，靠向止动销一侧，滚动触点与固定触点形成的开关处于断开状态，传感器电路不接通，无碰撞信号输入。当汽车碰撞且减速度达到碰撞强度设定值时，由于惯性产生的惯性力大于片状弹簧的弹力，滚轴就会克服片状弹簧的弹力压下片状弹簧向右滚动，使滚轴上的滚动触点与片状弹簧上的固定触点接触，将传感器电路接通。丰田、本田和三菱汽车安全气囊系统就采用了滚轴式碰撞传感器。

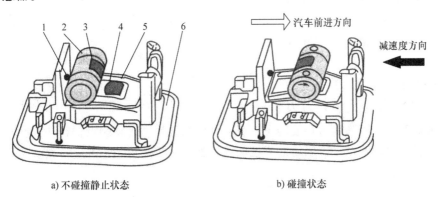

a) 不碰撞静止状态　　　　　　　　b) 碰撞状态

图6-27　滚轴式碰撞传感器

1—止动销　2—滚轴　3—滚动触点　4—固定触点　5—片状弹簧　6—底座

二、偏心锤式碰撞传感器

1. 偏心锤式碰撞传感器的结构

该碰撞传感器又叫偏心转子式碰撞传感器，其结构如图6-28所示，主要由偏心锤1、偏心锤臂2、转动触点臂3及转动触点6与13、固定触点10与16、复位弹簧19、挡块9以及壳体4与12等组成。

转子总成由偏心锤1、转动触点臂3、11及转动触点6、13组成，安装在传感器轴上。偏心锤1偏置安装在偏心锤臂2与15上；转动触点臂3、11两端固定有触点6、13，触点随触点臂一起转动。两个固定触点10、16绝缘固定在传感器壳体上，并用导线分别将传感器接线端子7、14与5、17连接。

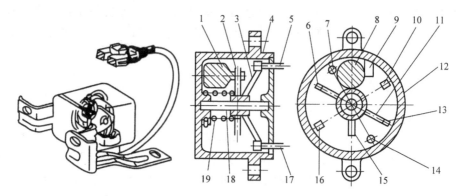

图 6-28 偏心锤式碰撞传感器的结构
1、8—偏心锤 2、15—偏心锤臂 3、11—转动触点臂 4、12—壳体
5、7、14、17—固定触点引线端子 6、13—转动触点 9—挡块
10、16—固定触点 18—传感器轴 19—复位弹簧

2. 偏心锤式碰撞传感器的工作原理

当传感器处于静止状态时,在复位弹簧弹力的作用下,偏心锤与挡块保持接触,转子处于静止状态,转动触点与固定触点处于断开状态,如图6-29a所示。

当汽车遭受碰撞时,偏心锤的惯性力矩大于复位弹簧的弹力力矩,惯性力矩就会克服弹簧力矩使转子总成转动,从而带动转动触点臂转动,使转动触点与固定触点接触,接通安全气囊系统的搭铁回路,如图6-29b所示。丰田雷克萨斯LS400轿车使用的是偏心锤式碰撞传感器。

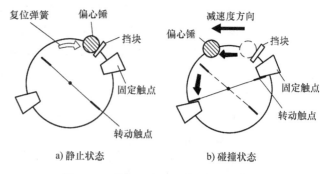

图 6-29 偏心锤式碰撞传感器工作原理

三、滚球式碰撞传感器

1. 滚球式碰撞传感器的结构

滚球式碰撞传感器亦称偏压磁铁式碰撞传感器,如图6-30所示。该传感器主要由固定触点1、滚球2、永久磁铁3和壳体等零件构成。滚球用铁材料制成,能在柱状滚道内滚动。略带弹性的两个固定触点绝缘固定在壳体上,并分别引出两个传感器引线端子。日本日产和马自达汽车公司采用这种滚球式碰撞传感器,用于安全气囊系统。该碰撞传感器由德国博世公司生产。

2. 滚球式碰撞传感器的工作原理

汽车未碰撞时如图6-30a所示,传感器处于静止状态,滚球在永久磁铁的磁力作用下被吸向磁铁,静止于磁铁侧,两个触点未被连通,无碰撞信号输入。

当汽车受碰撞且减速度达到碰撞强度设定的值时如图6-30b所示,滚球由于惯性产生的惯性力大于永久磁铁的磁力,滚球克服磁力在柱状滚道内滚动到两个固定触点侧,将两个固定触点搭接,使传感器电路接通,碰撞强度信号即输入。

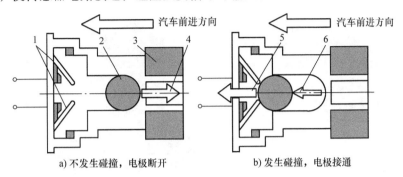

图 6-30　滚球机电开关式碰撞传感器

1—固定触点　2—滚球　3—永久磁铁　4—磁力　5—碰撞时的惯性力　6—惯性力与磁力的合力

四、电阻应变计式碰撞传感器

电阻应变计式碰撞传感器的结构如图 6-31a 所示,主要由电子电路 4、电阻应变计 5、振动块 6、缓冲介质 7 和壳体 3 等组成。电子电路包括稳压与温度补偿电路 W、信号处理与放大电路 A。应变计的电阻 R_1、R_2、R_3、R_4 制作在硅膜片 8 上,如图 6-31b 所示。当膜片产生变形时,应变电阻的阻值就会发生变化。为了提高传感器的检测精度,应变电阻一般都连接成桥式电路,并设计有稳压和温度补偿电路,如图 6-31c 所示。

当汽车遭受碰撞时,振动块振动,缓冲介质随之振动,应变计的应变电阻产生变形,阻值随之发生变化,经过信号处理与放大后,传感器 S 端输出的信号电压就会发生变化。SRS ECU 根据电压信号强弱便可判断碰撞的强度,即碰撞激烈程度。如果信号电压超过设定值,SRS ECU 就会立即向点火器发出点火指令引爆点火剂,使充气剂受热分解产生气体。

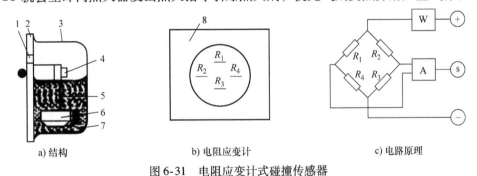

a) 结构　　　　　　　　　b) 电阻应变计　　　　　　　c) 电路原理

图 6-31　电阻应变计式碰撞传感器

1—密封树脂　2—传感器底板　3—壳体　4—电子电路　5—电阻应变计　6—振动块　7—缓冲介质　8—硅膜片

五、压力碰撞传感器

压力碰撞传感器主要用于车辆发生侧面碰撞时,测量前车门内空气压力的突然变化。压力传感器按工作原理可以分成两种:电容式压力传感器和压电式压力传感器。这两种压力传感器都带有电子分析机构,传感器与电子分析机构装配在一个壳体内,如图 6-32 所示。

(1) 压电式压力传感器

压电式压力传感器的传感器单元是个密封的空腔,其上蒙着附有压电晶体层的膜片。压力

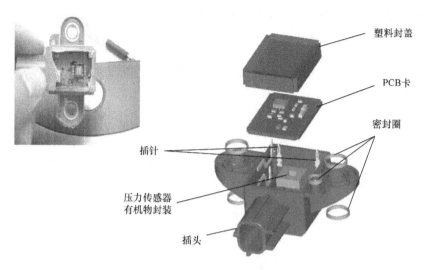

图 6-32 压力碰撞传感器结构

作用到膜片上时,膜片会内凹,这就会引起压电晶体上出现电荷迁移。电子分析机构将这种电荷迁移转换成电压,并将电压信号传送给安全气囊控制单元,其工作原理如图 6-33 所示。

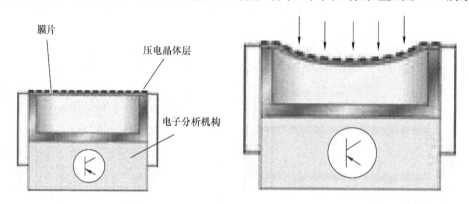

图 6-33 压电式压力传感器工作原理图

(2) 电容式压力传感器

电容式压力传感器的结构就像一个电容器。电容器片 1 固定在一个密封的空腔内;电容器片 2 以膜片的形式处于张紧状态。

如果膜片上作用有压力,那么电容器片之间的距离就会发生变化。电子分析机构会对这种变化进行处理,并将信号传送给安全气囊控制单元 J234,其工作原理如图 6-34 所示。

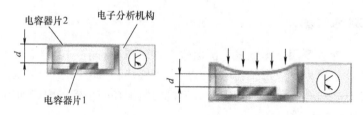

图 6-34 电容式压力传感器工作原理图

六、水银开关式碰撞传感器

1. 水银开关式碰撞传感器的结构

水银开关式碰撞传感器利用汞导电良好的特性制成,一般用作防护传感器(安全传感器)。水银开关式碰撞传感器如图 6-35 所示,由电极 1 和 5、密封圈 2、汞珠 4、螺塞 6 和壳体 3 等零件构成。能够在管状壳体内移动的汞珠是一个良导电体;安装在绝缘螺塞上的两个电极互相绝缘,并各引出一个传感器电极;螺塞和壳体也是绝缘的。

2. 水银开关式碰撞传感器的工作原理

汽车未碰撞时,如图 6-35a 所示,传感器处于静止状态,汞珠在重力作用下处于壳体下端,传感器的两电极断开,传感器电路未接通,无碰撞信号。

当汽车碰撞且减速度达到碰撞强度设定值时,如图 6-35b 所示,汞珠由于碰撞产生的惯性力在壳体轴线方向的分力,克服了汞珠重力在壳体轴线方向的分力,将汞珠抛向传感器电极一端,并将两电极接通,产生碰撞强度信号。

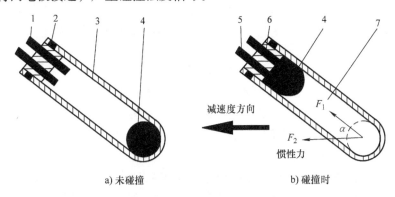

图 6-35 水银开关式碰撞传感器的结构
1—接引爆管电极 2—密封圈 3—壳体 4—汞珠 5—接电源电极 6—螺塞 7—汞珠运动方向

七、碰撞传感器的检测

丰田卡罗拉轿车前碰撞传感器为例,说明其检测过程,其前碰撞传感器电路图如图 6-36 所示。

检测步骤:

1)检测右前气囊传感器电路。断开蓄电池负极电缆并等待至少 90s,断开安全气囊电控单元与右前气囊传感器间的插接器,接回蓄电池负极电缆。将点火开关转至 ON 位置,检测右前座椅安全带预张紧器与安全气囊电控单元间的插接器(在安全气囊电控单元侧)端子 A26-6(+SR)与车身间及端子 A26-5(-SR)与车身间的电压,正常应小于 1V。若正常,则进行下一步检测。若不正常,则进行第 7 步检测。

2)检测右前气囊传感器电路。断开蓄电池负极电缆并等待至少 90s,检测右前气囊传感器与安全气囊电控单元间的插接器(在安全气囊电控单元侧)端子 A26-6 与车身间及端子 A26-5 与车身间的电阻,正常应为 1MΩ 或更大。若正常,则进行下一步检测。若不正常,则进行第 8 步检测。

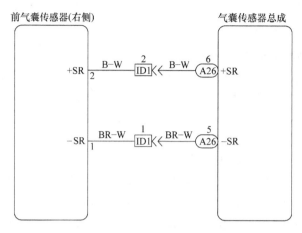

图 6-36 前碰撞传感器电路图

3) 检测右前气囊传感器电路。检测右前气囊传感器与安全气囊电控单元间的插接器（在安全气囊电控单元侧）端子 A26-5 与 A26-6 间的电阻，正常应小于 1Ω。若正常，则进行下一步检测。若不正常，则进行第 9 步检测。

4) 检测右前气囊传感器电路。用跨接线连接安全气囊电控单元与右前气囊传感器间的插接器（在右前气囊传感器侧，右前气囊传感器插接器（图 6-37）端子 2（+SR）与端子 1（-SR），检测右前气囊传感器与安全气囊电控单元间的插接器（在安全气囊电控单元侧）端子 A26-6 与端子 A26-5 间的电阻，正常应小于 1Ω。若正常，则进行下一步检测。若不正常，则进行第 10 步检测。

5) 检测右前气囊传感器。检测右前气囊传感器插接器端子 2（+SR）与端子 1（-SR）间的电阻，正常应为 850Ω。若正常，则进行下一步检测。若不正常，则更换右前气囊传感器。

6) 检测安全气囊电控单元。将点火开关转至 LOCK 位置，断开蓄电池负极电缆并等待至少 90s，插回右前安全气囊电控单元插接器和安全气囊电控单元插接器，接回蓄电池负极电缆并等待至少 2s，将点火开关转至 ON 位置并等待至少 90s，清除 SRS 故障码。将点火开关转至 LOCK 位置并等待至少 20s，将点火开关转至 ON 位置并等待至少 60s，读取 SRS 故障码，这时应没有故障码 B1156、B1157。若正常，则用模拟故障症状的方法进行检测。若不正常，则更换安全气囊电控单元。

7) 检测发动机舱主配线。断开蓄电池负极电缆并等待至少 90s，断开发动机舱主配线与右前气囊传感器间的插接器（图 6-38），接回蓄电池负极电缆。将点火开关转至 ON 位置并等待至少 60s，检测安全气囊电控单元与发动机舱主配线间的插接器（在右前门配线侧）端子 2（+SR）与端子 1（-SR）的电压，正常应小于 1V。若正常，则修理或更换仪表板配线。若不正常，则修理或更换发动机舱主配线。

8) 检测发动机舱主配线。断开发动机舱主配线与右前气囊传感器间的插接器，检测安全气囊电控单元与发动机舱主配线间的插接器（在右前门配线侧）端子 +SR 与车身间及端子 -SR 与车身间的电阻，正常应为 1MΩ 或更大。若正常，则修理或更换仪表板配线。若不正常，则修理或更换发动机舱主配线。

9）检测发动机舱主配线。断开发动机舱主配线与右前气囊传感器间的插接器，检测安全气囊电控单元与发动机舱主配线间的插接器（在右前门配线侧）端子 +SR 与端子 −SR 的电阻，正常应小于 1Ω。若正常，则修理或更换仪表板配线。若不正常，则修理或更换发动机舱主配线。

10）检测发动机舱主配线。断开发动机舱主配线与右前气囊传感器间的插接器，用跨接线连接发动机舱主配线与右前气囊传感器间的插接器（在右前气囊传感器侧）端子 2（+SR）与端子 1（−SR），检测安全气囊电控单元与发动机舱主配线间的插接器（在发动机舱配线侧）端子 +SR 与端子 −SR 间的电阻，正常应小于 1Ω。若正常，则修理或更换仪表板配线。若不正常，则修理或更换发动机舱主配线。

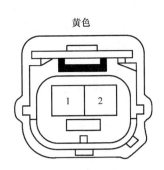

图 6-37　右前气囊传感器插接器

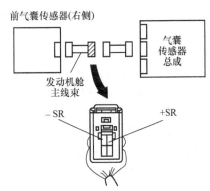

图 6-38　安全气囊电控单元与发动机舱主配线间的插接器

第七章 气体浓度传感器

随着汽油缸内直接喷射（GDI）发动机和燃油分层喷射（FSI）发动机的大量使用，均质稀薄燃烧技术也日益成熟，只能在理论空燃比附近间接测量混合气浓度的二氧化钛和二氧化锆氧气传感器已不能适应监测的需要，宽量程氧传感器随之出现。这种传感器能在混合气极稀薄的条件下，连续地检测出空燃比，实现稀薄领域的反馈控制。

氮氧化物是可燃混合气在高温、高压下燃烧后的产物，稀薄燃烧技术的应用，使在高温富氧的条件下更易生成 NO_x。为了降低排放量，在还原存储型催化转化器的后端加装了感测氮氧化物浓度的 NO_x 传感器，用于给 ECU 传输 NO_x 浓度信号，使电控发动机适时对存储在还原存储型催化转化器中的氮氧化物进行催化还原，最终以氮气形式排出车外。烟雾浓度传感器用于空气净化装置，该传感器通过检测烟雾浓度，可使空气净化器自动运转或停止，从而达到净化驾驶室内空气的目的。

发动机上进行反馈控制的传感器是氧传感器，它安装在发动机的排气管上，作用是通过检测排放气体中氧的含量来获得混合气的空燃比浓稀信息，并将检测结果转变成电压信号输入 ECU，ECU 根据氧传感器输入的信号，不断地对喷油脉宽进行修正，使混合气浓度保持在理想范围内，实现空燃比的反馈控制，即闭环控制。利用氧传感器对发动机混合气的空燃比进行闭环控制后，能使过量空气系数控制在 0.98～1.02 之间，使发动机在各种工况下获得最佳浓度的混合气，使有害气体的排放量降到最低，减少汽车排气污染。

目前汽车上采用的氧传感器有二氧化钛（TiO_2）式和二氧化锆（ZrO_2）式宽量程氧传感器。氧传感器又分为加热型氧传感器和非加热型氧传感器两种。

★ 第一节 氧 传 感 器 ★

现在的三元催化转化器大都安装在排气歧管近端，以便更有效地净化排气中 CO、C_xH_y 和 NO_x 三种主要的有害成分。但三元催化转化器只能在混合气的空燃比接近理论值的一个窄小范围内才能有效地起到净化作用。故在排气管中安装氧传感器，以检测废气中的氧浓度，并将其转换成电压信号，输入发动机 ECU，测定空燃比，从而反馈控制喷油量，使空燃比接近于 14.7 的理论空燃比。

一、二氧化锆式氧传感器

1. 二氧化锆式氧传感器的结构和工作原理

二氧化锆式氧传感器的基本元件是二氧化锆陶瓷管（固体电解质），陶瓷体制成管状，因此亦称锆管。锆管固定在带有安装螺纹的固定套中，锆管内外表面都覆盖着一层多孔性的透气铂膜作为电极，氧传感器安装在排气管上，其内表面与大气接触，外表面与废气接触。为了防止废气中的杂质腐蚀铂膜，在锆管外表面的铂膜上覆盖着一层多孔的氧化铝保护层，并加装了一个防护套管，套管上开有通气槽。这样既可以防止废气烧蚀电极，又可保证废气渗进保护层和电极接触。氧传感器的接线端有一个金属护套,其上开有一孔,用于锆管内表面与大气相通,导线将锆管内表面铂极经绝缘套从传感器引出,如图7-1所示。锆管的陶瓷体是多孔的,允许氧渗入该固体电解质内。当温度高于300℃时,氧气发生电离,氧气渗入锆管的多孔陶瓷体。由于锆管内、外侧氧含量不一致,存在浓度差,因而氧离子从大气侧向排气一侧扩散,从而使锆管成为一个微电池,在两铂极间产生电压,如图7-2所示。当混合气的实际空燃比小于理论空燃比,即发动机以较浓的混合气运转时,排气中氧含量少,但CO、C_xH_y等较多。这些气体在锆管外表面的铂催化作用下与氧发生反应,将耗尽排气中残余的氧,使锆管外表面氧气浓度变为零,这就使得锆管内、外侧氧浓度差加大,两铂极间电压陡增,可以产生约1V的电压;当混合气的实际空燃比大于理论空燃比,即发动机以较稀的混合气运转时,氧气浓度高,CO、C_xH_y浓度低,在锆管外表面的铂催化作用下,即使CO、C_xH_y气体完全与氧发生反应,排气中仍有残余的氧存在,由于内外两侧氧的浓度差较小,几乎不能产生电动势,此时输出电压几乎为零。结果,锆管传感器产生的电压将在理论空燃比时发生突变。

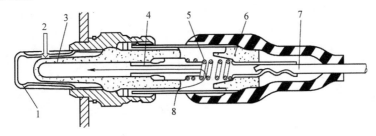

图7-1 二氧化锆氧传感器的构造
1—防护套管 2—废气 3—锆管 4—电极 5—弹簧 6—绝缘体 7—信号输出导线 8—空气

根据氧传感器所产生的电压值就可测量氧传感器外表面的氧气含量,而发动机废气排放中的氧含量主要取决于混合气的空燃比。因此,ECU根据氧传感器输入的电信号分析汽油的燃烧状况,以便及时修正喷油量,使空燃比处于理想状况,即使空气过量系数 $\lambda = 1$。要准确地完全保持混合气浓度为理论空燃比是不可能的,实际上氧传感器对喷油器的反馈调节是动态的,只能使混合气在理论空燃比附近一个较小的范围内波动,故氧传感器的输出电压在0.1~0.8V之间不断变化(通常每10s内变化8次以上)。如果氧传感器输出电压变化过缓(每10s内少于8次)或电压保持不变(不论保持在高电位或低电位),则表明氧传感器本体或线路有故障,需检查线路或更换传感器。

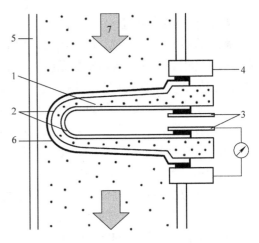

图7-2 二氧化锆式氧传感器工作原理示意图
1—锆管 2—电极 3—电极引线 4—壳触点
5—排气管 6—多孔陶瓷支承 7—废气

2. 加热型二氧化锆式氧传感器

二氧化锆式氧传感器输出信号的强弱与工作温度有关,只有在300℃以上时该传感器才能正常工作。早期使用的氧传感器靠排气加热，这种传感器必须在发动机起动运转数分钟后才能开始工作。因此，电控发动机在氧传感器正常工作之前是开环控制。现在，大部分汽车使用带加热器的氧传感器，这种传感器在原来传感器的基础上，增加了一个陶瓷加热元件用于加热传感器，可在发动机起动后的20~30s内迅速将氧传感器加热至工作温度，扩大了空燃比闭环控制的工作范围，故又称为加热型氧传感器。

氧传感器有一线制、两线制、三线制、四线制四种类型，其结构如图7-3所示。一线制只有一根信号线与发动机ECU连接，传感器的另一极直接搭铁；两线制的两根线均与ECU相连，一根为信号线，另一根进入ECU后搭铁；三线制、四线制均属于加热型氧传感器，由于添加了两根加热电阻的接线，与氧传感器信号线组合成为三线制或四线制。加热电阻的两根接线，一根直接接控制继电器或主继电器，接受12V加热电源；一根由ECU控制搭铁端，控制加热电阻加热时间。氧传感器加热器是正比例系数热敏元件，在传感器与线束断开的情况下，可以通过测量加热器的阻值来对加热元件进行检测。

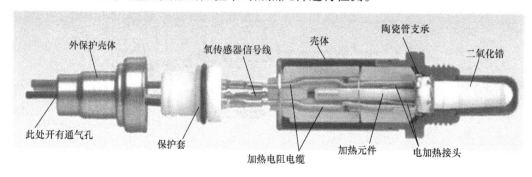

图7-3 加热型二氧化锆式氧传感器的结构图

3. 双氧传感器系统

现代排放法规越来越严格，因此，越来越多的车辆都在三元催化转化器的前后端分别安装了氧传感器，称为双氧传感器系统。其中，一个传感器安装在三元催化转化器之前，称作主氧传感器或上游氧传感器，用于混合气反馈控制，发动机ECU根据主氧传感器的反馈信号，增加或减少喷油量，将实际空燃比控制在理论空燃比附近；另一个传感器安装在三元催化转化器之后，称作副氧传感器或下游氧传感器，用于监测三元催化转化器的催化净化效率。

因为正常运行的三元催化转化器在转化C_xH_y和CO时要消耗氧气，所以副氧传感器输出的电压信号比主氧传感器输出的电压信号波动要缓慢得多，两个氧传感器电压幅度差值可反映出三元催化转化器存储氧以及转换有害气体的能力。当三元催化转化器损坏时，其转化效率丧失，这时在其前后的排气管中的氧气量十分接近，几乎相当于没有安装三元催化转化器，前、后两氧传感器的信号电压波形就趋于相同，并且电压波动范围也趋于一致，此时表明三元催化转化器转化能力下降。OBD-Ⅱ监视系统正是根据这个原理来检测三元催化转化器转化效率的。

二、二氧化钛式氧传感器

1. 二氧化钛式氧传感器的工作原理

二氧化钛式氧传感器与二氧化锆式氧传感器在测量氧气浓度的原理上有很大的不同：二

氧化锆式氧传感器是以浓差电池原理为基础，通过浓度差异产生电压，判断混合气的稀与浓；而二氧化钛式氧传感器则是利用气敏电阻的原理，通过氧气浓度引起的二氧化钛电阻值的改变来判定混合气状态，故又称电阻型氧传感器。

二氧化钛的电阻值与温度和含氧量有关。当周围气体介质中的氧元素多时，二氧化钛的电阻值增大；反之，氧元素少时，电阻值减小。在室温下，二氧化钛是具有很高电阻的半导体，当二氧化钛式氧传感器被放入排气管后，排气中氧含量少（混合气浓）时，其晶体出现空缺，产生更多的电子用来传送电流，材料的电阻亦随之大大降低；当混合气较稀时，排气中氧较多，二氧化钛阻值将增加，特别是当 $\lambda = 1$ 时，在临界点处产生突变。二氧化钛电阻值与过量空气系数的关系如图7-4所示。

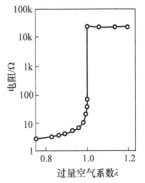

图7-4 二氧化钛电阻值与过量空气系数的关系

2. 新型二氧化钛式氧传感器的构造

本田、丰田等车型应用新型二氧化钛式氧传感器由发动机ECU提供1V基准电压，外形和原理与二氧化锆式氧传感器相似，但为了使二氧化钛式氧传感器与二氧化锆式氧传感器有相同的变化，即与二氧化锆式氧传感器输出的0～1V的电压值相一致，将参考电压由原来的5V变为1V；同时，为了降低传感器的重量和更换时的成本，将其中的精密电阻转移到了ECU内部，其结构如图7-5所示。

ECU的C端子将一个恒定的1V电压加在二氧化钛式氧传感器的A端上，传感器的另一端子B与ECU的D端相接，如图7-6所示（A端子与B端子可以看作将1V分压的电路）。当排出废气中的氧浓度随发动机混合气浓度变化而变化时，氧传感器的电阻随之改变，ECU的B端子电位也随之变化，当B端子上的电压高于参考电压时，ECU判定混合气过浓；当B端子上的电压低于参考电压时，ECU判定混合气过稀。通过ECU的反馈控制，可保持混合气的浓度在理论空燃比附近。在实际的反馈控制过程中，二氧化钛式氧传感器与ECU连接的B端子上的电压也是在0.1～0.9V之间不断变化，这一点与二氧传锆式氧传感器是相似的。

注：常温下，二氧化钛式氧传感器阻值小。尾气中的氧气多，阻值大，氧传感器信号电压小；尾气中的氧气少，阻值小，氧传感器信号电压小。二氧化钛式氧传感器信号可以单线检测0.1～0.5V之间变化；加热电压为脉冲电压，测量时为蓄电池电压或7.5V。信号电压在0.1～0.9V内波动，0.45V表示混合气正常；当信号电压小于0.45V时，混合气过稀；当信号电压大于0.45V时，混合气过浓。发动机转速稳定在2000r/min时，信号在10s内至少变化8次。

三、氧传感器的检测

1. 新款捷达轿车二氧化锆式氧传感器的检测

新款捷达轿车使用二氧化锆式氧传感器，部件代号为G39、G130，其接线图和端子布置如图7-7所示。T4b/1、T4b/2端为加热元件插头，T4b/1端由供电继电器J317的端子87提供蓄电池电压，T4b/2端为搭铁端，接J623，由J623控制加热时间；T4b/3、T4b/4端为氧传感器信号端，T121/37为信号电压正极，T121/17为信号电压负极（即搭铁端）。

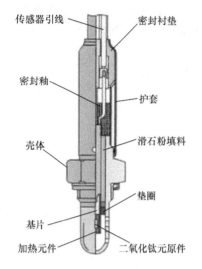

图 7-5 二氧化钛式氧传感器的结构

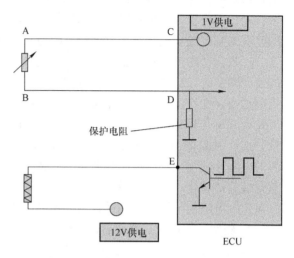

图 7-6 二氧化钛式氧传感器工作原理

(1) 故障现象判断

氧传感器对汽车电子控制燃油喷射发动机正常运转和尾气排放起着至关重要的作用，一旦氧传感器或其连接线路出现故障，不但会使排放超标，还会出现回火、放炮、急速熄火、发动机运转失准、油耗增大等各种故障，使发动机工况恶化。

(2) 解码器检测

氧传感器的异常工作，都会在 ECU 中存储故障码。因此，通过专用或通用解码器，可以查出氧传感器的故障码 00525——氧传感器 G39、G130 无信号，或氧传感器 G39、G130 对正极短路，或者通过读取数据流来判断氧传感器是否有故障。如果氧传感器示数长时间停滞在一个数值不变或变化缓慢，则说明氧传感器有故障。

(3) 检测加热元件的电阻

在室温下，可用万用表进行检测。检测时，拔下氧传感器线束插头，检测插头上端子 T4b/1 与 T4b/2 之间的电阻，在常温下阻值应为 1~5Ω。如果常温下阻值为无穷大，则说明加热元件断路，应更换氧传感器。

(4) 检测传感器加热元件的电源电压

氧传感器加热元件的电压为蓄电池电压，当点火开关接通使燃油泵继电器触点接通时，加热元件的电源即被接通。检测加热元件的电压时，拔下氧传感器插头，起动发动机，检测插接器插座上的端子 T4b/1 与 T4b/2 之间的电压，电压值应不低于 11V。如果电压为零，则说明熔丝 SC28（15A）断路或燃油泵继电器触点接触不良，分别检修即可。

(5) 检测传感器的信号电压

当氧传感器工作温度低于 300℃ 时，氧传感器没有达到正常工作温度，无信号输出。因此，应在二氧化锆式氧传感器处于 300℃ 以上工作状态时测量其输出电压。用汽车万用表测压法检查二氧化锆式氧传感器的具体方法是：使发动机转速在 2500r/min 运行约 90s 左右，插头与插座连接，将数字式万用表连接到氧传感器端子 T4b/3 与 T4b/4 连接的导线上，当供给发动机浓混合气（加速踏板突然踩到底）时，信号电压应为 0.7~1.0V；当供给发动机

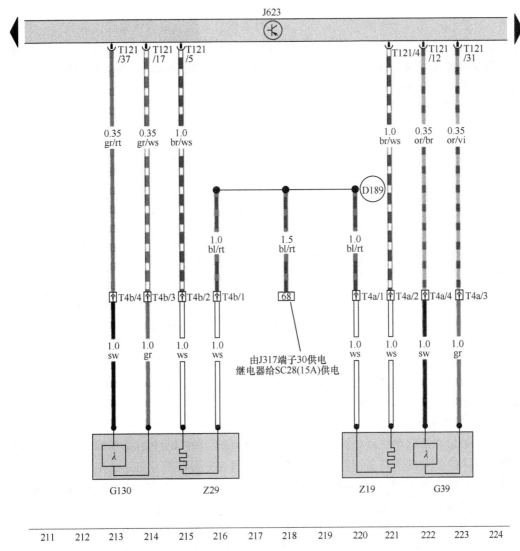

图 7-7　发动机控制单元、氧传感器、活性炭罐电磁阀
G39—氧传感器　G130—尾气催化净化器后的氧传感器　J623—Simos 发动机控制单元
T4a—4 芯棕色插头连接　T4b—4 芯黑色插头连接
ws—白色　sw—黑色　rt—红色　br—棕色　bl—蓝色　gr—灰色　vi—紫色　or—橘黄色

稀混合气（拔下空气流量传感器至发动机之间的真空管）时，信号电压应为 0.1~0.3V。否则说明氧传感器失效，应予以更换。

（6）检测氧传感器的信号变化频率

可将一只发光二极管和一只 300Ω 的电阻串联接在传感器 T4b/3 与 T4b/4 端子连接的导线之间进行检测。二极管正极连接到 3 端子上，二极管的负极经 300Ω 电阻连接到插接器 4 端子上。发动机怠速或部分负荷运转时，发光二极管应当闪亮。闪亮频率每分钟应不低于 10 次，如二极管不闪或闪亮频率过低，则说明氧传感器失效，应更换传感器。用万表检测检查二极管在 10s 内闪动的次数，应为 8 次或更多。

(7) 示波器检测

用示波器检测氧传感器输出的信号波形，可以很直观地确定氧传感器是否良好。测试方法是：起动发动机，使传感器预热到300℃以上，发动机处于闭环工作状态时，用探针连接到传感器插接器信号端子 T4b/2 和 T4b/3 上。发动机从怠速开始增大转速，观察氧传感器输出信号波形，并与标准波形比较，判断传感器的好坏。图7-8所示为氧传感器在怠速和2500r/min时的标准波形。

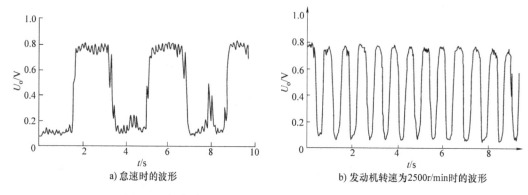

图 7-8　氧传感器怠速和转速为 2500r/min 时的标准波形

2. 二氧化钛式氧传感器的检测

二氧化钛式氧传感器加热电阻的检测与二氧化锆式氧传感器基本相同。下面主要介绍其不同于二氧化锆式氧传感器的检测方法。

（1）万用表测阻法

万用表测阻法是利用二氧化钛式氧传感器的电阻特性来判断其在暖机状态和非暖机状态下的电阻值，以此来判断其是否损坏。正常氧传感器在充分暖机状态下的电阻值约在 300kΩ 左右（不同厂家此值不同）；拆下传感器并暴露在空气中，冷却后测量其电阻值，若阻值很大，则说明传感器良好；反之，则说明传感器已损坏，应予以更换。

（2）二氧化钛式氧传感器波形检测法

对于采用 1V 参考电压的二氧化钛式氧传感器，其测试方法、波形图等和二氧化锆式氧传感器相同。对于采用 5V 参考电压的二氧化钛氧传感器，需要注意的是，良好的二氧化钛氧传感器的输出端电压应以 2.5V 为中心上下波动。

四、宽量程传感器

为了克服普通氧传感器的缺陷，人们开发出了新一代氧传感器——宽量程氧传感器。宽量程氧传感器为五、六线制，属于线性、电流型氧传感器，在全空燃比范围内（λ=0.7~4.0）起作用。它由一个普通窄范围浓度差电压型氧传感器（能斯特元件）、氧气泵单元（ZrO_2）、加热线圈、传感器控制器及扩散小孔、扩散室等构成。

当排气管废气中的氧离子通过扩散通道进入测量区时，氧气泵单元泵入或泵出氧离子，并使氧浓度达到 λ=1，以使其电压值控制在 0.45V 附近，即将普通氧传感器的输出电压（能斯特电压为 0.45V）送到传感器内的运算放大器，通过与 ECU 输入传感器的比较电压比较后，运算放大器制泵电流 I_P 计算出排气管中实际的氧浓度，进而控制喷油量。

一般来讲，宽量程氧传感器只用于催化剂转换器之前，催化剂转换器之后必为普通氧传感器。后氧传感器只负责校验，当前氧传感器出现故障时，发动机进入开环紧急运行状态。查看发动机盖下的标识，如标识为 HOS，则为普通氧传感器；如标识为 A/F sensor，则为宽量程氧传感器。

1. 宽量程氧传感器的结构

宽量程氧传感器的测量室由一种二氧化锆陶瓷材料制成。该测量室由一个能斯特浓差电池（执行阶跃特性曲线式氧传感器功能的传感器室）和一个输送氧离子的氧气泵室构成，如图 7-9 所示。

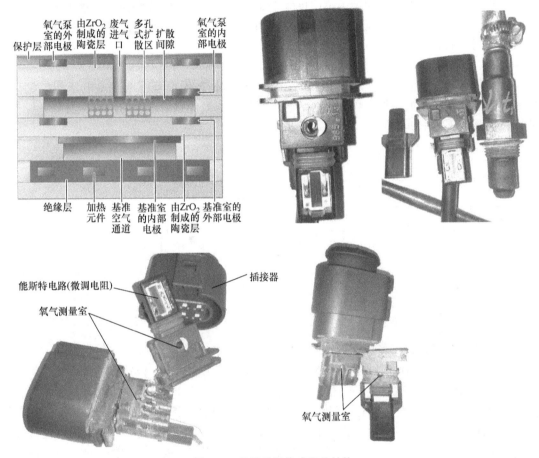

图 7-9　宽量程氧传感器的结构

（1）二氧化锆泵电池（氧气单元泵）

如果 ZrO_2 元件两端的氧气浓度不均，就会导致 ZrO_2 两端产生微小电压；反过来，当在 ZrO_2 元件两端施加电压时，就会使氧气扩散。在宽量程氧传感器中，泵单元是将尾气中的氧气通过扩散栅渗透到电源负极，氧气分子在负极得到 4 个电子变成氧离子，氧离子在电离作用下在 ZrO_2 电解质中运动到正极，在正极中结合 4 个电子，又还原成氧气，这就是泵单元的泵氧原理。图 7-10 所示为泵电池原理，图 7-11 所示为泵电流特性。

（2）测量室

尾气中的氧气和氧气泵产生的氧气汇集于测量室，二氧化锆式氧传感器在此测量二者浓度之和与外部空气的浓差,并产生与普通窄范围浓度差电压型二氧化锆式氧传感器一样的用于分辨氧浓度的电压值。

(3) 传感器控制器

传感器控制器在接收到二氧化锆式氧传感器的反馈电压信号后,将产生一个泵电流流经宽量程氧传感器氧气泵单元,氧气泵单元泵入或泵出氧离子,并使氧浓度达 $\lambda=1$,以使其电压值控制在 0.45V 附近。发动机 ECU 根据氧气泵单元泵电流的大小和方向,判断气缸内混合气的稀浓程度,从而控制喷油脉宽。

(4) 加热线圈

加热线圈是配合上述普通窄范围浓度差电压型二氧化锆式氧传感器快速进入工作温度的加热装置,但又稍有差别:宽量程氧传感器的加热速度远比普通氧传感器快,这使得发动机从开环到闭环的时间缩短。

(5) 二氧化锆参考电池

二氧化锆参考电池的工作原理和常规 ZrO_2 相同,是普通窄范围浓度差电压型二氧化锆式氧传感器,其功能为采集混合气氧含量。二氧化锆式氧传感器产生的信号,是宽量程氧传感器施加泵电流的依据信号。

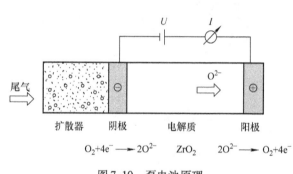

图 7-10 泵电池原理

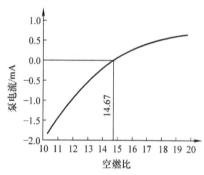

图 7-11 泵电流特性

2. 宽量程传感器的工作原理

宽量程传感器是利用氧浓度差电池原理和氧气泵的泵电原理,能连续检测混合气从过浓到理论空燃比再到稀薄状态整个过程的一种传感器,如图 7-12 所示。当混合气过浓时,氧气泵就会吸入 O_2 到测定室中;而当排放气体比混合气空燃比稀薄时,则从测定室中放出 O_2 到排放气体中去。全范围空燃比就是利用这一特点用氧气泵供给出测定室的 O_2,使排放保持在理论空燃比上。这样就通过测定氧气泵的电流 I_P 来测定排放气体中的空燃比 A/F。混合气空燃比在过浓一侧为负电流,在稀薄一侧为正电流。当理论空燃比 A/F 为 14.7 时,电流值为零,即可连续测量出空燃比,更换传感器时必须连插头一起更换。

(1) 混合气过浓

氧气泵的泵氧量与通过扩散通道进入测量室的氧量叠加后,测量室中氧的含量较少,二氧化锆参考电压信号电压值上升,浓混合气产生高于参考电压的电压值,传感器控制器就会产生泵电流,自动增加单元泵的工作电流 I_P(使泵入测试室的氧量增加),使二氧化锆参考电压信号尽快恢复到 0.45V 的电压值。ECU 接收到单元泵的工作电流(控制单元将其折算成电压值信号),根据增加的泵电流,ECU 减少喷油量。混合气过浓时氧传感器的工作原理如图 7-13 所示。

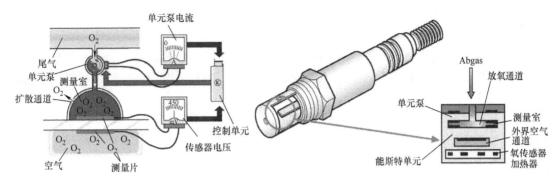

图 7-12　宽量程氧传感器

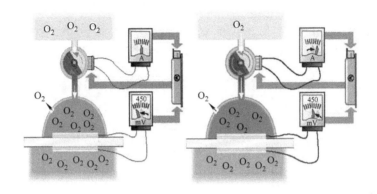

图 7-13　混合气过浓时氧传感器的工作原理

（2）混合气过稀

混合气较稀时，通过扩散通道进入测量室中的发动机尾气氧含量较多，二氧化锆参考电压信号电压值下降，富氧的稀混合气产生低于参考电压的电压值，传感器控制器就会产生泵电流，自动减小或反向提供单元泵的工作电流 I_P（使泵入测试室的氧量减少），使二氧化锆参考电压信号尽快恢复到 0.45V 的电压值。ECU 接收到单元泵的工作电流（控制单元将其折算成电压值信号），根据减少的泵电流，推算出空燃比，加大喷油量。混合气过稀时氧传感器的工作原理如图 7-14 所示。

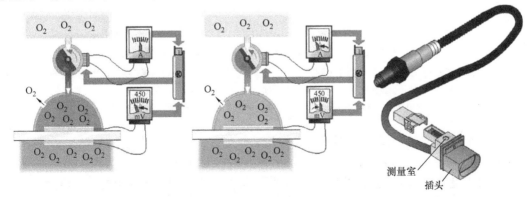

图 7-14　混合气过稀时氧传感器的工作原理

3. 读取氧传感器 G39/G130 数据流及端子检测

（1）读取数据流

选择功能 08 读取数据块 30 组，一区显示 111，同时第一位能在 0 与 1 之间变换。一区表示前氧传感器工作状态，第一位 1 表示氧传感器正在加热，第二位 1 表示 λ 调节已准备好，第三位 1 表示 λ 调节在工作。

读取数据流 033 组，第一区是前氧传感器调节值，标准是 -10.0% ~ +10.0%。第二区是前氧传感器电压值，标准是 1.0 ~ 2.0V，并且在 1.5V 上下跳动。发动机控制单元接收氧传感器信号后，判断发动机混合气过稀，所以 ECU 控制喷油器延长喷油时间，使喷油量增加，供给变浓的混合气。如果氧传感器的自学习值已经达到极限 25%，说明混合气太稀，发动机控制单元就持续增加供油量，造成混合气总是处于过浓状态。造成该数据流如此变化的可能原因：①进气系统漏气；②空气流量计与节气门间漏气；③喷油器堵塞，喷油不畅；④空气流量计故障；⑤燃油压力低；⑥排气管漏气；⑦氧传感器加热器损坏；⑧氧传感器脏污或氧传感器本身损坏，新款高尔夫 A6 轿车电路图如图 7-15 所示。

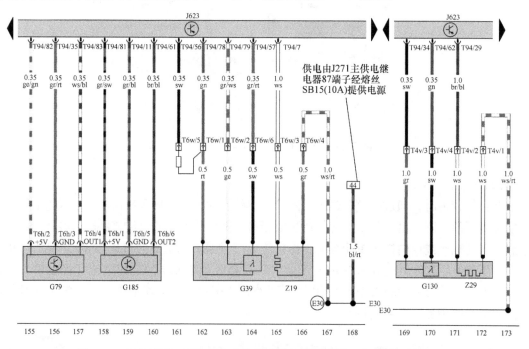

图 7-15　氧传感器、尾气催化净化器下游的氧传感器、发动机控制单元、
氧传感器加热、尾气催化净化器后的氧传感器 1 加热装置

G39—氧传感器　G79—加速踏板位置传感器 1　G130—尾气催化净化器下游的氧传感器　G185—加速踏板位置传感器 2
J623—发动机控制单元，排水槽内中部　T4v—4 芯插头连接　T6w—6 芯插头连接　T94—94 芯插头连接
Z19—氧传感器加热　Z29—尾气催化净化器后的氧传感器 1 加热装置

（2）利用解码器检测氧传感器 G39

1）检测条件：冷却液温度不低于 80℃，排气系统无泄漏。

2）进入发动机系统，选择功能 08，读取数据块 30 组；第一区显示的标准值为 111，如果未到标准值，执行下一步。

3) 检查加热器，如果达到规定，执行下一步。

4) 进入 32 组，检查第一区和第二区；规定值：第一区为 -10.0% ~ 10.0%，第二区为 -10.0% ~ 10.0%。

5) 如果达到规定值，进入 33 组，检查第一区和第二区；规定值：第一区为 -10.0% ~ 10.0% 并以至少 2% 的幅度波动，第二区为 1.0 ~ 2.0V，应以 20 次/min 波动。

6) 若为恒定值，则有可能 1.5V 断路；4.9V 对正极短路；0V 对搭铁短路。

7) 检查线路：端子 T6w/1 与 T6w/6 间的电压约为 0.4 ~ 0.5V；端子 T6w/3 与 T6w/4 加热器电阻约为 2.5 ~ 10Ω；单元泵端子 T6w/1 与端子 T6w/2 的阻值约为 77.5Ω；T6w/4 与搭铁之间的电压约为蓄电池电压；端子 T6w/1 与搭铁电压约为 5V；端子 T6w/1 与 T94/78、T6w/2 与 T94/79、T94/57 与 T6w/6、T6w/3 与 T94/7 是否断路。

(3) 利用解码器检测氧传感器 G130

1) 检查条件：冷却液温度不低于 80℃，排气系统无泄漏。

2) 进入发动机系统，选择功能 08，读取数据块 30 组；第二区显示的标准值为 110。

3) 上述 3 位数的头一位在 0 和 1 之间来回变动（氧传感器加热器关和开）；3 位数的第三位在部分负荷及废气温度较高时被置为 1。

4) 如果达到规定值，进入显示组 36，检查后氧传感器电压。规定值：第一区为 0.5V ~ 0.8V（可稍微波动）。若为恒定值，可能有 0.4 ~ 0.5V 断路；1.105V 对正极短路；0V 对搭铁短路。

5) 显示区 2 规定值：B1 - S2 OK。变为此值可能需要几分钟的时间。

6) 如果显示 B1 - S2 OK，清除后氧传感器上的沉积物，再次检查。

7) 如果未达到规定值，检查线路端子 T4v/2 与 T4v/1 端子间阻值，标准值约为 6.4 ~ 47.5Ω；检查 T4v/3 与 T4v/4 端子间电压，标准值约为 0.4 ~ 0.5V；检查端子 T4v/3 与 T94/34、端子 T4v/4 与 T94/62 是否断路。

(4) 外观颜色检测

宽量程氧传感器性能的检查分为三种情况：一是检测氧传感器电阻；二是测量氧传感器电压输出信号；三是观察氧传感器外观颜色。

通过观察氧传感器顶部的颜色，可以判断故障的原因。氧传感器顶部的正常颜色为淡灰色，如果发现氧传感器顶部颜色发生变化，则预示着氧传感器存在故障或故障隐患。氧传感器顶部呈黑色，是由于积炭污染造成的，可拆下氧传感器后清除其上的积炭。氧传感器顶部呈红棕色，说明氧传感器受铅污染，此时甚至不起净化作用。如果氧传感器顶部呈白色，则说明是由硅污染造成的，原因是发动机在维修时使用了不符合要求的硅密封胶，此时必须更换氧传感器。

(5) 输出电压检测

宽量程氧传感器输出电压不能用万用表直接测量，而应通过专用解码器读取数据流。发动机控制单元将宽量程氧传感器的电流信号转化为电压值显示出来，其规定电压值为 1.0 ~ 2.0V，发动机运转时宽量程氧传感器的输出电压应在 1.0 ~ 2.0V 之间波动。电压值大于 1.5V 时，表示混合气过浓；电压值小于 1.5V 时，表示混合气过稀。当电压值为 0V、1.5V、4.9V 的恒定值时，表明氧传感器本身或其线路有故障。

注：奔驰、宝马轿车的电压值大于 2.0V 时，表示混合气体过稀；当电压值小于 2.0V

时，表示混合气体过浓。

第二节 NO$_x$ 传感器

NO$_x$ 可燃混合气在高温、高压下燃烧后的产物，是 NO 和 NO$_2$ 总称。NO$_x$ 是在高温富氧的条件下生成的，当空气过量时，N$_2$ 与 O$_2$ 在电火花的作用下产生 NO，而 NO 被空气中的 O$_2$ 氧化为 NO$_2$。从燃烧过程生成的氮氧化物 95% 以上可能是 NO，其余的是 NO$_2$。尾气中氮氧化物的排放量取决于燃烧温度、时间和空燃比等因素。

一、NO$_x$ 传感器的结构

NO$_x$ 传感器包含两个腔室、两个泵室、四个电极和一个加热器，如图 7-16 所示。NO$_x$ 传感器元件是用二氧化锆制成的，该元件的典型特点是：如果对它施加电压，它就能使负的氧离子从负电极迁移到正电极，相当于气泵将氧气从一侧泵入另一侧。因此，习惯上也被称为氧气泵。

NO$_x$ 传感器的检测原理也是以氧气测量为基础，并且可以从一个宽带 λ 探针上检测到氧气含量。

二、NO$_x$ 传感器的工作原理

NO$_x$ 传感器安装在存储式 NO$_x$ 催化转化器的后部，以监测其 NO$_x$ 的存储量。NO$_x$ 传感器采用电池电动势原理进行检测 NO$_x$ 的浓度，其原理如图 7-17 所示。

在泵室内，氧气含量保持恒定（14.7kg 空气，1kg 燃油）。通过调整泵工作电流，空燃比会发生变化，废气流经扩散格栅到 O$_2$ 测量单元，该单元通过还原电极将氮氧化物分解成氧气和氮气，通过氧-泵电流就可确定 NO$_x$ 的浓度。

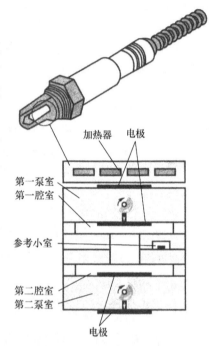

图 7-16 NO$_x$ 传感器的结构

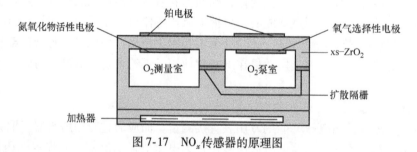

图 7-17 NO$_x$ 传感器的原理图

（1）存储过程

当发动机在 λ>1 稀薄燃烧工作时，废气中的 NO$_x$ 存储式催化转化器表面上白色涂层发生氧化反应，生产 NO$_2$。NO$_2$ 再与氧化钡（BaO）发生化学反应，生成硝酸盐 [Ba(NO$_3$)]，并存储在催化转化器中，如图 7-18 所示。催化净化器不能再存储氮氧化物时，启动再生模

式,存储过程一般需要60~90s。发动机将从稀薄的分层充气燃烧模式转为均匀模式。在均匀模式下,尾气中碳氢化合物和一氧化碳的含量将会提高。在存储催化转化器内,氮氧化物的氧与碳氢化合物和一氧化碳反应生成氮气和氧气。

(2) NO_x 的还原

当存储式催化转化器中的 NO_x 负载量已达到极限时,发动机控制系统使发动机短时间处于均质且 $\lambda<1$ 的模式工作。混合气变浓,排放的废气温度升高,存储式催化转化器的温度也就升高,此时所形成的硝酸盐变得不稳定。利用废气中的 CO 与 $Ba(NO_3)_2$ 发生还原反应,使硝酸盐分解,生成 BaO(氧化钡),并释放出 CO_2 和 NO_x。在催化转化器中的铂金和铑,将 NO_x 转化成 N_2,CO 转化为 CO_2 还原过程一般为2s,图7-19所示。

当 NO_x 传感器监测到 NO_x 的负载量已达到微小量时,发动机又进行 $\lambda>1$ 稀薄燃烧模式。

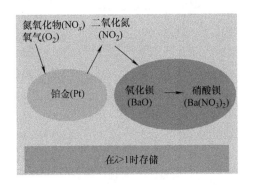

图7-18 NO_x存储式催化转化器的存储过程

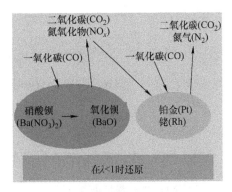

图7-19 NO_x存储式催化转化器的还原过程

(3) 硫的还原

硫比氮氧化物具有更高的温度稳定性,因此氮氧化物在很短的时间内再生后,就会使硫的再生发动机控制单元确认催化器内的空间已经被硫所占据,已经不能再存储氮氧化物了,脱硫需要大约2min,从分层充气模式转变为均匀模式,即两个缸以浓混合气工作,两个缸以稀薄混合气工作。在排气管中,两种不同的气体混合在一起,并且发生后燃,通过这种方法,可以将氮氧化物存储催化转化器的温度提高到650℃以上,硫将反应为二氧化硫。如果燃油中含硫较少,那么除去硫的时间间隔也长,但燃油含硫多,就会经常进行这种还原反应。在大负载、高转速行车时会自动去硫。对于涡轮增压式缸内直喷发动机,一般取消了 NO_x 存储催化转化器。

(4) NO_x 传感器的工作过程

NO_x 传感器的工作过程可以分为两个阶段,如图7-20所示。

1)确定第一腔室中的 λ 数值。一部分废气流入第一腔室中,由于废气中的氧气残留量与参考小室中的氧气残留量不同,就能在电极上测量出一个电压。氮氧化物传感器控制单元将此电压设定为恒定的450mV,这相当于空燃比 $\lambda=1$。如果偏离此数值,氧气被泵出或者泵入,使450mV的电压保持恒定。

2)确定第二腔室中的氮氧化物残留量。不含氧气的废气从第一腔室进入第二腔室,废气中的氮氧化物分子被一个特殊的电极分裂成氮气和氧气。因为第二腔室内部电极和外部电极上电压被调整至恒定的 450mV,所以氧气泵必须通入电流,使氧离子从内部电极迁移到外部电极。在此过程中,氧气泵流动的电流表征的是第二腔室中的氧气残留量。因为氧气泵的电流大小与废气中的氮氧化物成正比,由此就能够确定氮氧化物的残留量。

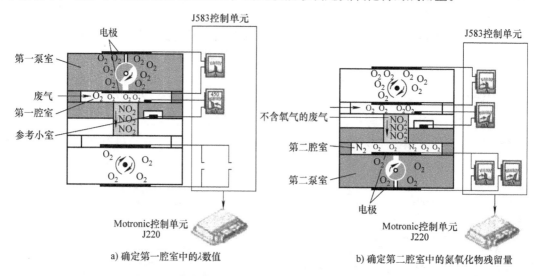

图 7-20　NO_x 传感器的工作过程

三、NO_x 传感器的安装位置和功能

（1）NO_x 传感器控制单元

NO_x 传感器控制单元常安装于汽车底板外部,在 NO_x 传感器的附近位于车外部底板下部,对传感器信号进行预加工,然后将该信息经 CAN 总线传至发动机控制单元。发动机控制单元通过这个信息来识别所存储的氮氧化物的饱和程度,执行还原过程如图 7-21 所示。

（2）NO_x 传感器的功能

NO_x 传感器被直接拧紧在氮氧化物存储式催化转化器的后面,它用于确定废气中氮氧化物和氧气的残留量并把此信号传送给氮氧化物控制单元。

1) 识别和检查催化转换器的功能是否正常。

2) 识别和检查催化转换器前端宽量程氧传感器调节点是否正常或是否需要修正。

3) 检测 NO_x 传感器产生的信号被传送至氮氧化物传感器控制单元。

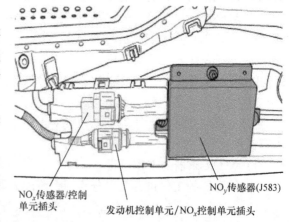

图 7-21　NO_x 传感器控制单元

4) NO_x 传感器感测到氮氧化物存储式催化转化器的存储空间达到饱和时,就会启动一个氮氧化物再生周期,即提供给 ECU 信号,使发动机在短时间内生成更浓的混合气体,使排气温度升高,转化器涂层便开始释放氮

氧化物，氮氧化物会随之被转化为无害氮气。

5）失灵时的影响：如果 NO_x 传感器的信号发生故障，则发动机只能在均质充气模式中运行。

★ 第三节 烟雾浓度传感器 ★

在乘员室内，吸烟产生的烟雾会严重危害人体健康。为此，汽车上需安装空气净化器除去空气中的烟雾。烟雾浓度传感器是与空气净化器配套使用的装置，用于检测烟雾。当烟雾浓度传感器从乘员室内感知到烟雾的存在时，可自动使空气净化器运转；没有烟雾时，可使空气净化器自动停止运转，从而使乘员室内的空气始终保持清新。

一、烟雾浓度传感器的结构与工作原理

烟雾浓度传感器的外观如图 7-22 所示，它是由本体和罩盖组成的，安装在车室顶篷上室顶灯的旁边。烟雾浓度传感器本体上设置有许多可以使烟雾自由进入的细缝，当检测出有烟雾时，烟雾浓度传感器使空气净化器的鼓风机自动运转。在一般情况下，当烟雾浓度达到 $0.3\%/m^3$，即乘员抽 1~2 根香烟时，就可使烟雾浓度传感器动作。在烟雾浓度传感器的本体上还设有感测灵敏度调整旋钮（灵敏度用电位器），转动旋钮即可调整传感器的灵敏度。

烟雾浓度传感器是由发光元件、光敏元件及信号处理电路部分组成，其结构如图 7-23 所示。烟雾浓度传感器的工作原理如图 7-24 所示。当空气进入烟雾浓度传感器壳体的窄缝后，可以自由地流动，发光元件（发光二极管 LED）间歇地发出肉眼不可见的红外线光。在空气中没有烟雾的情况下，这种红外线光射不到光敏元件上，电路不工作；但当烟雾等进入到烟雾浓度传感器的壳体内时，烟雾粒子对间歇的红外光进行漫反射，使部分红外光照射到光敏元件上，这时传感器判断出车内有烟雾存在，就会使空气净化器鼓风机电动机旋转。

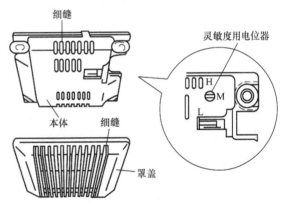

图 7-22 烟雾浓度传感器的外观

为了防止外部干扰引起烟雾浓度传感器的误动作，该传感器的控制电路采用了脉冲振荡式工作方式，这样即使有相同波长的红外线射入烟雾浓度传感器内，因其脉冲周期不同，传感器也不会作出有烟雾的判断。另外，在烟雾浓度传感器控制电路中还包含有定时、延时电路，若没有或只有少量的烟雾，鼓风机一旦动作起来，也只能连续旋转 2min，而后停止工作。

二、烟雾浓度传感器的检测

新款丰田新皇冠轿车在空调系统中使用了光电式烟雾浓度传感器，图 7-25 所示为烟雾浓度传感器与空调放大器的线路连接图。

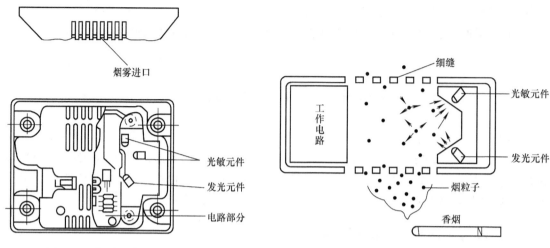

图 7-23 烟雾浓度传感器的结构　　图 7-24 烟雾浓度传感器的工作原理

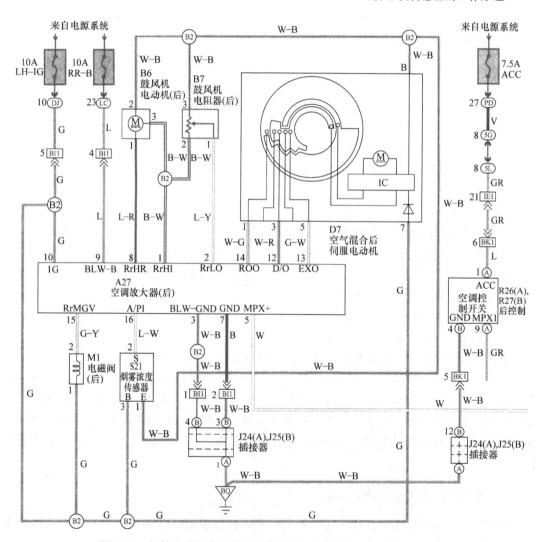

图 7-25 新款皇冠轿车烟雾浓度传感器与空调放大器的线路连接图

烟雾传感器 S21 检测烟雾浓度并以电压信号输入到空调放大器中，当点火开关在 ON (IG) 时，烟雾浓度越大，电压越高。

1）搭铁端子电阻的检测。关闭点火开关，从烟雾传感器上断开插接器，用万用表电阻档测量烟雾传感器线束端 S21 端子 1（E 端）与车身搭铁间的电阻，其值应小于 1Ω。

2）传感器电源的检测。关闭点火开关，拆开烟雾传感器插接器，打开点火开关，用万用表电压档测量烟雾传感器线束端 S21 端子 3（B 端）与车身搭铁间的电压，其值应在 10～14V 之间，约为蓄电池电压。

3）传感器信号的检测。关闭点火开关，拆下烟雾传感器，将 S21 端子 3（B 端）连接蓄电池正极，负极导线连接到端子 S21 端子 1（E 端）。点燃香烟置于传感器旁边，用万用表检测 S21 端子 3（B 端）与 S21 端子 2（S 端）之间的电压值。有烟雾时，电压高于 4V；无烟雾时，电压低于 4V。否则说明传感器有故障，应予以更换。

第八章 速度传感器

第一节 轮速传感器

现代汽车轮速传感器即车轮速度传感器,用于检测车轮旋转速度,并将其转化为电信号输入 ECU。现在,在制动防抱死系统(ABS)、牵引力控制系统(TCS)、电子制动力分配系统(EBD)、电子稳定程序(ESP)等系统中,各个控制单元根据轮速传感器的信号,通过与车速传感器信号的对比,确定车辆是否发生抱死和滑移,从而决定执行器是否作出制动干预。因此,轮速传感器也是一个重要的传感器。

轮速传感器的数目和通道数目不同,感应齿圈安装位置也就不同。一般来讲,齿圈安装在随车轮或传动轴一起转动的部件上,如驱动车轮、从动车轮、半轴、轮毂或制动盘、主减速器或变速器的输出轴;传感器本体安装在车轮附近不随车轮转动的部件上,如半轴套管、转向节、制动底板等位置,如图8-1所示。传感器与感应齿圈的相对安装位置,也有3种方式,如图8-2所示。

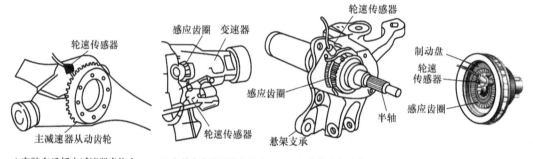

图 8-1 轮速传感器的安装位置
a) 安装在后桥主减速器壳体上　b) 安装在变速器输出轴上　c) 安装在驱动轮上　d) 安装在从动轮上

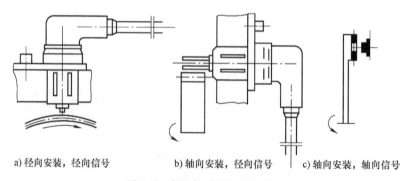

图 8-2 车速传感器的安装形式
a) 径向安装,径向信号　b) 轴向安装,径向信号　c) 轴向安装,轴向信号

另外，按传感器头的外形可分为凿式极轴轮速传感器头和柱式极轴轮速传感器头，菱形极轴轮速传感器头相对比较少见，如图8-3所示。

目前，轮速传感器主要有电磁感应式、励磁式、霍尔效应式、电涡流式和磁阻元件式等几种。

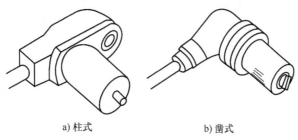

a) 柱式　　　　　　b) 凿式

图8-3　传感器头形状

一、电磁感应式轮速传感器

1. 结构和原理

电磁感应式轮速传感器由传感头和齿圈两部分组成。其中，传感头的结构如图8-4所示，它由永磁体、极轴和感应线圈等组成；齿圈由铁磁性材料制成。

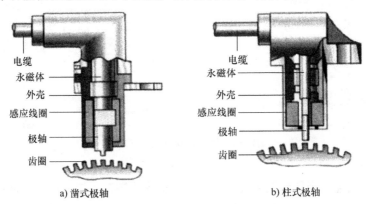

a) 凿式极轴　　　　　　b) 柱式极轴

图8-4　电磁感应式轮速传感器传感头的结构

当齿圈旋转时，齿顶与齿隙轮流交替对向磁心。当齿圈转到齿顶与传感头磁心相对时，传感头磁心与齿圈之间的间隙最小，由永久磁心产生的磁力线就容易通过齿圈，感应线圈周围的磁场就强，如图8-5a所示；而当齿圈转动到齿隙与传感头磁心相对时，传感头磁心与齿圈之间的间隙最大，由永久磁心产生的磁力线就不容易通过齿圈，感应线圈周围的磁场就弱，如图8-5b所示。此时，磁通迅速交替变化，在感应线圈中就会产生交变电压，交变电压的频率将随车轮转速成正比例变化。电子控制单元可以通过转速传感器输入的电压脉冲频率进行处理来确定车轮的转速、汽车的参考速度等。

2. 检测

新款捷达MK70制动系统共有4个车轮转速传感器，前轮的齿圈为43齿，安装在半轴上，转速传感器安装在转向节上，如图8-6a所示。后轮的齿圈也为43齿，安装在后轮毂上，转速传感器则安装在固定支架上，如图8-6b所示。

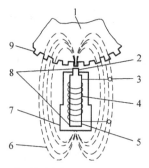
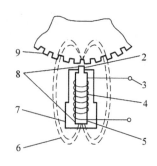

a) 齿圈齿顶与传感器磁心相对时　　b) 齿圈齿隙与传感器磁心相对时

图 8-5　车轮转速传感器的工作原理

1—齿圈　2—磁心端部　3—感应线圈端子　4—感应线圈　5—磁心　6—磁力线　7—传感器　8—磁极　9—齿顶

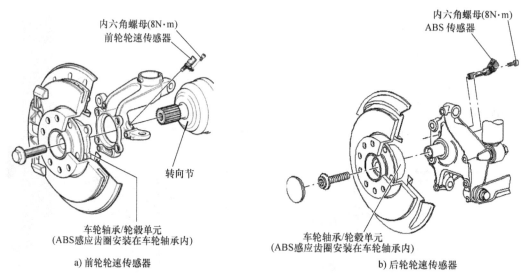

a) 前轮轮速传感器　　　　　　　　　　　b) 后轮轮速传感器

图 8-6　轮速传感器的安装位置

（1）故障征兆检测

电磁感应式轮速传感器如发生故障，将无法准确感知车轮轮速信号，从而使防抱死制动系统不可能正确地控制车轮防抱死机构的工作，只能依靠基本制动进行制动操作，此时 ABS 警告灯点亮，紧急制动时出现制动距离长、车轮抱死、两侧制动力不均匀、制动力不足、制动踏板剧烈振动、制动踏板行程过长、需用很大的力踩制动踏板、轻踩制动踏板时 ABS 工作、路面有拖印等故障现象。电磁感应式轮速传感器的常见故障主要是传感器本身的感应电路（感应线圈）断路或短路、传感器头和齿圈沾染油污或其他脏物，因振动或敲击造成传感器发生消磁现象等。除此之外，还有轮速传感器的松动、脉冲齿圈距离、车轮轴承、制动轮缸、制动蹄片等出现问题，也会导致轮速传感器没有信号输出的故障。

（2）电阻检查

新款捷达轿车轮速传感器与 ABS ECU 的连接线路如图 8-7 所示。将点火开关置于 OFF，断开 ABS ECU 插头，用万用表电阻档测量轮速传感器，其电阻值应符合表 8-1 的规定。

如果电阻值不符合要求，可直接从所对应的轮速传感器处拔下导线，用欧姆表直接测量。如果达到上述标准电阻值，则说明线路有问题；如果仍达不到上述标准值，则说明传感器有故障。

如果检测的任何一个轮速传感器的电阻值都不在规定范围内,则首先应检查与该传感器连接的导线是否发生断路及其插头是否松动。如果经过检查未发现导线中有断路现象,且插头连接牢固,则应更换该轮速传感器。

表 8-1 轮速传感器的标准电阻值

轮速传感器	标准电阻值/kΩ	轮速传感器	标准电阻值/kΩ
左前轮速度传感器阻值	1.0~1.3	左后轮速度传感器阻值	1.0~1.3
右前轮速度传感器阻值	1.0~1.3	右后轮速度传感器阻值	1.0~1.3

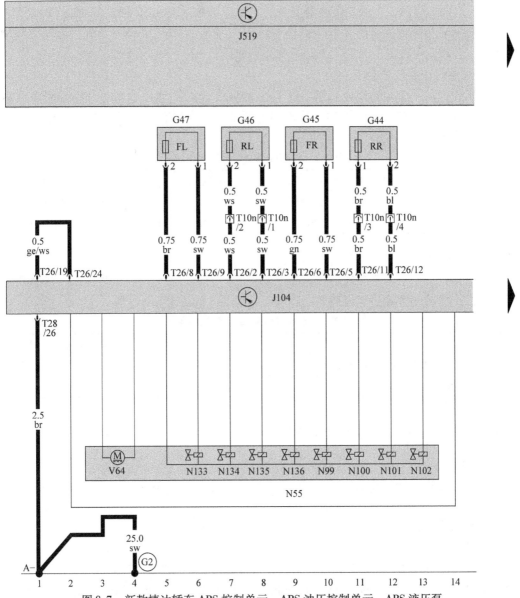

图 8-7 新款捷达轿车 ABS 控制单元、ABS 油压控制单元、ABS 液压泵

G44—右后轮转速传感器　G45—右前轮转速传感器　G46—左后轮转速传感器　G47—左前轮转速传感器　J104—ABS 控制单元　J519—E-BOX 控制单元　N55—ABS 油压控制单元　T10n—10 芯蓝色对接插头,在 E-BOX 上　T26—26 芯黑色插头连接　V64—ABS 液压泵　G2—搭铁点,在变速器上

ws—白色　sw—黑色　br—棕色　gn—绿色　bl—蓝色　ge—黄色

(3) 检测传感器线束的电阻值

关闭点火开关，拔下 4 个轮速传感器的 2 芯连接插头，然后拔下 ABS ECU 的连接端子。用万用表的电阻档分别测量左前轮传感器插头的 1 号端子与 ABS ECU 插头的 T26/9 端子之间的阻值、左前轮传感器插头的 2 号端子与 ABS ECU 插头的 T26/8 端子之间的阻值、右前轮传感器插头的 1 号端子与 ABS ECU 插头的 T26/5 端子之间的阻值、右前轮传感器插头的 2 号端子与 ABS ECU 插头的 T26/6 端子之间的阻值、左后轮传感器插头的 1 号端子与 ABS ECU 插头的 T26/3 端子之间的电阻值、左后轮传感器插头的 2 号端子与 ABS ECU 插头的 T26/2 端子之间的阻值、右后轮传感器插头的 1 号端子与 ABS ECU 插头的 T26/12 端子之间的阻值、右后轮传感器插头的 2 号端子与 ABS ECU 插头的 T26/11 端子之间的阻值，应均小于 0.5Ω，若相差很大或为无穷大，则说明线束断路。

(4) 检测传感器信号电压

升降车轮，使 4 个车轮高地悬空，以 1r/s 的速度分别转动各个车轮，用万用表或示波器分别测量各个车轮转速传感器的信号输出电压值。各车轮转速传感器的信号电压应满足表 8-2 所示的要求。

表 8-2 轮速传感器的标准电压值

轮速传感器	信号输出电压（转速1r/s）	轮速传感器	信号输出电压（转速1r/s）
左前轮	190~1140mV 的交流电压	左后轮	>650mV 的交流电压
右前轮	190~1140mV 的交流电压	右后轮	>650mV 的交流电压

(5) 检测传感器与齿圈的间隙

升起汽车，使 4 个车轮离地，在齿圈上取 4 点，用非磁性塞尺，测量齿圈与传感器之间的间隙。各车轮转速传感器与齿圈的间隙应符合表 8-3 的要求。

表 8-3 各轮速传感器与齿圈的间隙

检查项目	标准值/mm
前轮速度传感器与齿圈之间的间隙值	1.10~1.97
后轮速度传感器与齿圈之间的间隙值	0.42~0.80

二、霍尔传感器车轮转速传感器

1. 结构

车轮转速传感器的测量元件是霍尔传感器，它包括 3 个霍尔元件。传统的传感器环（脉冲感知环）被车轮轴承上的电磁密封圈所取代，该密封圈上布置有 48 对南/北磁极（多极），如图 8-8 所示。

2. 工作原理

霍尔传感器可以感知磁通量的变化。3 个霍尔元件交错布置，如图 8-9 所示，元件之间的距离是这样选择的：当元件 C 测出的磁通量最小时，元件 A 测出的磁通量最大，传感器内会产生一个差动信号 A-C。

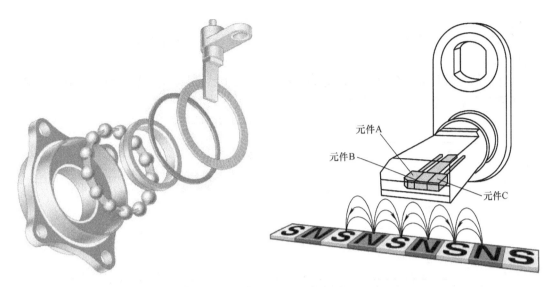

图 8-8　车轮霍尔传感器组成　　　　图 8-9　3 个霍尔元件交错布置

霍尔元件 B 布置在 A 和 C 之间。当信号 A 和 C 以及差动信号为零时，元件 B 测出的磁通量最大。信号 B 何时达到最大值（正或负）就作为判定旋转方向的依据。例如，如果差动信号 A－C 的过零点是由信号的下降沿得到的，且信号 B 的最大值为负，那么就认为车轮在逆时针转动，输出波形如图 8-10 所示。

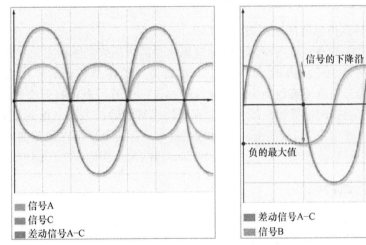

图 8-10　输出波形

3. 电气线路

霍尔传感器车轮转速传感器通过一个电流接口与 ESP 控制单元相连，ESP 控制单元内装有一个低电阻的测量电阻 R。霍尔传感器车轮转速传感器有两个电插头，它与测量电阻一起构成一个分压器。插头 1 和 2 之间的电压就是蓄电池电压 U_B。传感器信号在测量电阻上会产生一个电压降 U_S，如图 8-11 所示。这个信号电压由控制单元来进行分析。

霍尔传感器车轮转速传感器信号是 PWM 信号。某时间单位内的脉冲个数中包含着转速信息。

霍尔传感器车轮转速传感器输出的是一个 PWM 信号。在规定时间内的脉冲数提供了速度信息。

由脉宽信号提供如下信息：旋转方向、空气间隙的大小、安装位置、停车识别。正确的空气间隙大小对于系统操作和系统自诊断是很重要的。

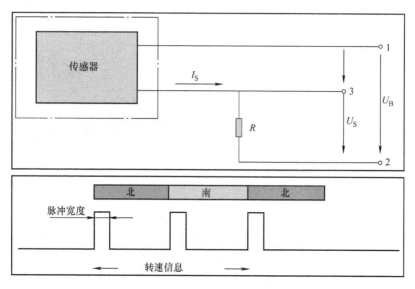

图 8-11　电气线路图

4. 霍尔传感器车轮转速传感器的检测方法

霍尔传感器车轮转速传感器，可用检测其输出电压信号的方法来判断其工作好坏。关闭点火开关，将车支起，使每个轮胎离地 10cm 左右，然后拔下轮速传感器的导线插接器插头，并用导线将线束插头与轮速传感器插头的电源端子相连，用万用表（打开交流电压档）的两表笔分别搭在轮速传感器的信号输出端子间，测量传感器的输出电压。接通点火开关，用手转动车轮，万用表应显示 7~12V 范围内波动的交流电压；若电压不在此范围内，则应检查传感器与齿圈之间的间隙，标准值应在 0.2~0.5mm 范围内，否则应进行调整。

三、新型霍尔式轮速传感器

霍尔式轮速传感器输出方波脉冲信号。由于霍尔式轮速传感器能克服电磁式轮速传感器输出信号电压幅值随车轮转速变化而变化，响应频率不高，以及抗电磁波干扰能力差等缺点，因而被广泛应用于汽车防抱死制动系统（ABS）的轮速检测。轮速传感器是汽车 ABS 的重要组成部分，它将轮速信号传给 ABS 电控单元，然后 ABS 电控单元通过计算决定是否开始并准确地进行防抱死制动。因此，轮速传感器性能的好坏直接关系到驾驶人的生命及财产安全。

为降低汽车生产成本，近年来，越来越多的汽车 ABS 采用一种新型霍尔式轮速传感器，例如奥迪 A8、奇瑞风云、雪铁龙新爱丽舍等车型。普通霍尔式轮速传感器有 3 根引线，分别为电源线、信号线和搭铁线；而新型霍尔式轮速传感器只有 2 根引线，分别为电源线和信号线如图 8-12 所示。

新型霍尔式轮速传感器与普通霍尔式轮速传感器的输出信号均为方波脉冲信号，占空比范围一般为50%，但输出信号的高、低电压存在差异，如图8-13所示。新型霍尔式轮速传感器输出信号的高、低电压不受轮速影响，主要由 ABS 电控单元内部的电阻 R 决定，如图8-14所示。电阻 R 一定，高、低电压便一定，即使轮速很低，ABS 电控单元仍能检测到输出信号电压，这就克服了电磁轮速传感器输出信号电压随转速变化而变化的缺点。

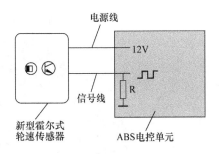

图8-12 新型霍尔传感器电路

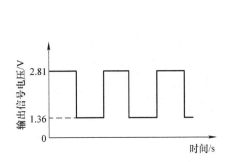

图8-13 新型霍尔传感器输出信号波形

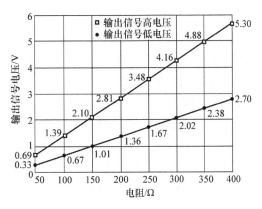

图8-14 新型霍尔传感器输出高、低电压与电阻关系图

新型霍尔式轮速传感器的检测：传感器的两条线，其中一条是 ABS ECU 提供的 8V 或 12V 的工作电源，通过传感器另一条信号线再回到 ABS ECU 控制搭铁。转子旋转时，传感器产生 0.75~2.5V 的方波脉冲信号。因为霍尔传感器的独特性能，使传感器的搭铁和信号线共用一条线，如图8-15所示。

四、磁阻式轮速传感器

1. 结构和安装位置

新款皇冠轿车的轮速传感器采用磁阻型半导体传感器，简称 MRE 传感器。磁性转子是由内置带磁性粒子的橡胶制成南北共48极，磁极按圆周方向均匀分布的环状垫片，镶嵌在后轮轴承内圈上，与车轮同速度旋转。MRE传感器则安装在轮毂上固定不动，与磁性转子间存在 0.5~0.8mm 的空气间隙，如图8-16所示。

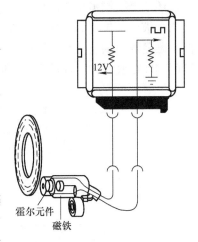

图8-15 轮速传感器电路图

2. 工作原理

当磁性转子随车轮旋转时会产生磁场变化，传感器内的磁阻值相应变化，经电路处理以

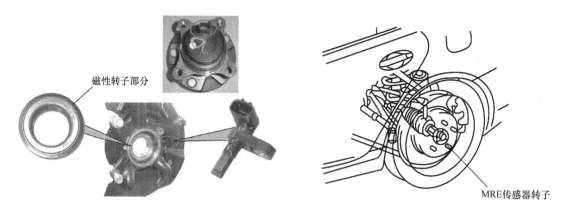

图 8-16 新款皇冠轿车轮速传感器安装位置

脉冲信号输出给 ABS ECU。MRE 传感器与广泛采用的其他方式轮速传感器比较，它能检测到从 0km/h 开始的车速；此外，它还能够检测到转子的旋转方向，因此系统可以区分车辆向前还是向后的运动方向，为上坡辅助系统（HAC）提供制动控制信号，如图 8-17 所示。

新款皇冠轿车使用的新型磁阻轮速传感器除具备主动型轮速传感器的功能外，还能够检测出车轮的旋转方向。新型磁阻轮速传感器内部有两个磁阻，在车轮转动时产生两个信号，把这两个信号叠加在一起后，再发送到 ECU。由于车辆向前或者向后行驶时，两个磁阻发出的信号是不同的，所以 ECU 可以根据传感器信号来判断车轮的旋转方向和车辆的实际行驶方向，如图 8-18 所示。其输出的正常波形如图 8-19 所示。

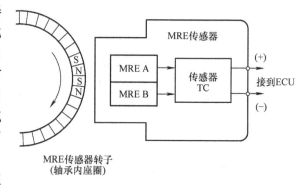

图 8-17 新款皇冠轿车轮速传感器工作原理图

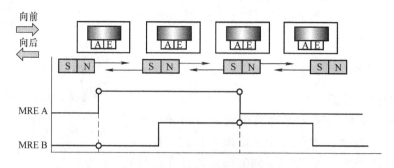

图 8-18 检测车轮旋转方向原理图

3. 检测

新款皇冠轿车速度传感器与牵引力执行器总成（制动防滑控制 ECU）的连接电路图如图 8-20 所示。

1）线路导通性检测。关闭点火开关，断开轮速传感器插接器和制动防滑控制 ECU 插接

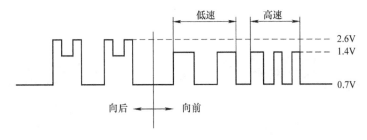

图 8-19 轮速传感器输出波形

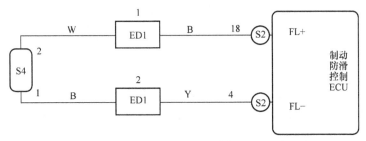

图 8-20 轮速传感器与制动防滑控制 ECU 连接电路图

器,用万用表测量左前速度传感器 S4 的 2 号端子与防滑 ECU 的 18 号端子、左前速度传感器 S4 的 1 号端子与防滑 ECU 的 4 号端子之间的电阻值,其阻值应小于 1Ω。

2) 绝缘性检测。关闭点火开关,断开制动防滑控制 ECU 插接器,用万用表测量防滑 ECU 的 4 号端子 FL - 与搭铁之间、防滑 ECU 的 18 号端子 FL + 与搭铁之间的电阻,其值应大于 10kΩ。

3) 输入电压检测。关闭点火开关,断开轮速传感器插接器,打开点火开关,用万用表检测左前速度传感器 S4 的 2 号端子与车身搭铁的电压,其值应在 7.0 ~ 12V 之间。

4) 示波器检测。使用示波器,利用背插法,在不脱开端子的条件下测量,输出波形应符合图 8-19 所示,否则检查线路或更换传感器。

五、主动型 ABS 车轮传感器

当一个传感器的功能需要一个外接电源时被称为主动型传感器。主动型转速传感器带有一个磁电阻式元件。其电阻根据由读取前束的传感器环切割的磁力线进行变化。轮毂上的传感器环由一个带有根据南北极不同的磁力线的读取前束构成,如图 8-21 所示。传感器环通过固定的传感器元件旋转。

主动型传感器的功能原理:在磁性区域旁边,磁力线垂直于读取前束。根据极性的不同,磁力线要么远离、要么趋近于前束。由于读取前束和传感器之间的距离非常小,因此磁力线穿过传感器元件并改变其电阻。安装于传感器中的电子放大器/触发器开关装置将电阻变化转换成两个不同的电流电平,如图 8-22 所示。这也就意味着,如果传感器元件的电阻因为穿过的磁力线方向而变大,电流便会降低。如果电阻变小,电流则会因为磁力线方向的颠倒而升高。

因为旋转读取前束上的南北极交替变换,所以会产生一个矩形信号序列,频率是转速的标准。

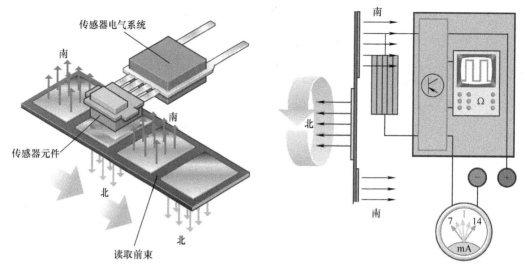

图 8-21 读取前束　　　　　图 8-22 电阻变化转换成两个不同的电流

第二节　组合式加速度传感器

一、组合式加速度传感器概述

组合式加速度传感器，英文原称为 yaw rate sensor，由于翻译的不同，在中文中又称为横摆率传感器、侧滑传感器、翻转角速度传感器、偏摆率传感器、旋转率传感器、偏航率传感器、旋转传感器等。

随着科技的发展，现在基本都使用了传感器总成（sensor duster）的模式，即将其中的两个或三个传感器设计为一体与控制单元连接。最常见的组合传感器为横向加速度传感器、偏转率传感器、纵向加速度传感器的组合。

组合传感器安装在驻车制动杆的左侧，由横向加速度传感器与横摆角速度传感器组合而成，用以探测车辆横摆率（车辆转角速度）以及横向惯性力，并把信号传输给控制液压控制单元。当传感器探测到旋转转向叉的转动速度所产生的自转偏向力（科氏力）时，就会按比例形成横摆角速度。当传感器探测到作用在被检测部件上的惯性力时，就会按比例形成横向惯性力。当车辆保持静止时，组合传感器输出横摆角速度信号和横向惯性力信号电压为 2.5V，并随着横摆角速度以及横向惯性力变动。新款奥迪 A4 轿车组合传感器的外形和输出特性如图 8-23 所示。

横向加速度传感器和偏转率传感器这两个传感器装在一个壳体内。它们的部件都装在一个印制电路板上，依据微机械原理工作。通过一个六脚插头连接。横向加速度可以通过电容原理来进行测量，而偏转率则是通过测量科氏（coriolis）加速度获得的。

1. 横向加速度传感器

（1）结构

该传感器是组合传感器印制电路板上的一个极小的部件，其结构如图 8-24 所示。

a) 组合传感器外形

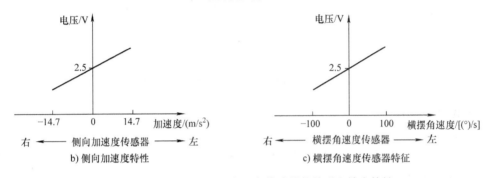

b) 侧向加速度特性　　　　　　　　　　c) 横摆角速度传感器特征

图 8-23　新款奥迪 A4 轿车组合传感器的外形和输出特性

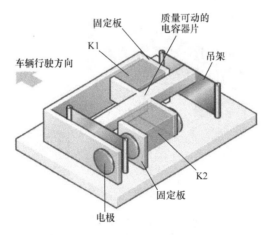

图 8-24　横向加速度传感器的结构

放好质量可动的电容器片，使它能来回摆动。两个固定安装的电容器片围住了可动的电容器片，这样就形成了两个串联电容器 K1 和 K2。借助电极就可以测量出这两个电容器容纳的电荷量，这个电荷量就叫作电容 C。

（2）功能

如果没有加速度作用在这个系统上，那么测出来的两个电容器的电荷量 C_1 和 C_2 是相等的。若作用有横向加速度，那么质量可动电容器片就会因惯性而作用到中间板上，即它顶着固定板并沿加速度反方向移动。于是两板之间的距离就改变了，相应的分电容器的电荷量也增加了。

对于电容器 K1 来说，若其两板间的距离变大，那么其电容 C_1 就变小；对于电容器 K2 来说，若其两板间的距离变小，那么其电容 C_2 就变大。横向加速度传感器的电容量变化如图 8-25 所示。

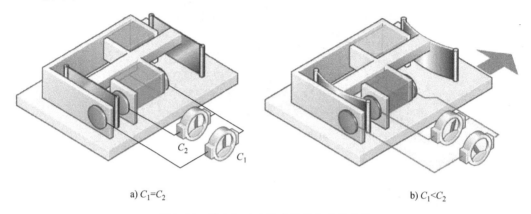

a) $C_1=C_2$　　　　　　　　　　　　　b) $C_1<C_2$

图 8-25　横向加速度传感器的电容量变化

2. 偏转率传感器

（1）结构

在同一板上还有偏转率传感器，该传感器与横向加速度传感器在空间上是分开的，其结构如图 8-26 所示。

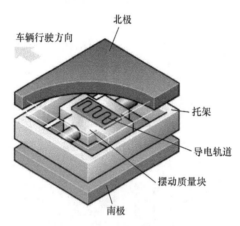

图 8-26　偏转率传感器的结构

为了易懂，这里只进行简要说明：在恒定磁场的南极和北极之间的托架内放一个可摆动的质量块，在这个质量块上装一个导电轨道，这个轨道用以代替真正的传感器。在真正的传感器上，为保险起见，有两个这种结构。

（2）功能

如果接上交流电压 U，那么支撑导电轨道的托架就会在磁场内摆动。如果现在有旋转加速度作用在此结构上，那么由于惯性作用，摆动质量块的状态与前述的电容片是一样的。就是说，由于出现了科氏加速度，质量块偏离了来回的直线摆动。由于这一切都是发生在磁场内的,因此导电轨道的电气性能就改变了。测量出这个变化就知道了科氏加速度的大小和方向,电子装置根据这个值即可计算出偏转率的大小。偏转率传感器的电压变化如图 8-27 所示。

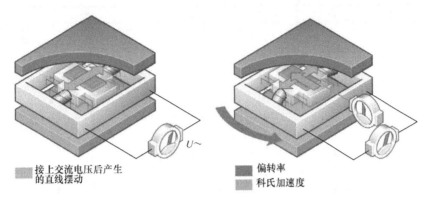

■ 接上交流电压后产生的直线摆动

■ 偏转率
■ 科氏加速度

图 8-27　偏转率传感器的电压变化

二、组合式加速度传感器的检测

在检测组合传感器时,应注意不能让传感器跌落,如果传感器受到强烈冲击,应更换。

1) 电源检测。将点火开关旋转到接通的位置(发动机关闭),测量组合传感器的端子 T6m/5 和搭铁之间的电压,电压应在 4.5～5V 之间。

2) 搭铁电路检测。将点火开关旋转到断开的位置,断开组合传感器,测量组合传感器线束侧的端子 T6m/2 与蓄电池负极之间的导通性,正常应导通。

3) 横向加速度传感器的检测。连接插头,接通点火开关,根据下列内容检查端子 T6m/4 和 T6m/2 搭铁之间的电压。如果结果不满足技术规范,则更换横向加速度传感器。

① 水平,T6m/4 端子和 T6m/2 搭铁之间的电压应为 2.4～2.5V。

② 顶面向上(与水平面上倾 90°),T6m/4 端子和 T6m/2 搭铁之间的电压应为 3.3～3.7V。

③ 顶面向下(与水平面下倾 90°),T6m/4 端子和 T6m/2 搭铁之间的电压应为 1.3～1.7V。

4) 偏转率传感器的检测。在静态条件下测定横摆角速度传感器的电压。当摆动速率传感器左右旋转时,测量端子 T6m/3 和 T6m/2 搭铁之间电压应符合下述规定。如果结果不满足技术规范,则更换横摆角速度传感器,如图 8-28 所示。

① 向右旋转:在 2.5～4.62V 之间波动。

② 向左旋转:在 0.33～2.5V 之间波动。

注意:应注意旋转横摆角速度传感器时的旋转位置,因为旋转方向和电压方向相反,所以旋转位置处于相反状态。

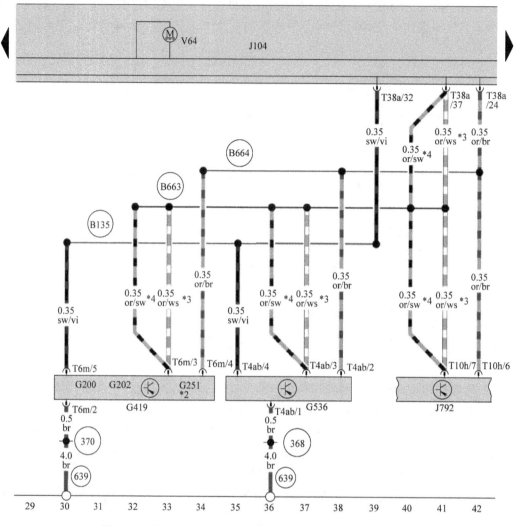

图 8-28 奥迪 A4 轿车 ESP 传感器单元、ESP 传感器单元 2、
ABS 控制单元、主动转向系统控制单元、ABS 液压泵

G200—横向加速度传感器　G202—偏转率传感器　G251—纵向加速度传感器　G419—ESP 传感器单元
G536—ESP 传感器单元 2　J104—ABS 控制单元　J792—主动转向系统控制单元　T4ab—4 芯插头连接
T6m—6 芯插头连接　T10h—10 芯插头连接　T38a—38 芯插头连接　V64—ABS 液压泵　368—接地连接 3，在主导线束中
370—接地连接 5，在主导线束中　639—接地点，在左侧 A 柱上　B135—连接 1（15a），在车内导线束中
B663—连接（底盘传感器 CAN 总线，High），在主导线束中　B664—连接（底盘传感器 CAN 总线，Low），在主导线束中
*—特殊装备　*2—仅适用于带全轮驱动的车辆　*3—逐渐投入使用　*4—逐步取消

第九章 其他执行器和传感器

★ 第一节 点火系统执行器 ★

控制汽车点火线圈工作的点火控制器俗称点火模块,点火线圈按发动机管理系统 ECU 的指令,在指定的时刻、对应的工况下进行点火。有的点火模块还提供给 ECU 反馈信号,供 ECU 判断点火线圈工作是否正常,还有的反馈信号供 ECU 计算下一个导通脉冲宽度。

点火模块实际是一个功率电子开关,控制点火的信号为方波或磁脉冲信号,输送到点火模块的信号输入端,通过整形来驱动功率电子开关。用脉宽来控制功率电子开关的导通时间,导通后,点火线圈电流近似指数特性上升,导通时间长,断电电流就大,以此来控制线圈的点火能量。用脉冲信号的后沿时刻控制功率电子开关的关断时刻,即控制点火时刻。

一、点火线圈的结构特点

单缸独立点火线圈的结构如图 9-1 所示,与一般的点火线圈基本相同。由于其结构紧凑,直接与发动机相接触,因此其温度高、振动大。

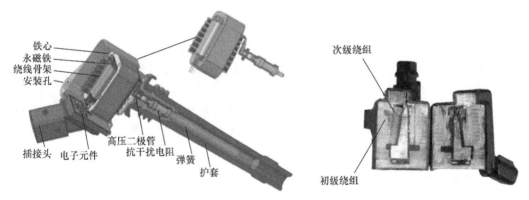

图 9-1 单缸点火线圈的结构

1) 单缸独立点火线圈的磁路由永磁铁、铁心、骨架、电子元件等组成。在相同的初级断电电流的条件下,铁心磁通的变化率越大,输出的电压及能量就越高。由于体积小,还要有足够的输出电压和能量,笔式线圈采用了两项措施:一是铁心采用饱和磁感应强度高的晶粒取向的硅钢片,它比无取向的硅钢片饱和磁感应强度高 10% 以上,铁损减少。另一项措施是在内铁心的两端加永磁体。永磁体磁通方向与初级电流产生的磁通方向相反,这样,初级施加电流后,产生的铁心磁场由负变为正,刚好在铁心磁化曲线正负方向不饱和的直线段。对应相同的磁场强度的变化,得到比饱和段高得多的磁通变化率,从而以较小的体积实现了较高的输出。

2）内铁心前端是高压端子，后端是模块引线，它们之间的电位差就是高压输出的电压，要考虑前后有足够的绝缘距离。

3）由于体积限制，笔式线圈初次级线圈骨架、外壳的壁厚多为 0.7~1mm，而且与发动机接触，温度高。这对外壳及初次级骨架的材料选择、结构、加工工艺都提出了较高的要求。设计时要注意以下几点：

① 前部的薄壁外壳不要与插头座处的壳体设计成一体，因为两处的耐温不同，不宜用一种材料；同时，壁厚相差太大，不宜做成一体。

② 初次级骨架、骨架外的壳体，壁厚薄，材料要选择热变形温度在 170℃ 以上，注塑流动性好，与环氧树脂有良好粘结性能，耐电压强度高的材料，如 PPO、PET、PPS 等。IGN320 型 PPO 耐压可达 33kV/mm，注塑流动性好，是次级骨架的常用材料，环氧树脂要用玻璃化温度 140℃ 的环氧树脂。

③ 如初次级骨架、外壳中有高压输出镶件时，最好不要在注塑时放入。因为加镶件的注塑模，其内、外型腔不易保证同心，造成薄壁件厚度偏差大。后装高压端子，为保证不涂胶密封，在端子外圆周边冷挤出 0.05~0.08mm 的凸起，装入后靠凸起挤紧密封。

④ 初级线圈骨架、外壳在结构设计时，要考虑防错装、防松脱，如它们之间采用圆周上的不对称定位键。通常，在初级骨架装入插头座壳体处有一个 0.1mm 的环形凸起，初级骨架挤入插头座壳体后，靠环形凸起防松脱。

⑤ 初次级骨架及外壳间的间隙较小，初次级骨架结构及尺寸设计时，要考虑环氧树脂灌入的通道，如在环形槽壁周边开缺口等。

4）为了避免内应力开裂，在内铁心两端加发泡橡胶垫。

5）为了提高绝缘强度，在内铁心加绝缘套管、初级骨架绕线前，包一层耐高温、耐高电压的绝缘薄膜。

6）带点火模块的笔式线圈，在模块的元器件上，应附一层硅胶，防止因热应力损坏元器件。

7）为防止初级电流接通瞬间产生 2kV 左右的正向高压而造成误点火，在次级回路加高压二极管。有两种方式：一是加耐压 3~4kV 的高压二极管；另一种是加 15kV 的瞬态电压抑制二极管。后一种方式，二极管装在模块上。

二、点火系统的电路分析

高尔夫 A6 轿车点火控制系统是单缸独立控制系统，其特点是有 4 个点火末级功率放大器 N70、N127、N291、N292，点火线圈（与点火功率放大器为一体）是通过火花塞插头直接安装在火花塞的顶上，取消了点火高压线，可减小无线电干扰和能量损失，如图 9-2 所示。其缺点是各缸点火线圈和功率放大器分别共用一个搭铁点，当搭铁点出现不良时，点火能量的损耗等使各缸可能同时出现工作不良或不工作现象。

点火控制电路如图 9-3 和图 9-4 所示，打开点火开关，经 J271 主供电继电器中端子 87（端子 85 向控制单元 J623 供电），经熔丝 SB14（20A，黄色）在熔丝架 B 上的熔丝 14 再经电路图 9-3 方框连接线 71、方框连接 43 分别向点火线圈初级绕组端子 3 提供 12V 电压。根据电控单元 J623 的指令控制初级绕组电路的通断（控制点火线圈端子 4），从而在次级绕组中感应出高压电动势，击穿火花塞间隙点火。

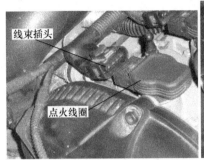

图9-2 点火线圈实物图

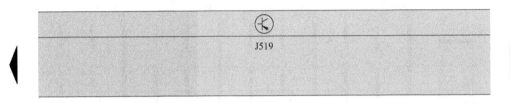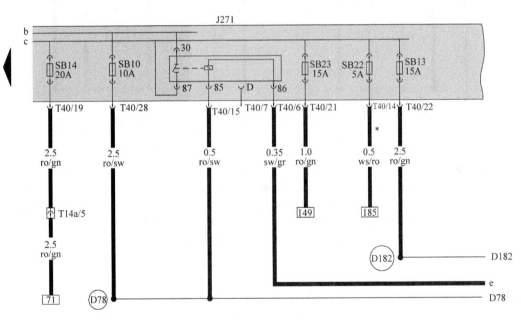

图9-3 Motronic 供电继电器

J271—Motronic 供电继电器，在电控箱上，在发动机舱内左侧（100） J519—车载电网控制单元
SB10—熔丝架 B 上的熔丝 10　SB13—熔丝架 B 上的熔丝 13　SB14—熔丝架 B 上的熔丝 14
SB22—熔丝架 B 上的熔丝 22　SB23—熔丝架 B 上的熔丝 23　T14a—14 芯插头连接，在蓄电池附近
T40—40 芯插头连接　D78—正极连接 1（30a），在车身线束中
D182—连接 3（87a），在车身线束中　＊—仅针对配备手动变速器的汽车

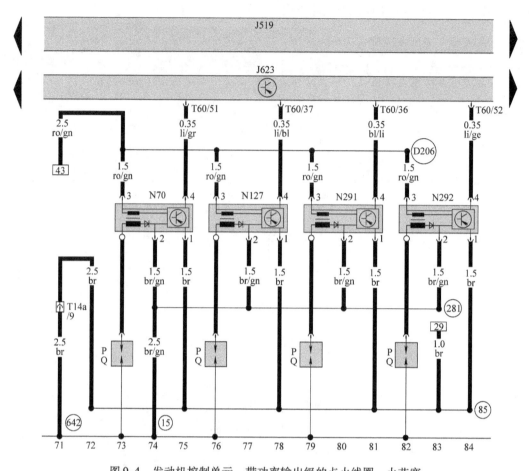

图 9-4　发动机控制单元、带功率输出级的点火线圈、火花塞

J519—车载电网控制单元　J623—发动机控制单元，在排水槽内中部　N70—带功率输出级的点火线圈1
N127—带功率输出级的点火线圈2　N291—带功率输出级的点火线圈3　N292—带功率输出级的点火线圈4
P—火花塞插头　Q—火花塞　T14a—14 芯插头连接，在蓄电池附近　T60—60 芯插头连接　15—搭铁点，在气缸盖上
85—接地连接1，在发动机线束中　281—接地连接1，在发动机线束中
642—EC 风扇搭铁点　D206—连接4（87a），在发动机线束中

点火系统故障检修的步骤如下：

1）检查点火线圈。点火线圈的检查步骤如图 9-5 所示。

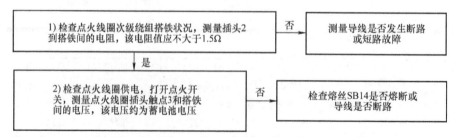

图 9-5　点火线圈的检查步骤

2）检查点火线圈功率放大器。点火线圈功率放大器的检查步骤如图9-6所示。

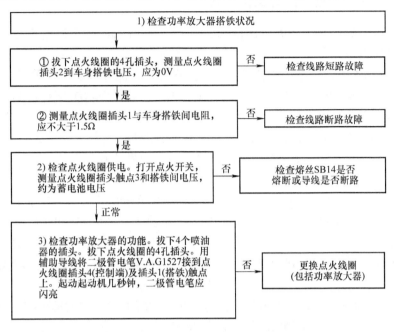

图 9-6　点火线圈功率放大器的检查步骤

★ 第二节　自动变速器 P/N 位开关 ★

一、变速器多功能档位开关

变速器多功能档位（TR）开关 F125 如图 9-7 所示。变速杆电缆把多功能档位开关连接到变速杆上。多功能档位开关把变速杆的机械运动转换为电信号，并把这些信号传送到变速器控制模块（TCM）J127。多功能档位开关是有 6 个滑动触点的机械组合开关，逻辑关系见表 9-1。

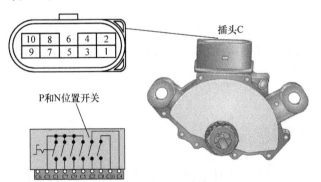

图 9-7　多功能档位开关

表 9-1　变速器 F125 开关逻辑关系

	P/N		R		档位信号				
	4	2	10	8	3	1	7	9	5
P	○—○				○—○				
R			○—○			○—○			
N	○—○						○—○		
D							○—○		
S						○—○			

二、变速器多功能档位开关的检测

1) 多功能开关 F125 的 10 芯连接插头如图 9-8 所示。检查供电电压，连接检测盒 V. A. G1598/22。

2) 设置万用表量程：电压档 20V。打开点火开关，测量多功能开关 F125 插头上插脚 10 与插脚 3 和 4 之间的电压，额定值应为蓄电池电压。测量多功能开关 F125 插头上插脚 10 与 V. A. G1598/22 上的插脚 1 和 2 之间的电压，额定值应为蓄电池电压。测量适配接头 V. A. G 1598/22 上插脚 27 和 28（接线柱 15）到插脚 1 和 2 之间的电压，额定值应为蓄电池电压。如果达不到额定值，则根据电路图维修导线；如果达到额定值，则进一步检查导线。关闭点火开关。

3) 设置万用表量程：电阻档 200Ω。检查控制单元多孔插头与多功能开关之间的连接导线。测量适配接头 V. A. G 1598/22 上插脚 22 与插脚 1 和 2 之间的电阻，额定值应为无穷大。测量适配接头 V. A. G 1598/22 上插脚 22 和多功能开关 F125 上插脚 5 之间的电阻，额定值应小于 1.5Ω。如果达不到额定值，则根据电路图维修导线；如果达到额定值，则进一步检查导线。

4) 测量适配接头 V. A. G 1598/22 上插脚 36 与插脚 1 和 2 之间的电阻，额定值应为无穷大。测量适配接头 V. A. G 1598/22 上插脚 36 和多功能开关 F125 上插脚 9 之间的电阻，额定值应小于 1.5Ω。如果达不到额定值，则根据电路图维修导线；如果达到额定值，则进一步检查导线。

5) 测量适配接头 V. A. G 1598/22 上插脚 10 与插脚 1 和 2 之间的电阻，额定值应为无穷大。测量适配接头 V. A. G 1598/22 上插脚 10 和多功能开关 F125 上插脚 7 之间的电阻，额定值应小于 1.5Ω。如果达不到额定值，则根据电路图维修导线；如果达到额定值，则进一步检查导线。

6) 测量适配接头 V. A. G 1598/22 上插脚 47 与插脚 1 和 2 之间的电阻，额定值应为无穷大。

7) 测量适配接头 V. A. G 1598/22 上插脚 47 和多功能开关 F125 上插脚 1 之间的电阻，额定值应小于 1.5Ω。如果达不到额定值，则根据电路图维修导线；如果达到额定值，则进一步检查导线。

8) 测量适配接头 V. A. G 1598/22 上插脚 21 与插脚 1 和 2 之间的电阻，额定值应为无穷大。测量适配接头 V. A. G 1598/22 上插脚 21 和多功能开关 F125 上插脚 8 之间的电阻，额定值应小于 1.5Ω。如果达不到额定值，则根据电路图维修导线；如果达到额定值，则更换多功能开关 F125。

★ 第三节 雨量感应传感器 ★

随着科技的发展进步，人们对汽车的智能控制要求越来越高。刮水系统是汽车的重要组成部分，在雨天对汽车的安全性能起着非常重要的作用。汽车智能刮水系统正在逐步取代传统的机械结构的刮水器，在中高档汽车上广泛应用。现代汽车上普遍采用雨滴感应式智能刮水系统，可以免除驾驶人手动操作刮水器的麻烦，有效提高雨天行车的安全性。

第九章 其他执行器和传感器

奥迪 A6L（C6）轿车电控智能刮水组合开关具有间歇、间歇分级、单触刮水、刮水 4 种功能。根据雨量不同，雨量传感器具备 4 种功能：自动起动刮水开或关以 7 种速度工作；雨天会自动打开前照灯；关闭刮水停止 5s 后再次刮水一次；雨天车辆停止后自动关闭车门和车顶。当刮水臂位于"间歇"时，上述功能启用，雨量传感器有 4 种敏感程度可以选择。手动选择总是处于优先位置。

一、雨量感应传感器 G397

奥迪 A6L（C6）轿车采用组合雨量/光强度识别传感器 G397，包括一个光辅助控制功能，可免除驾驶人手动接通行车灯的工作，还具有根据前风窗雨量情况控制刮水器的功能。传感器位于前风窗玻璃上车内后视镜的安装底座内，如图 9-8 所示。G397 是供电控制单元 J519 的一个从控制单元，可通过 J519 进行诊断工作，如图 9-9 所示。

图 9-8 传感器安装位置

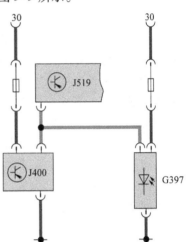

图 9-9 控制单元与传感器间的通信
J400—刮水电动机控制单元
G397—雨量感应传感器

J519 作为 G397 的主控单元，可根据光强度识别传感器的信号自动接通及断开行车灯、激活回家/离家功能、实现白天/夜晚识别。在拂晓、黄昏、黑暗、驶入穿行隧道或在树林里行驶时，光强度识别传感器会发送信息到 J519 上，接通行车灯。为了能识别出诸如树林内的道路以及穿行隧道等环境状况，光强度识别传感器接收来自全区和前区两个区域内的光强度信号。全区表示紧靠车附近的亮度，通常是车上部区域，而前区表示车辆前部区域的光线情况，如图 9-10 所示。

J519 还可根据 G397 感应的前风窗玻璃的沾水湿润程度，实现刮水器 7 个速度档的自动接通和关闭，同

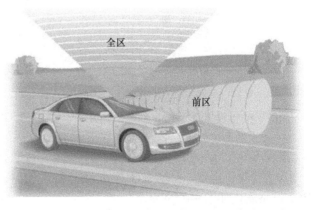

图 9-10 光强度识别传感器作用区域图

205

时在下雨时自动接通行车灯。在把刮水臂置于"间歇"位置时，G397 开始起作用，即被激活。驾驶人也可以通过刮水器间歇工作调节器的 4 个灵敏度来设置雨量感应传感器，在这种模式下则不再需要参考刮水动作（激活雨量感应传感器时的刮水动作）。当传感器激活后，刮水臂总是置于间歇位置。出于安全考虑，只有在车速超过 16km/h 或通过刮水器间歇工作调节器来改变其工作灵敏度时，雨量感应传感器 G397 才会被激活。

二、雨量感应传感器的工作原理

G397 通过光的折射原理来判断前风窗玻璃的湿度情况，该传感器内集成有环形的发光二极管，这个发光二极管在驾驶室内透过前风窗玻璃发射出红外线光，如图 9-11 所示。

如果玻璃处于干燥状态，则红外线按照全反射原理进行反射，红外线光由玻璃的表面反射回来，集成在 G397 中央的光电二极管能接收到较多的光，记录了高的光的强度，如图 9-12 所示。

如果玻璃浸湿，玻璃表面的光学特性发光二极管和光电二极管就发生了变化，玻璃表面因水滴的作用会发生散射，则光线发生折射，反射的光量将会减少。这样一来，光电二极管接收到的光也就减少，于是信号电压就发生了改变，光电二极管记录了低的光的强度，如图 9-13 所示。

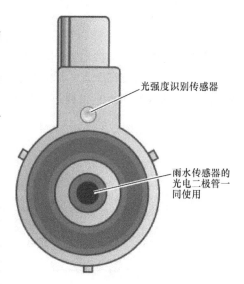

图 9-11 G397 结构

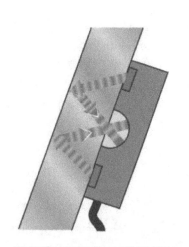

图 9-12 G397 晴天工作原理图

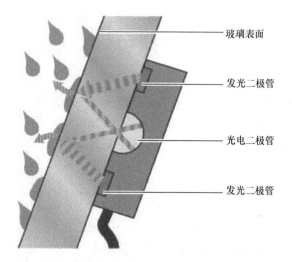

图 9-13 G397 雨天工作原理

要使 G397 的发光二极管发出光线，光电二极管接收到光线后产生电压信号，就需要给发光二极管提供电流，即需要提供电源与搭铁回路，其信号是直接通过 LIN 总线发送的。G397 电路连接如图 9-14 所示。

1. 刮水 ECU J400

奥迪 A6L（C6）轿车上的 J400 如图 9-15 所示，与刮水电动机集成在同一个元件内部。J400 和 G397 均作为从控制单元通过 LIN 总线与主控单元 J519 连接在一起，如图 9-16 所示。J400 可根据雨量传感器检测到的雨量信号控制刮水自动工作，在完成清洗玻璃刮水过程后 5s 能再刮水一次（仅在车速 >5km/h 时工作），以防止玻璃上产生水滴。同时，J400 还控制风窗玻璃清洗泵的工作。J400 出现故障时，仪表板上的黄灯闪烁，如图 9-17 所示，提醒驾驶人及时检修。

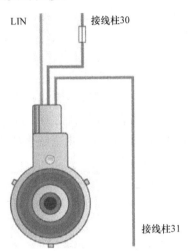

图 9-14 G397 电路连接

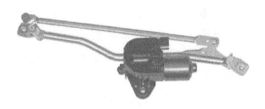

图 9-15 刮水控制单元 J400

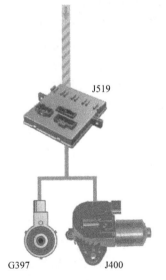

图 9-16 J400 总线连接

图 9-17 J400 故障指示灯

2. 智能型刮水器控制功能

奥迪 A6L（C6）轿车刮水器一般具有间歇、慢速、快速和点动刮水 4 档，当车速为 0 时会自降速一档，起步之后恢复设定的刮水速度。如在间歇档，间隔时间与车速成反比。刮水操纵杆向下拨一下可短促刮水一次,如保持在该位置2s以上,刮水器开始加快刮水速度。智能型刮水器具有根据雨量传感器检测到的雨量信号控制刮水器自动工作的功能,在完成清洗玻璃刮水过程后5s再刮水一次(仅在车速>5km/h时工作),防止玻璃上产生水滴。同时,刮水控制单元还控制风窗玻璃清洗泵的工作。向转向盘方向拉操纵杆,清洗器立即开始工作,刮水器随后开始刮水。如车速超过120km/h,则清洗同时工作。如果松开操纵杆,则清洗器停止工作,刮水器继续工作约4s。

3. 供电控制单元 J519

J519的任务是接收开关信息并向外输出能量,它控制J400的功率输出,并通过LIN总线控制G397。如果在刮水电动机正在工作时打开了发动机舱盖,那么刮水电动机会立即停止工作。如果在风窗玻璃清洗泵V5工作时打开了发动机舱盖,那么该泵也会被立即关闭。发动机舱盖是否打开由2个接触开关来识别,这2个开关信号被发送到J519上。J519通过LIN总线给J400提供所需要的信息,以便执行刮水器的各种功能。用于起动V5的信息是由转向柱电气控制单元J527发送到舒适系统CAN总线的。J519在接收到信息后,又通过LIN总线将信息传递给J400,J400随后起动V5,同时J519通过LIN总线将包含相应刮水功能的信息发送到J400,J400控制刮水电动机工作。其电路控制如图9-18所示。

如果舒适系统中央控制单元J393失效,那么J519就会替代它来实现主功能,J519会将转向信息发送到CAN总线上。J519的软件可以实现应急功能,如果识别出旋转式灯开关有故障,或该开关的导线断路,那么J519会自动接通行车灯,前照灯自动亮起。J519还可实现转向柱调节、脚坑照明、变速杆位置照明、前面和侧面转向信号、喇叭控制、风窗清洗泵控制、转向柱记忆等功能。J519装在仪表板左侧的后部,取下脚坑盖板就可看到。

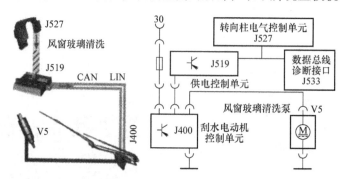

图9-18 风挡玻璃清洗泵的启动电路

4. 智能型刮水器的其他功能

1)停车并断开点火开关后10s内,起动刮水间歇档,刮水器可停在风窗玻璃最上端,此时方可将刮水臂扳起进行维修,以避免冬季下雪天气发生刮水器冻结。

2)刮水器在摆动过程中遇到障碍物或冻结在风窗玻璃上时,尝试推动5次,如失败,刮水器停在此位置不动,可避免传统刮水器耗尽电源的弊端。

3)随车速、雨量的变化自动调整刮刷速度。

4)刮水片停在发动机盖内,不干扰视野。

5)关闭刮水器5s后,再刮一次,以清除水滴。

6)在发动机机舱盖打开的状态下,刮水器没有动作,以防止发生干涉而损坏刮水器。

7) 刮水器具有防盗功能，刮水器收到发动机舱盖下面后，无法将刮水器扳起盗走。

8) 挂倒档时，后风窗玻璃刮水器刮水一次，如刮水器操纵杆处于慢速或快速刮水位置并挂倒档，则后风窗刮水器动作。

9) 向前推刮水器操纵杆，后风窗玻璃约隔 6s 刮水一次。

10) 软停止功能使得刮水片磨损小，为了防止刮片的变形损坏，刮水器在每次开关断开时，刮臂都会轻柔地回到风窗玻璃的下沿，每次的停止位置不同，每隔一次在停止位置稍许退回。将刮水片翻过来，这样可以延缓橡胶刮水片的老化。

11) 每次起动发动机时，两只刮水臂都会轻轻地跳动一下，将刮水片翻转，此项动作能延缓橡胶刮水片老化。

5. 刮水器的 LIN 总线控制

奥迪 A6L（C6）轿车采用了 LIN 总线控制的智能刮水系统，该系统采用 LIN 总线控制工作，LIN 总线是一个连接主控制单元与其部件的子系统，这些部件包括控制器、开关、传感器、执行器等，这种方式的连接和数据传递方式在更多的车型与系统中应用。LIN 总线作为子系统可以节省费用，在一辆车里可以存在多个 LIN 总线子系统输出不同的功能。每个 LIN 总线系统由一个主控制单元和一个或多个从控制单元组成。从控制单元通过主控制单元与 CAN 总线通信。其他的 LIN 总线子系统均可与 CAN 总线进行数据交换，如图 9-19 所示。LIN 总线数据的传递速率介于 1~20kbit/s 之间，传递速率的快慢取决于其位于舒适总线及信息娱乐总线的地址设定。LIN 总线的线材基础颜色为紫色，带有一点白色识别色，直径为 0.35mm，单线传输没有屏蔽。信号传递波形为高低电平的矩形波（介于蓄电池额定电压与 0V 之间），从控制单元有刮水电动机、雨量传感器、多功能转向盘等，执行器有刮水器等。LIN 总线控制的优点包括可以减少线束，减轻车辆装备质量，减少干扰，由于插接器减到最少而减轻维修难度。

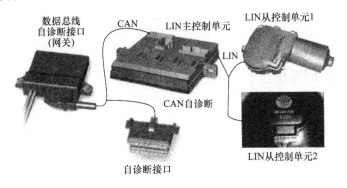

图 9-19　LIN 总线系统图

6. 雨量/光照/湿度传感器 G397 失灵

1) 适用车型。G397 适用于所有奥迪车型。

2) 故障原因。由于拆卸或安装不当而损坏了雨量/光照/湿度传感器（G397），使得该传感器失灵。

3) 解决方案。请按照以下方法正确拆卸和安装雨量/光照/湿度传感器，以防其损坏。

① 断开点火开关，拔出点火钥匙。

② 拆卸车内后视镜。
③ 断开图9-20所示的导线插接器3。
④ 将一把一字旋具5插入开口中，然后松开制动弹簧2的卡子。
⑤ 等待1min，以便硅胶垫松开，这样撕下时不会有残留。

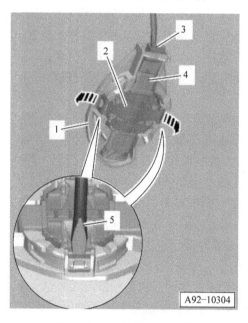

图9-20　G397的拆卸示意
1—G397定位座　2—制动弹簧　3—导线插接器　4—G397　5——字旋具

第四节　本田轿车转矩传感器

一、本田轿车EPS电感式转矩传感器的结构

广州本田飞度轿车EPS系统采用电感式转矩传感器，转矩传感器安装在转向器小齿轮轴上，用来检测转向盘操作力矩的大小和方向，并把它转换为电压值传给ECU。助力电动机的助力大小与转矩传感器的转矩大小成正比，即转矩传感器转矩越大，助力电动机助力作用越大。该传感器的结构如图9-21所示，扭杆2穿在中空的输入轴1内，扭杆的输入端通过固定销钉3和输入轴固连在一起，扭杆的另一端和输出轴8固连在一起。在输入轴和输出轴的外面套有阀芯4，阀芯为中空结构，通过其下端内部的滑动平键12和输出轴连在一起，阀芯相

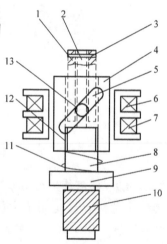

图9-21　转矩传感器的结构
1—输入轴　2—扭杆　3—固定销钉　4—阀芯
5—斜槽　6—线圈1　7—线圈2　8—输出轴　9—蜗轮
10—小齿轮　11—弹簧　12—滑动平键　13—固定销

对于输出轴可沿轴向上下移动。在阀芯的表面上开有斜槽5（上下各一个），与输入轴固连在一起的固定销13穿在斜槽中。弹簧11通过其弹力将阀芯向上推，用来消除固定销13和斜槽之间的间隙。

二、本田轿车转矩传感器的工作原理

当转向盘在中位时，固定销在斜槽的中间位置。从输入轴端看，当向左转动方向盘时，由于小齿轮处有转向阻力，于是输入轴和输出轴之间发生相对位移，扭杆发生扭转变形。由于输入轴向左转动输入轴上的固定销也向左转动，固定销通过斜槽预推动阀芯向左转动，但因阀芯只能沿着轴线方向移动，固定销和斜槽之间的法向作用力产生使阀芯向上运动的分力，因此阀芯向上移动。转向阻力越大，扭杆变形越大，阀芯向上移动的距离越大。通过这种结构，可将扭杆的角变形转变成阀芯的上下直线位移。同理，当转向盘向右转动时，阀芯向下移动。当阀芯在感应线圈中上下移动时，感应线圈产生感生电压，电压信号经转矩传感器中的集成放大电路放大处理后传送给EPS的ECU。为保证转矩传感器信号的可靠性，转矩传感器中设计有两个线圈，向ECU同时输送主、辅信号，ECU将主、辅信号进行对比，判断力矩信号的正确性。转矩传感器工作原理及输出的信号电压如图9-22所示。

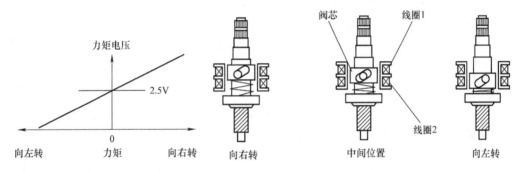

图9-22 转矩传感器工作原理及输出的信号电压

三、本田轿车转矩传感器的检测

1）故障码检测。将点火开关置于OFF位置，HDS与仪表板下的16芯数据传输插接器连接后，传感器有故障，必须根据本田PGM测试仪或本田诊断系统HDS上的提示来清除故障码。

2）电压检测。在点火开关打开、EPS ECU的接线端进行电压测量，插头连接的情况下，利用数字式万用表，采用背插法对广州本田飞度轿车进行检测，转矩传感器与EPS ECU的线路连接图，如图9-23所示。

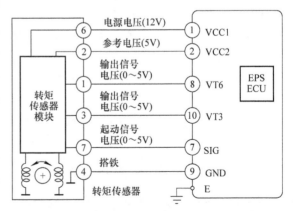

图9-23 转矩传感器与EPS ECU的线路连接图

3）广州本田飞度轿车转矩传感器标准电压值见表9-2。

表 9-2 广州本田飞度轿车转矩传感器标准电压值

端子编号	导线颜色	端子符号	说明	测量（断开 ABS/TCS 控制装置的 47P 插接器）		
				端子	条件	电压值
1	棕	VCC1（12V）电压（公共1）	转矩传感器电源	1 – 搭铁	起动发动机	蓄电池电压
					点火开关 OFF	0V
2	红	VCC2（5V）电压（公共2）	转矩传感器参考电压	2 – 搭铁	起动发动机	约 5V
					点火开关 OFF	0V
6	黄	IG1（点火1）	系统激活电源	6 – 搭铁	点火开关 ON	蓄电池电压
					点火开关 OFF	0V
7	灰/蓝	SIG（转矩传感器 F/S 信号）	检测转矩传感器信号	7—搭铁	起动发动机	短暂出现 5V
8	黄	VT6	转矩传感器信号	8 – 搭铁	起动发动机	为 0~5V
9	白	GND（转矩传感器搭铁）	转矩传感器搭铁	9 – 搭铁	—	—
10	蓝	VT3	转矩传感器信号	10 – 搭铁	起动发动机	为 0~5V

四、广汽本田理念轿车记忆转矩传感器中间位置的方法

对于广汽理念轿车，每次更换转向器或 EPS 控制单元时，必须记忆转矩传感器中间位置。因为转矩传感器对外界温度很敏感，因此记忆转矩传感器中间位置时，环境温度必须高于 20℃。具体方法如下：

1）将点火开关置于 LOCK（0）位，把 HDS 连接到驾驶人侧仪表板下的数据插接器（DLC）上，如图 9-24 所示。

2）将点火开关转至 ON（Ⅱ）位。

3）确保 HDS 与车辆和 EPS 控制单元正常通信。

4）从 HDS 的 EPS 菜单上选择"MISCELLANE-OUS TEST"（其他测试），然后选择"TORQUE SENSOR LEARNN"（转矩传感器学习），并按照 HDS 屏幕上的提示进行操作。

5）将点火开关转至 LOCK（0）位置即可。

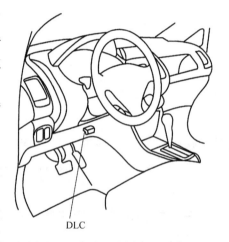

图 9-24 广汽理念轿车 DLC 位置

第五节 新款皇冠轿车转矩传感器

一、新款皇冠轿车电控助力转向系统的结构

电控助力转向系统是由转向控制单元控制转向电控机工作来实现助力的转向系统，其传感器的结构如图 9-25 所示。驾驶人操纵转向盘的转向，力矩通过转向齿轮和转向拉杆传到汽车的转向轮上；与此同时，电子控制单元根据目前驾驶人操纵转向盘而产生的转向力矩及当时行驶的车速，计算出所需要的转向助力。而所需的转向助力是通过调整电动机的电压和

电流来实现的,所以转向轮上最终得到的转向力矩,是驾驶人操纵转向盘所产生的转向力矩与转向电动助力之和(后者远大于前者)。电动转向助力系统直接使用电源,它不消耗发动机的机械动力,故不会直接影响发动机的运转,从而比传统的液压助力转向系统节省燃油。注:极限位置转动圈数为3.4圈。

该电控助力转向系统主要包括:由转向盘直接驱动的转矩传感器,其下部的小齿轮驱动齿条;转向电动机,装于转向管柱的中部;减速装置,采取与电动机转子内壳配套的循环滚珠式减速齿轮;转角传感器,反映助力电动机的转角和转向;齿条轴的外壳及左右横拉杆。

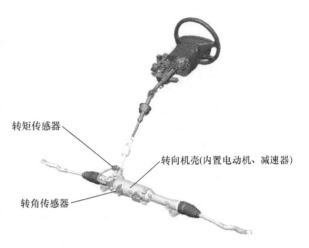

图9-25 电控助力转向传感器的结构

1. 转矩传感器结构与工作原理

转矩传感器包括两部分,分别安装在转向盘的输入轴和转向小齿轮的输出轴上。

1)转子部分由上下两层构成,且均装有转矩传感器,如图9-26所示。输入轴和输出轴由一根细金属销连接成一体,转子部分上方有销孔,如图9-27所示。输入轴和输出轴两者上部是刚性连接,由汽车转向盘的转轴即输入轴驱动。其下层转子带动小齿轮推动齿条的平移,驱动转向轮左右转向。

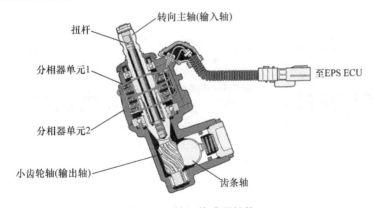

图9-26 转矩传感器结构

转矩传感器的上层部分由转向盘直接驱动,由于下端没有负载,所以它的转动量与转向盘转轴完全同步。但转矩传感器的下层部分带有转向小齿轮(有一定阻力),中间通过细扭杆驱动,导致下层转子的转动量相对较小,这就造成上、下层转子在机械上会产生相对角位移差。当汽车转向时,在不同的道路条件遇到不同的转向阻力时,输入轴与输出轴这两个转轴会产生与转向转矩大小相应的角度差。

2)定子部分亦有上下两层线,分别对应转子的上下部。定子线圈部分有两种线圈分布,分别是励磁线圈(A信号)和检测线圈(B信号),如图9-28所示,其上共有7根不同颜色的细导线与外界联系。其励磁线圈对转子部分的线圈通过电磁感应引起励磁作用;检

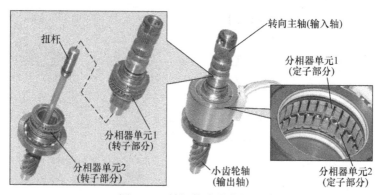

图 9-27 转矩传感器分解图

测线圈则将输入、输出轴的上下角差（转向转矩）检测出来，向电子控制单元输送电信号，这个电信号是以定子线圈上的两列正弦波的相位差，反映此时转矩传感器检测到的转矩大小。

2. 电动机结构与工作原理

在转向器中部柱管内壁，安装有助力电动机以及减速器，如图 9-29 所示。电动机与齿条轴同心，由转角传感器、定子和转子组成。

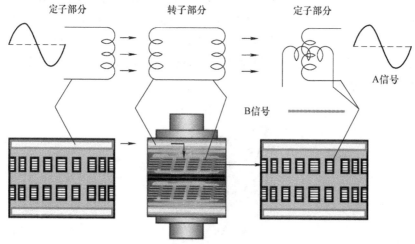

图 9-28 转向转矩传感器线圈分解

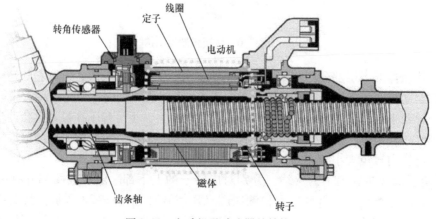

图 9-29 电动机及减速器的结构

助力电动机为无电刷的三相交流电机,如图 9-30 所示。其定子线圈为三相双星形联结,如图 9-31 所示,电动机转子是强永磁式的。此电动机设计的转动惯量较小,便于汽车行驶时灵活地变转向操作。该电动机的改变旋转方向极方便,只需将三相电源任意两相间进行换接即能实现迅速的转向助力操作。而且此电动机具有低噪声、高转矩的特点,能克服行驶各种道路时的转向阻力,进行灵活转向操作。

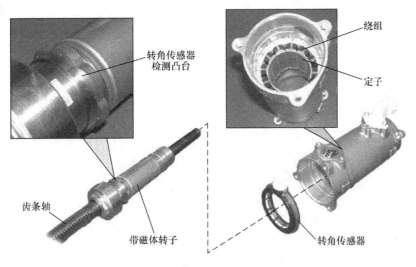

图 9-30 助力电动机

供给助力电动机的电源为 27～34V 的三相交流电压;此电动助力转向控制单元中,还专门设置有提升电压的逆变器和电感储能线圈,由类似三相桥式、能将蓄电池的电压转为 27～34V 的电路完成。当驾驶人操纵转向盘时,则会自动根据转向阻力大小,输出 27～34V 之间的可变电庄;当驾驶人未打方向或车辆直线行驶时,电动机不运转,此时电动机的电压为 0V。

通过控制助力电动机的电流,来控制转向助力的大小。电动助力转向装置的控制单元接收转矩传感器和车速传感器的信号,并且根据转角传感器的数据判断当前车辆行驶状况,决定施加给转向电动机的助力电流大

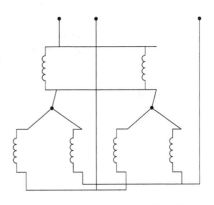

图 9-31 转向电动机的双星形原理

小,转向转矩和辅助动力电流输出间的关系如图 9-32 所示。转向电动机还有过热保护功能,当温度超过规定值时,为保护电源和电动机不致过载,此时应限制电动机的助力电流,直至温度下降至规定的允许值为止。

3. 减速机构

为降低转向电动机的转速,以获得更大的力矩,采取了与电动机转子内壳配套的循环滚珠式减速装置。极小的钢珠在四个极光滑的槽内循环滚动减速,如图 9-33 所示,将动力传递给齿条轴做直线运动,推动两个转向轮左右摆动,以驱动汽车进行转向。由于钢珠极小,在精细加工的导槽内循环滚动,故传动噪声极微。

二、电控助力转向系统的基本工作原理

如图 9-34 所示,当驾驶人操作转向盘时,驱动转矩传感器的输入轴,经弹性转矩杆驱动输出抽,检测到输入轴与输出轴的转交差。转矩传感器输出电信号,同时输出转向信号到电动助力转向控制 ECU;同时电动助力转向控制 ECU 根据车速传感器和转矩传感器计算出供给转向电动机的电流,获取助力;钢滚珠和螺母将电动机旋转运动减速后,再转换为直线运动,以降低驾驶人的工作强度;转向控制单元将蓄电池电压提升到 27~34V,并且转换为三相交流电,增大转向功率;转角传感器反馈转向电动机的转角大小及转动方向到电动机控制 ECU。

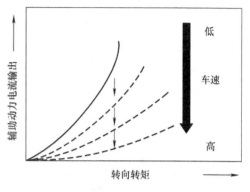

图 9-32 EPS 工作情况

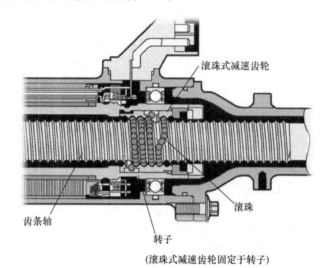

(滚珠式减速齿轮固定于转子)

图 9-33 减速机构结构

电控助力控制有以下功能:

1)基本控制。根据车速和转向转矩计算辅助电流大小,并以此控制电动机运作。

2)惯性补偿控制。在驾驶人刚开始转动转向盘时,改善电动机起始运动。

3)回复控制。在驾驶人将转向盘打到底后与车轮试图回复的短时间间隔内,控制辅助回复力。

4)阻尼控制。当驾驶人高速行驶时可转动转向盘调节助力大小,以减缓车身摆移率的改变。

5)增压控制。在 EPS ECU 中将蓄电池电压增大,当驾驶人未转动转向盘或车辆直线行驶时保持 0V,并在驾驶人转动转向盘时,根据负荷大小,在输出电压 27~34V 之间实现增压控制。

6)系统过热保护控制。根据电流值和持续时间估计电动机温度,如果温度超过标准

值，即限制输出电流大小以保护电动机，防止过热损坏。

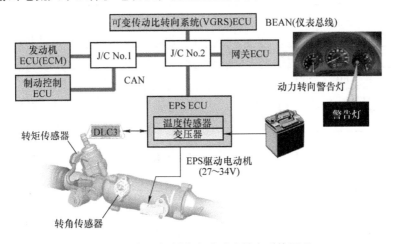

图 9-34　新皇冠轿车电动助力转向系统原理

三、新款皇冠轿车转矩传感器的检测

1）电阻检测。转矩传感器与动力转向 ECU 总成之间的线路连接图如图 9-35 所示，插头端子名称见表 9-3，标准电阻值见表 9-4。

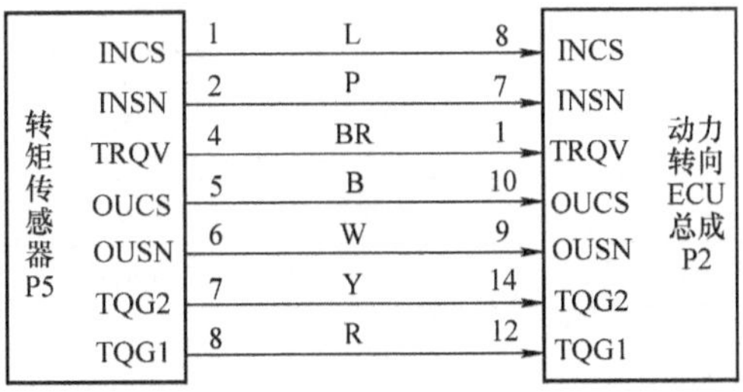

图 9-35　转矩传感器与动力转向 ECU 总成之间的线路连接图

表 9-3　插头端子名称

P5 端子	P2 端子	导线颜色	名称
P5－4	P2－1（TRQV）	BR	转矩传感器电源（输入正弦脉冲信号）
P5－2	P2－7（INSN）	P	SIN 相位输出信号（转矩传感器输入轴侧）
P5－1	P2－8（INCS）	L	COS 相位输出信号（转矩传感器输入轴侧）
P5－6	P2－9（OUSN）	W	SIN 相位输出信号（转矩传感器输出轴侧）
P5－5	P2－10（OUCS）	B	COS 相位输出信号（转矩传感器输出轴侧）
P5－8	P2－12（TQG1）	R	转矩传感器电源接地
P5－7	P2－14（TQG2）	Y	转矩传感器检测电路接地

2）EPS 系统出现故障时，EPS ECU 进行以下控制：点亮 VS 警告灯，起动失效保护功能，故障码见表 9-5。

表 9-4 标准电阻值

端子	电阻
P5-1（INCS）与 P5-7（TQG2）	90～170Ω
P5-2（INSN）与 P5-7（TQG2）	300～430Ω
P5-4（TRQV）与 P5-8（TQG1）	4～14Ω
P5-5（OUCS）与 P5-7（TQG2）	90～170Ω
P5-6（OUSN）与 P5-7（TQG2）	300～430Ω

表 9-5 故障码表

故障码	检测项目	P/S
C1531/25	ECU 故障	点亮
C1532/25		
C1533/25		
C1534/25		
C1541/13	车速信号故障	点亮
C1551/25	IG 电源电压故障	点亮
C1552/22	PIG 补充电源电压故障	点亮
C1554/23	补充电源继电器失效	点亮
C1555/25	电动机继电器焊接失效	点亮
C1581/81	助力映射关系未写入	点亮
U0073/49	控制模块通信总线断开	点亮
U0105/41	与燃油喷射控制模块失去联络	—
U0121/42	与 ABS 控制模块失去联络	点亮

3）失效保护见表 9-6。

表 9-6 失效保护

故障码	检测项目	失效保护运作
C1511/11	转矩传感器故障	禁止转向助力控制
C1512/11		
C1513/11		
C1521/25	电动机故障	禁止转向助力控制
C1522/25		
C1523/24		
C1524/24		
C1528/12	电动机转角传感器故障	禁止转向助力控制
C1531/25	EPS ECU 故障	禁止转向助力控制
C1532/25		
C1533/25		EPS ECU 保护功能取消，保留转向助力控制
C1534/25		助力大小固定在车速为 100km/h 时的值

(续)

故障码	检测项目	失效保护运作
C1541/13	车速信号故障	助力大小固定在车速为100km/h时的值
C1551/25	IG电源电压故障	禁止转向助力控制
C1552/22	PIG补充电源电压故障	禁止转向助力控制
C1554/23	补充电源继电器失效	禁止转向助力控制
C1555/25	电机继电器焊接失效	禁止转向助力控制
U0073/49	控制模块通信总线断开	助力大小固定在车速为100km/h时的值
U0105/41	与燃油喷射控制模块失去联络	禁止转向助力控制
U0121/42	与ABS控制模块失去联络	助力大小固定在车速为100km/h时的值
—	电动机过热	限制电动机助力电流直至温度下降

第六节　大众轿车磁阻式转矩传感器

一、大众轿车磁阻式转矩传感器的结构

利用转向力矩传感器直接在转向小齿轮上计算转向盘转矩，该传感器基于磁阻功能原理工作，它被设计成双保险（备用），以保证最高的安全性。

在转矩传感器上，转向柱和转向器通过一根扭转杆相互连接。连接转向柱的连接件上有一个磁极性轮，上面被交替划分出24个不同的极性区，如图9-36所示。每次分析转矩时使用两根磁极。

辅助配合件是一个磁阻传感器，它固定在连接转向器的连接件上。当操作时，两个连接件根据施加的转矩做相对转动。由于此时磁极性轮也相对传感器旋转，因此可以测量施加的转向力矩，并将信号发送给控制单元。

当转向力矩传感器发生故障时，必须更换转向器。识别到故障时，将关闭转向助力。关闭过程不是突然进行的，而是缓慢地进行。为了实现缓慢关闭，控制单元根据转向角和电动机的转子角度计算出转向力矩替代信号。故障将通过指示灯K161亮起红灯来显示。

（1）转子转速传感器

转子转速传感器是电动机械转向助力器电动机V187的一个组成部件，从外部无法接触到它。转子转速传感器根据磁阻功能原理工作，在结构上与转向力矩传感器G269相同。它通过探测电动机械转向助力器电动机V187的转子转速，来精确控制电动机。

当传感器失灵时，将把转向角速度用作替代信号。转向助力将安全地缓慢降低，从而避免由于传感器的失灵而突然关闭转向助力。故障将通过指示灯K161亮起红灯来显示。

（2）车速

车速信号由ABS控制单元提供。当车速信号失灵时，紧急运行程序被启动。驾驶人获得完全的转向助力，但是没有电控转向助力系统功能。故障将通过指示灯K161亮起黄灯来显示。

（3）发动机转速传感器 G28

发动机控制单元根据发动机转速传感器的信号，探测到发动机转速和曲轴的准确位置。当发动机转速传感器失灵时，转向系统通过总线端 15 运行。故障将不会通过指示灯 K161 亮起来显示。

1. 电动机 V187

电动机是无电刷异步电动机，它能够产生最大 4.1N·m 的转向助力。异步电动机没有永磁场或电磁激励，如名称所述。异步电动机在所施加的电压频率和电动机旋转频率之间有一个偏差，这两个频率不相同，因此叫作异步。异步电动机结构简单（无电刷），因此运行非常安全，其外形如图 9-37 所示，电路如图 9-38 所示。

由于异步电动机的响应性能非常小，所以也适用于最快的转向运动。电动机安装在铝合金壳体内，通过蜗轮传动和驱动小齿轮作用在齿条上，从而传送助力转向力。控制侧的轴端部有一块磁铁，控制单元用它来探测转子转速，并利用该信号计算转向速度。

异步电动机的优点在于，它可以在无电压状态下通过转向器运转。这说明，即使当电动机发生故障，也不会因此而引起转向助力失灵，并且只需用少量力来运转转向系统，甚至当短路时电动机也不会被锁止。出现故障时，将通过指示灯 K161 亮起红灯来显示。

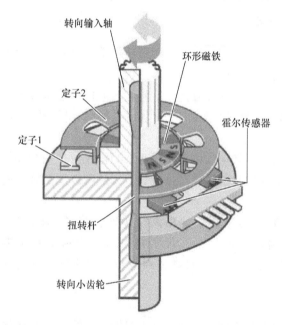

图 9-36 转向力矩传感器结构

图 9-37 异步电动机外形

2. 转向辅助控制单元 J500

转向辅助控制单元（图 9-39）直接固定在电动机上，因此无须铺设连接转向助力器部件的管路。

根据如下输入信号：

1）转向角传感器的转向角信号。
2）发动机转速传感器的发动机转速信号。
3）转向力矩和转子转速，以及车速信号。

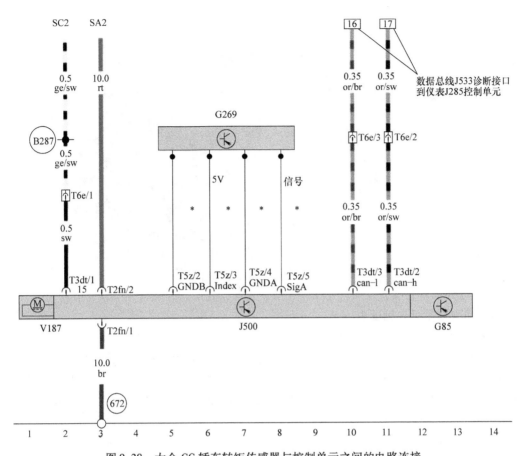

图 9-38 大众 CC 轿车转矩传感器与控制单元之间的电路连接

G85—转向角传感器　G269—转向转矩传感器　J500—转向辅助控制单元　SC2—熔丝架 C 上的熔丝 2
SA2—熔丝架 A 上的熔丝 2　T2fn—2 芯插头连接　T3dt—3 芯插头连接　T5z—5 芯插头连接　T6e—6 芯插头连接
V187—电控机械式伺服转向电动机　672—接地点 2，左前纵梁上
B287—正极连接 11（15a），在主导线束中　＊—适配导线

4）组合仪表中带显示的控制单元 J285 用于识别点火钥匙的信号。

控制单元探测到当前的转向助力需要的信号，计算励磁电流的电流强度并控制电动机。控制单元中集成了一个温度传感器探测转向装置的温度，当温度上升到 100℃ 以上时，将持续降低转向助力。当转向助力低于 60% 时，电动机械转向助力器指示灯 K161 亮起黄灯，并在故障存储器中留下记录。当转向辅助控制单元损坏时，应整套更换。控制单元永久程序存储器中相关的特性曲线组必须用汽车诊断、测量和信息系统 VAS 5051 激活。

(1) 指示灯 K161

指示灯位于组合仪表内的显示单元内，如图 9-40 所示，它用于显示电动机械转向助力器的功能失灵或故障。

指示灯在功能失灵时可亮起两种颜色：黄灯亮起说明是一种轻量警告；红灯亮起时必须立刻前往维修站查询故障。当指示灯亮起红灯时，同时还会发出 3 声报警音作为声音警告信号。接通点火开关时，指示灯亮起红灯，因为电动机械转向助力器系统在进行自检。只有当转辅助控制单元收到系统工作正常的信号时，指示灯才会熄灭。这种自检过程大约为 2s，

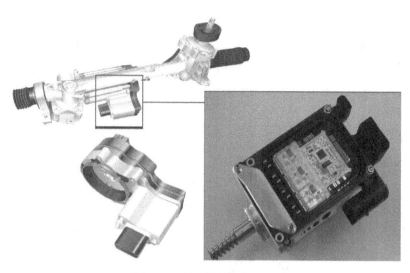

图 9-39　转向辅助控制单元

发动机起动时指示灯立刻熄灭。

（2）特点

1）牵引。车速大于 7km/h，且点火开关接通在牵引时也会提供转向助力。

2）蓄电池用尽。转向系统会识别低电压，并对此做出反应。当电池电压低于 9V 时，会降低转向助力直至关闭，指示灯亮起红灯。如果电压暂时低于 9V，指示灯亮起黄灯。

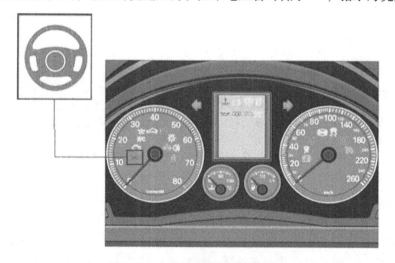

图 9-40　电动助力转向故障指示灯

二、转向助力大小的设定方法

用 VAS 5051 进入 44 - 10 - 01，在 VAS 5051 屏幕内的条形块上选择某个合适的助力数值（1~16 档），按保存键，然后再按接收键。此时屏幕就会显示新设定助力大小的名称，然后再按返回键，退出即可。

注意：由中间位置向左或向右最大的旋转角度为 90°。

三、大众轿车磁阻式转矩传感器的检测

1）用万用表检测端子 T3dt/1 的 15a 号供电线、端子 T2fm/2 的 30 号供电线（V187 供电）和端子 T2fm/1 的搭铁线，检测结果表明 J500、V187 的供电和搭铁均正常。

2）测量端子 T3dt/3 和端子 T3dt/2 之间的电压，工作时电压为 2.5V~3.5V，睡眠模式下的电压为 0V，说明 CAN 总线通信正常。

3）测量端子 T5z/3 和端子 T5z/2 之间的电压，正常电压应在 5V 左右。

★ 第七节 丰田卡罗拉轿车巡航控制系统 ★

一、丰田卡罗拉轿车巡航控制系统的组成及功用

卡罗拉轿车巡航控制电路如图 9-41 所示，巡航控制 ECU 与发动机控制 ECU 合为一体。ECU 根据各种传感器送来的信号判断汽车的运行工况，并通过执行元件自动调节节气门的开度，使汽车的行驶速度与设定的车速保持一致。巡航控制系统主要由巡航控制开关、安全开关、传感器、发动机 ECU 和执行元件等组成。

1）巡航主指示灯电路。ECM 检测到巡航控制开关信号并从 A50 的 A49、A41 脚通过 CAN 将其发送到组合仪表 E46 的 28、27 脚，然后巡航主指示灯亮起，巡航主指示灯位置如图 9-42 所示。巡航主指示灯电路使用 CAN 通信，如果此电路有故障，在对此电路进行故障排除前，检查 CAN 通信系统的故障码。

2）巡航控制开关。巡航控制开关位于转向盘上，控制开关信号通过螺旋电缆接发动机 ECM 的 A40 脚，电路如图 9-43 所示。

巡航控制主开关有以下 7 个功能：SET（设置）、"-"（滑行）、逐级减速、RES（恢复）、"+"（加速）、逐级加速和 CANCEL。SET（设置）、逐级减速和"-"（滑行）功能共用一个开关，RES（恢复）、逐级加速和"+"（加速）功能共用一个开关。巡航控制主开关是自动回位型开关，仅在按箭头方向操作时才打开，松开后开关关闭。

1）SET（设置）控制。在巡航控制主开关处于 ON 位置（CRUSE 主指示灯亮起）且车速在设置速度范围内（速度下限和速度上限之间）时，将主开关推向"-"（滑行）/SET，车速将被存储并保持恒速控制。

2）"-"（滑行）控制。在巡航控制系统工作期间，将巡航控制主开关设置并保持在"-"（滑行）/SET 位置时，ECM 将"节气门开关为 0°"的指令信号发送至巡航控制系统。当巡航控制主开关松开时，存储且保持车速。

3）逐级减速控制。在巡航控制系统工作期间，每将巡航控制主开关按至"-"（滑行）/SET（约 0.6s）一次，存储车速相应下降约 1.6m/h。当巡航控制主开关从"-"（滑行）/SET 松开且行驶车速和存储车速相差超过 5km/h 时，行驶车速被存储并保持恒速控制。

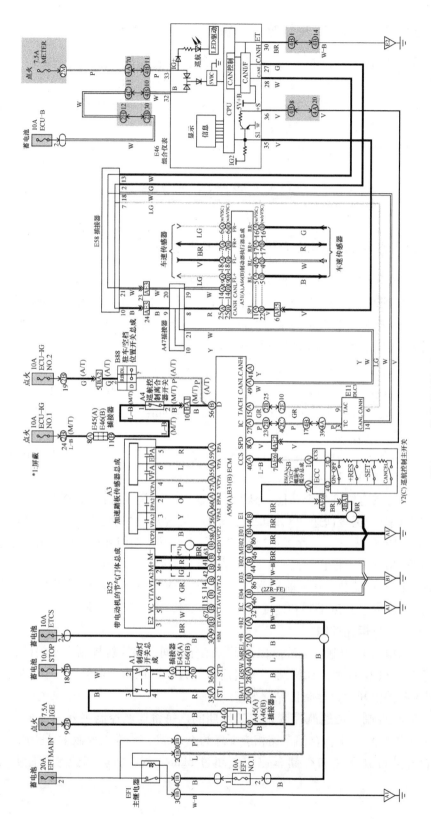

图 9-41 巡航控制电路

4)"+"(加速)控制。在巡航控制系统工作期间,按住巡航控制主开关上的"+"(加速)/RES(恢复),ECM指令节气门体总成的节气门电动机打开节气门。巡航控制主开关从"+"(加速)/RES(恢复)松开时,存储车速并恒速控制车辆。

5)逐级加速控制。在巡航控制系统工作期间,每将巡航控制主开关按至"+"(加速)/RES(恢复)(约0.6s)一次,存储车速相应增加约1.6m/h。但当行驶车速和存储车速相差5km/h以上时,存储车速不会改变。

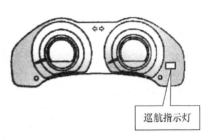

图9-42 巡航主指示灯位置图

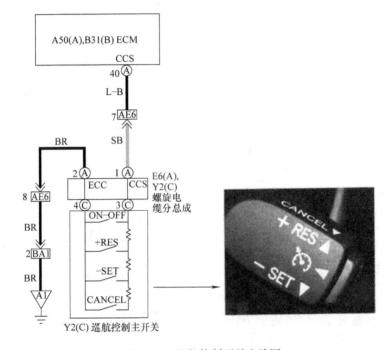

图9-43 巡航控制开关电路图

6)RES(恢复)控制。如果行驶速度在限制范围内用制动灯开关、CANCEL开关或低速限制开关取消巡航操作,则将巡航控制开关推至"+"(加速)/RES(恢复),可恢复取消时存储的车速并保持恒速控制。

7)手动取消控制。巡航控制系统工作时,执行下述任何一种操作,将取消巡航控制系统(仍保持ECM中存储的车速):①踩下制动踏板;②踩下离合器踏板(M/T);③变速杆从D位或3位换到N位、2位或1位(A/T);④将巡航控制主开关拉回CANCEL;⑤关闭巡航控制主开关(不保持ECM中的存储车速)。

二、丰田卡罗拉轿车巡航控制系统的检修

1)巡航控制主开关如图9-44所示,巡航控制主开关电阻值检测见表9-7。

2)检查线束和插接器(巡航控制主开关与螺旋电缆),如图9-45所示。巡航控制主开关与螺旋电缆的线束阻值见表9-8。

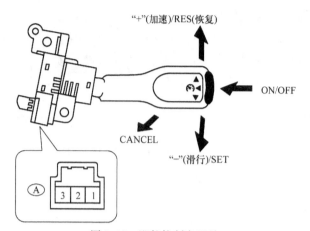
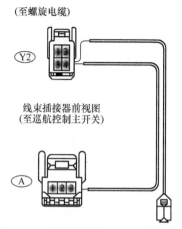

图 9-44 巡航控制主开关　　　　图 9-45 巡航控制主开关与螺旋电缆

表 9-7 巡航控制主开关电阻值检测

检测仪连接	开关条件	规定状态
A－3（CCS）—A—1（ECC）	中立位置	10kΩ 或更大
A－3（CCS）—A—1（ECC）	"＋"（加速）/RES（恢复）	235～245Ω
A－3（CCS）—A—1（ECC）	"－"（滑行）/RET	617～643Ω
A－3（CCS）—A—1（ECC）	CANCEL	1509～1571Ω
A－3（CCS）—A—1（ECC）	主开关打开	小于 2.5Ω

表 9-8 巡航控制主开关与螺旋电缆的线束阻值

检测仪连接	条件	规定状态
A—1—Y2—4	始终	小于 1Ω
A—3—Y2—3	始终	小于 1Ω

3）制动灯开关如图 9-46 所示，其电路图如图 9-47 所示。制动开关阻值见表 9-9。

4）松开离合器踏板时，ECM 通过 1号 ECU－IG 熔丝接收蓄电池正极；踩下离合器开关时，离合器开关向 ECM 的 B56 端子 D 发送信号，端子 D 接收到信号时，

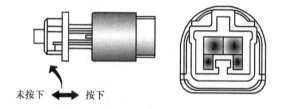

图 9-46 制动灯开关

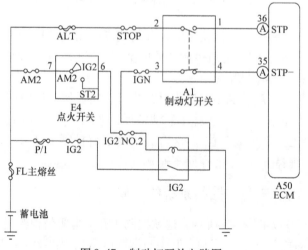

图 9-47 制动灯开关电路图

ECM 取消巡航控制。离合器开关电路如图 9-48 所示。将点火开关置于 OFF 位置，从离合器开关上断开连接器 A4，拆下离合器开关，测量电阻，如图 9-49 所示。离合器开关标准电阻值见表 9-10。

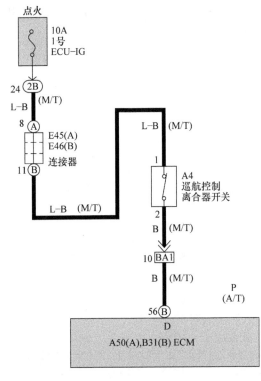

图 9-48　离合器开关电路

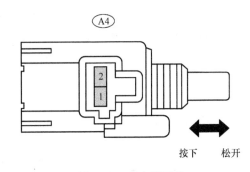

图 9-49　离合器开关

表 9-9　制动开关阻值

检测仪连接	开关条件	规定状态
1 - 2	开关未按下	小于 1Ω
3 - 4	开关未按下	10kΩ 或更大
1 - 2	开关按下	10kΩ 或更大
3 - 4	开关按下	小于 1Ω

表 9-10　离合器开关标准电阻值

检测仪连接	开关状态	规定状态
1 - 2	开关松开（踩下离合器）	10kΩ 或更大
1 - 2	开关松开（松开离合器）	小于 1Ω

5）巡航控制系统故障诊断表见表 9-11。

表 9-11　巡航控制系统故障诊断表

症状	可疑部位
当车速降到低于速度下限时，巡航控制没有取消 （CRUISE 主指示灯一直亮）	车速传感器电路
	如果上述部位检查完毕且证明各部位均正常，但症状仍然出现，则应更换 ECM（2ZR - FE）
当车速降到低于速度下限时，巡航控制没有取消（CRUISE 主指示灯熄灭）	更换 ECM（2ZR - FE）

（续）

症状	可疑部位
踩下制动踏板不能取消巡航控制（CRUISE 主指示灯一直亮）	制动灯开关电路
	如果上述部位检查完毕且证明各部位均正常，但症状仍然出现，则应更换 ECM（2ZR－FE）
踩下制动踏板不能取消巡航控制（CRUISE 主指示灯熄灭）	更换 ECM（2ZR－FE）
踩下离合器踏板不能取消巡航控制（CRUISE 主指示灯一直亮）	离合器开关电路（C66 M/T）
	如果上述部位检查完毕且证明各部位均正常，但症状仍然出现，则应更换 ECM（2ZR－FE）
踩下离合器踏板不能取消巡航控制（CRUISE 主指示灯熄灭）	更换 ECM（2ZR－FE）
移动变速杆不能取消巡航控制	变速器档位传感器电路（U341E A/T）
	如果上述部位检查完毕且证明各部位均正常，但症状仍然出现，则应更换 ECM（2ZR－FE）
抖动（车速不恒定）	车速传感器电路
	组合仪表
	如果上述部位检查完毕且证明各部位均正常，但症状仍然出现，则应更换 ECM（2ZR－FE）
CRUISE 主指示灯始终闪烁	TC 和 CG 端子电路
	如果上述部位检查完毕且证明各部位均正常，但症状仍然出现，则应更换 ECM（2ZR－FE）

6）巡航控制系统端子电压检测见表 9-12，巡航控制系统 ECM 控制端子如图 9-50 所示。

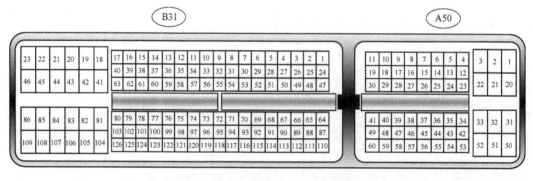

图 9-50　巡航控制系统 ECM 控制端子

表 9-12　巡航控制系统端子电压检测

符号（端子编号）	接线颜色	端子说明	状态	规定条件
A50-27(TC)-B31-104(E1)	R-BR	车身搭铁	点火开关置于ON(IG)位置	11~14V
A50-27(TC)-B31-104(E1)	R-BR	车身搭铁	DLC3的端子TC和CG连接时	低于1V
A50-35(ST1)-B31-104(E1)	R-BR	制动灯信号	点火开关置于ON(IG)位置，踩下制动踏板	低于1V
A50-35(ST1)-B31-104(E1)	R-BR	制动灯信号	点火开关置于ON(IG)位置，松开制动踏板	11~14V
A50-36(STP)-B31-104(E1)	L-BR	制动灯信号	点火开关置于ON(IG)位置，踩下制动踏板	11~14V
A50-36(STP)-B31-104(E1)	L-BR	制动灯信号	点火开关置于ON(IG)位置，松开制动踏板	低于1V
A50-40(CCS)-B31-104(E1)	L-B-BR	巡航控制主开关电路	点火开关置于ON(IG)位置	11~14V
A50-40(CCS)-B31-104(E1)	L-B-BR	巡航控制主开关电路	CANCEL开关置于ON位置	6.6~10.1V
A50-40(CCS)-B31-104(E1)	L-B-BR	巡航控制主开关电路	-(COAST)/SET开关置于ON位置	4.5~7.1V
A50-40(CCS)-B31-104(E1)	L-B-BR	巡航控制主开关电路	+(ACCEL)/RES开关置于ON位置	2.3~4.0V
A50-40(CCS)-B31-104(E1)	L-B-BR	巡航控制主开关电路	主开关置于ON位置	低于1V
(*1)B31-56(D)-B31-104(E1)	B-BR	D位开关信号	点火开关置于ON(IG)位置，变速杆置于D以外的位置	低于1V
(*1)B31-56(D)-B31-104(E1)	B-BR	D位开关信号	点火开关置于ON(IG)位置，变速杆置于D以外的位置	11~14V
(*2)B31-56(D)-B31-104(E1)	B-BR	离合器信号	点火开关置于ON(IG)位置，踩下制动踏板	低于1V
(*2)B31-56(D)-B31-104(E1)	B-BR	离合器信号	点火开关置于ON(IG)位置，松开制动踏板	11~14V

第八节　奥迪 A4 轿车太阳能天窗

在一些高档轿车上开始应用太阳能天窗技术。太阳能天窗就是在汽车天窗玻璃的下方安装太阳能电池板，它可以将吸收的太阳能转换成电能，通过空调控制单元可以将其输送到汽车电气系统中，主要完成车内换气通风和对蓄电池的补充充电工作。

奥迪 A4 轿车太阳能天窗的结构如图 9-51 所示。图中 C 为随天窗可移动的太阳能电池板，它是用热熔胶将天窗玻璃与太阳能电池粘接而成的；A 为传输电能的动触点（在天窗的前边缘，左右各一个）；B 为传输电能的静触点（在固定天窗框架的前边缘，左右各一个）。当天窗关闭时，动、静触点紧密接触，太阳能电池板所产生的直流电能就可以通过触点传输到汽车内部。奥迪 A4 轿车太阳能天窗的主要电气技术参数见表 9-13。

一、奥迪 A4 轿车太阳能天窗的工作原理

奥迪 A4 轿车太阳能天窗部分的电路原理如图 9-52 所示。由图可知,太阳能天窗电路只是在原自动空调系统上加入太阳能电池板 C20。

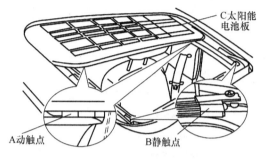

图 9-51 太阳能天窗的结构

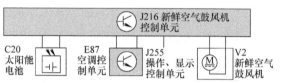

图 9-52 太阳能天窗电路原理图

表 9-13 奥迪 A4 轿车太阳能天窗的主要电气技术参数

最大输出功率	最大输出电压	最大输出电流	开路电压	短路电流
36W	21V	1.72A	25.2V	1.86A

1. 新鲜空气鼓风机 V2 的工作条件

发动机运转时,V2 可以在空调控制单元 E87 的控制下,完成自动空调系统的取暖、制冷、通风、空气净化等工作要求。此时,V2 的电能由发电机和蓄电池提供。当发动机停止运行时,V2 才可能在 J216 的控制下接收太阳能电池 C20 提供的电能,通过它连续运转,实现通风换气的目的。汽车进入此种运行模式(称为太阳能运行模式或新鲜空气运行模式),需满足以下几个条件:①点火开关处在 OFF 位置时(即发动机停止工作),因为只要发动机工作,发电机就发电,V2 就不需要由太阳能天窗提供电能;②滑动天窗关闭或外翻时,这是因为在以上两种状态下动触点与静触点接通导电,电能才能引到车内电路系统;③要具备一定的阳光照射强度(阳光照射强度约在 $70W/m^2$ 以上),否则所产生的电能不足以使 V2 转动。

2. 太阳能运行模式的工作原理

驾驶人通过操作显示面板使车辆进入太阳能运行模式。首先按下菜单键进入空调设置,然后选择进入太阳能运行模式。在太阳能运行模式下,一旦发动机停止运行,储存在太阳能电池上的电能就可以通过太阳能天窗上的动触点 A 和固定在天窗框架边缘上的静触点 B 将电能传输到车内电气系统。此时,E87 和 J255 已经通过通信设码环节处在太阳能运行模式下,只有带太阳能天窗的汽车具备此功能。此时不管汽车运行时空调上的所有伺服电动机在什么位置,只要点火开关断开,汽车就自动处于新鲜空气运行模式。如:新鲜空气风门切换到打开位置、车内空气循环风门切换到外循环等,J216 定期查询来自太阳能电池 C20 的输入电压,当满足 V2 运行条件时(最小电压大于 2V),V2 转动。转动的快慢与太阳能电池的输入电压有关,输入电压越大,转动越快。鼓风机的连续转动,使车内空气流通,保证车内环境温度不至于过高。在显示屏上可以显示出 V2 在太阳能模式下的运转时间。

3. 太阳能运行模式的三大功能

当车辆较长时间停留在阳光照射强度较强的场所时，将引起车内温度过高（即驻车高温现象）。我们通过实测得知，夏季阳光下的驻车车内温度可高达 70℃ 以上（测试地点在吉林市，相关数据另行公布）。高温使车内产生大量的有害气体，同时也使乘员感到明显不适。安装了太阳能天窗的车辆利用其换气功能，就可以减轻或避免以上一系列不良后果，下面介绍太阳能运行模式下的优越功能。

1）降温、除臭、排毒功能。驻车高温时，车内的塑料制品、皮革、油漆、空调管道等将挥发出大量的有害气体（如甲苯、一氧化碳等，可达正常值的 20 倍以上，甚至更高）。当乘员进入车辆时，不但会因闷热感到强烈不适，而且经常处在被有害气体污染的环境中也会导致神经和呼吸系统受到伤害，不良后果显而易见。新鲜空气运行模式可以通过 V2 的不停运转，增加空气流通，及时将有害气体、烟臭味等排出车外，同时降低了车内温度，使乘员享受无毒无害、有益健康的驾车、乘车的舒适环境。

2）节能环保功能。当起动驻车高温的汽车时，为了降低温度，驾驶人一般会马上打开汽车空调。在此降温过程中，空调系统工作时间较长，且 V2 要高速运转，显然此过程要增加电能和燃油消耗。太阳能是一种清洁无污染的可再生能源，安装太阳能天窗的车辆就可以降低这部分电能和燃油损耗。若太阳能汽车天窗与汽车蓄电池相连，在强光下也可以实现对蓄电池自动充电，达到进一步节省燃料的效果（随着太阳能转换成电能的技术不断提高，这点是可以预期的），同时延长蓄电池的使用寿命。

3）保护电器、减少意外事故功能。驻车高温对车内电器及电子产品的性能和使用寿命有一定影响，如：加快电子器件的老化速度、降低材料的绝缘能力、缩短工作寿命等。另外，驻车高温也能引起车内易燃易爆物品（如气体打火机、气体清洁罐、易拉罐饮料等）的爆裂，严重时能引起车辆自燃。通过新鲜空气运行模式的通风降温作用可避免以上不良后果的发生，提高了汽车的安全性和可靠性。

二、奥迪 A4 轿车太阳能天窗的检修

装有太阳能天窗的汽车，在已确定设置在"太阳能运行模式"的情况下，若仍出现驻车高温现象，可判定为"太阳能运行模式"出现故障（最好通过强阳光的实际测试）。一般可通过以下步骤进行检修。

1）将车辆停放在阳光照射环境下。

2）在特约维修站等维修场所进行检测时，为避免天气影响，可以用两只普通的 500W 卤素灯照射太阳能天窗（有些车型，如奥迪 A6L 等要求用 1000W 卤素灯），照射时卤素灯与太阳能天窗的距离要保持在 500mm 左右。此时，太阳能天窗的输出功率约为 15W。

3）应用 VAS 5051 测试仪的"引导型故障查询"功能，检查操作与显示单元的匹配（带太阳能电池滑动天窗的功能必须已匹配好）。

4）断开点火开关（操作与显示单元黑屏），关闭滑动天窗。

5）打开中部仪表板排风口并关闭其他出风口。

6）感觉是否有气流从仪表板出风口中吹出。

7）检查图 9-51 中两个触点的接触是否良好。此触点要保持清洁，只允许涂抹少量的导电良好的触点润滑脂，不可使用普通的润滑脂。

8) 断开点火开关。拆下排水槽盖板，打开汽车线束至进气单元（新鲜空气鼓风机控制单元 J216）的 3 芯插头连接 A。测量插头 B 的触点 2（来自大阳能天窗）和 3 搭铁之间的电压，电压值在 3~12V 以内为正常。也可将检测灯泡（12V，最大 5W）接在两点之间，观察灯泡是否亮起（亮度与阳光照射强度有关，一般灯泡只发出微光）。这样可以判定太阳能天窗系统功能是否正常。

9) 新鲜空气鼓风机 V2 的灵活性和是否正常可通过空调通风状态进行测试。

10) 新鲜空气鼓风机控制单元 J216 的好坏，可用替代法进行测试。

★ 第九节　制动器摩擦片传感器 ★

一、制动器摩擦片传感器的结构

大众 CC 轿车磨损检测传感器用于检测汽车制动器摩擦片的磨损情况。安装在制动钳摩擦片上的传感器如图 9-53 所示。当制动钳摩擦片超过磨损允许的限度时，摩擦片磨损情况的检测方法有两种，一种方法是使磨损检测传感器本身被磨损，另一种方法是使其接触磨损检测传感器。

磨损检测传感器在盘式制动器上的安装位置如图 9-54 所示。磨损检测传感器用一个安装在摩擦片中的 U 形金属丝检测，U 形金属丝的顶端就处在制动器摩擦片的磨损极限位置上。制动器摩擦片没有磨损到极限位置时，输出电压为 0；当摩擦片磨损到规定限度时，U 形金属丝部分被磨断，电路断开，这时输出电压为高电平，异常信号输入电控单元中或通过电阻 R 接通报警电路，使制动系统警告灯点亮。图 9-55 所示为磨损检测传感器与 J285 的电路连接图。

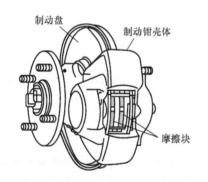
图 9-53　磨损检测传感器的安装位置及结构

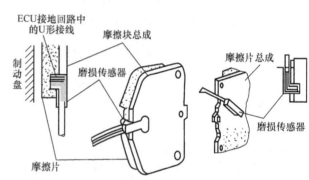
图 9-54　磨损检测传感器在盘式制动器上的安装位置

二、制动器摩擦片传感器的检测

摩擦片过薄报警系统是由带有传感器的特殊摩擦片、电子控制单元和报警指示灯组成的。传感器的跨接线置入了该特殊摩擦片的一定深度处，当摩擦片磨损到只有 2.0~2.2mm 极限厚度时，摩擦片便将传感器的跨接线磨破而断路，该断路信号立即被输送到电子控制单元，电子控制器便接通报警指示灯电路，使指示灯闪亮，发出警告信号。

在车轮制动器摩擦片过薄报警系统使用中，最常出现的故障是制动器摩擦片还未到更换

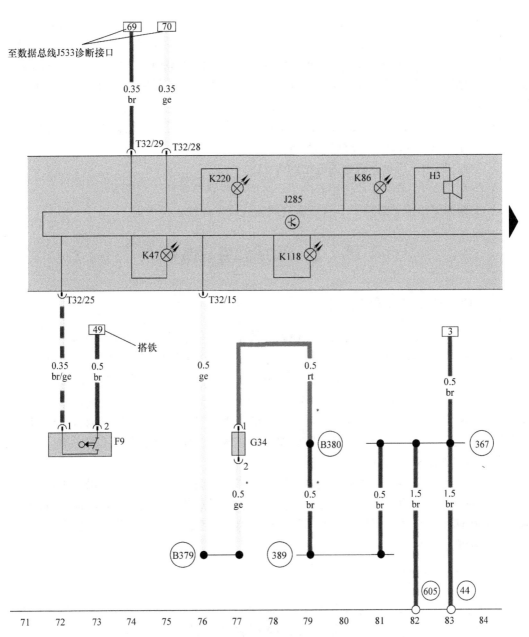

图 9-55 制动器摩擦片磨损检测传感器与 J285 的电路连接图

F9—手制动器指示灯开关　G34—左前制动摩擦片磨损传感器　H3—警报蜂鸣器和警报音　J285—仪表板控制单元
K47—ABS 指示灯　K86—驱动防滑控制指示灯　K118—制动系统指示灯　K220—轮胎压力监控显示指示灯
T32—32 芯插头连接　44—接地点，左侧 A 柱下部　367—接地连接 2，在主导线束中　389—接地连接 24，在主导线束中
605—搭铁点，在上部转向柱上　B379—连接 1（制动摩擦片磨损显示），在主导线束中
B380—连接 2（制动摩擦片磨损显示），在主导线束中　*—仅用于配备制动摩擦片磨损显示的车辆

时机，报警系统便报警，指示灯闪亮。由以上原理分析可以看出，造成指示灯闪亮的原因有两方面：一是制动摩擦片磨损到了极限程度（正常），应该予以更换；二是报警系统本身有故障。报警系统检查步骤如下：

1）关闭点火开关，拔下左右轮传感器插头，若指示灯仍亮，则故障在仪表控制单元，应予以更换；若指示灯闪亮停止，则说明传感器线路正常，传感器本身有故障，需进一步检查。

2）在关闭点火开关的状态下，插入一侧传感器插头（不插另一侧）。当打开点火开关后，看报警指示灯的情况，若不亮，则说明该侧可能无问题；若指示灯闪亮，则说明该插入侧的传感器损坏。

3）用同样的方法对另一侧传感器进行检测，若指示灯闪亮，则说明该传感器有故障。由于损坏的传感器不可拆修，故应更换新件。

4）检查 T32/15 与车身搭铁的电压约为 5V。

5）检查 T32/15 与摩擦片传感器端子 2 之间的线路导通性，应导通。

6）检查摩擦片传感器端子 1 与搭铁之间的线路导通性，应导通。

第十节 日照光电传感器

一、日照光电传感器的结构

日照光电传感器用于汽车自动空调控制系统中，该传感器由自动空调提供 5V 电压，位于仪表板中部除霜出风口前的一个盖板下方。由于它不受环境温度的影响，能够准确地检测出日光照射量的变化，把日光照射量转化为电流，根据电流的大小判断日光照射量，并把信息送入自动空调控制单元，使自动空调控制单元根据此信号调整车内空调吹出的风量与温度。日照光电传感器主要由壳体、滤光片及光电二极管组成，通过光电二极管可检测出日光照射量的变化。光电二极管对日光的照射变化反应敏感，而自身不受温度的影响。日照光电传感器的结构如图 9-56 所示。

在日照光电传感器中，若某个光电二极管损坏，空调控制系统将参考仍能正常工作的光电二极管的信号，调用一个固定的替代值作为控制参量；若两个光电二管均损坏时，空调控制系统将用两个固定替代值作为控制参量，以维持空调系统的正常工作。不过，此时空调系统的控制精度会有一定程度的变化。

二、日照光电传感器的工作原理

日照光电传感器壳体中含有两个光电二极管与一个光学元件。该光学元件分为两个腔室，每个腔室各含一个光电二极管。当太阳光照射到传感器上时，光学元件本身的特性会使射线集中到左侧的光电二极管上。因此，左侧的光电二极管上产生的电流会大于右侧光电二极管上产生的电流。当阳光从右侧照射时，右侧的光电二极管的电流会明显大于左侧光电二极管上产生的电流。由此，自动空调控制单元就可以判断出车内的哪一侧正在受到日光照射的影响而升温，并采用相应的控制措施。

三、日照光电传感器的检测

1）拆下仪表板上的杂物箱，拔下日照光电传感器的导线插接器，点火开关置于 ON 位置，用布遮住传感器，然后用灯光照射日照光电传感器，测量日照传感器连接器端子 1 与 2 间的电压值。在正常情况下，电压值应在 4.0~4.5V 之间；随着灯光逐渐远离，电压不应超 4.0V。

2) 用布遮住传感器，测量插接器端子 1 与 2 间的电阻值，在正常情况下应为不导通（阻值∞）。从日照光电传感器上移开遮布，使其受电灯光照射，检测端子 1 和 2 之间的电阻，阻值为 4kΩ（电灯光移开，电阻随之下降）。控制电路如图 9-57 所示。注：正常情况下，两根导线间的阻值应小于 0.5Ω。

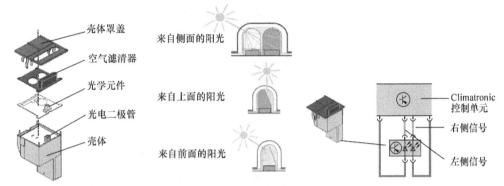

图 9-56　日照光电传感器的结构

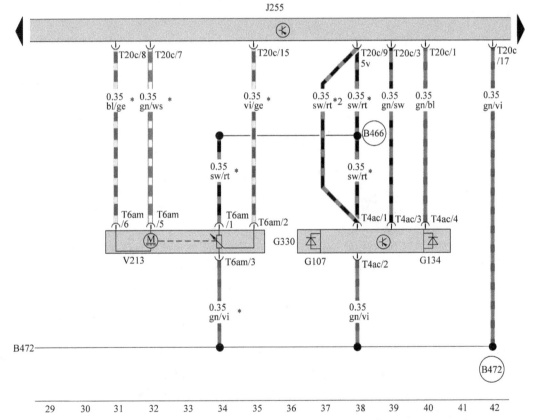

图 9-57　日照光电传感器、日照光电传感器 2、间接通风风门伺服电动机电位计，
Climatronic 控制单元、间接通风风门伺服电动机

G107—日照光电传感器　G134—日照光电传感器 2　G330—间接通风风门伺服电动机电位计　J255—Climatronic 控制单元
T4ac—4 芯插头连接　T6am—6 芯插头连接　T20c—20 芯插头连接　V213—间接通风风门伺服电动机
B466—连接 2，在主导线束中　B472—连接 8，在主导线束中　*—截至 2011 年 3 月　*2—自 2011 年 3 月起
ws—白色　sw—黑色　rt—红色　gn—绿色　bl—蓝色　vi—淡紫色　ge—黄色

另外，还可以拔下传感器插接器，连接好蓄电池和电流表。将传感器放在强光区，测量 2 号端子与蓄电池负极间的电流；再将传感器放在弱光区，测量 2 号端子与蓄电池正极间的电流。测量结果为强光区电流应大于弱光区电流，若不符合规定，则应更换传感器。

★ 第十一节　空气湿度传感器 ★

一、空气湿度传感器的安装位置与作用

各种测试方法表明，尤其是在外界温度很低的情况下，挡风玻璃上部的 1/3 会变得非常冷，因而容易起雾。为了能测量到该区域，将空气湿度传感器 G355 安装在后视镜的根部，如图 9-58 所示。

来自除霜器通风口的小量连续气流确保传感器探测区域的空气可以良好地混合，这样就可以认为风窗玻璃上所测位置的空气湿度接近于风窗玻璃的其他位置，如图 9-59 所示。空气通过传感器壳体上的一个空气缝隙到达传感器表面。若空气缝隙中有脏物，则会导致传感器发生故障。

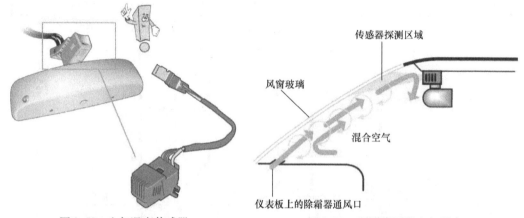

图 9-58　空气湿度传感器　　　　图 9-59　所测位置的空气湿度

为了能够进行自动除霜功能的自适应控制，该传感器检测 3 个测量值：空气湿度、传感器处的相关温度以及挡风玻璃温度。所有功能都集中在传感器壳体中。

二、测量空气湿度

测量空气湿度，就是确定座舱内气态水（水蒸气）的所占比例。空气吸收水蒸气的能力取决于空气温度。这就是为什么在测量湿度等级时必须确定相关的空气温度。

空气越热，吸收的水蒸气就越多。若富含水蒸气的空气冷却下来后，水分就会冷凝，形成细小水滴并附着在风窗玻璃上。

湿度是通过薄层电容传感器测量的，该传感器的工作模式等同于平行极板电容器，如图 9-60 所示。

电容器的电容，即存储电能的容量，取决于电容极板的表面积、间隔以及两极板之间填充材料（电介质）的特性。这种特殊的电容器可以吸收水蒸气，吸收的水分改变了电介质的电气特性，从而改变了电容器的电容量。因此，测得的电容值就表示了空气湿度。传感器

电子装置将所测的电容值转换成电压信号,如图 9-61 所示。

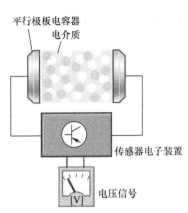

图 9-60 湿度传感器结构

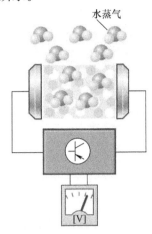

图 9-61 电容值转换成电压信号

三、传感器处相关温度的测量

（1）基本物理原理

为了确定空气湿度,测量湿度位置附近的温度也必须确定。此相关温度是很重要的,因为空气湿度非常依赖空气的温度。若湿度测量点距温度测量点太远,则该空气湿度可能不准确,因为温度的差异会导致湿度的不同。

（2）测量风窗玻璃温度

每个物体都会以电磁辐射的方式与周围环境交换热量。此电磁辐射可能含有红外线范围、可见光或者还有紫外线范围的热辐射。但是,这三种范围的辐射只是整个电磁光谱的一小部分。辐射是指"吸收"和"发射"。例如:一块铁可能会吸收红外线辐射,如图 9-62 所示。它会变热,也就是说这块铁也重新发射红外线。如果继续加热这块铁,它会发亮。此时,它就会发出可见光范围内的电磁辐射以及红外线辐射。

根据物体自身温度的不同,所发射的辐射成

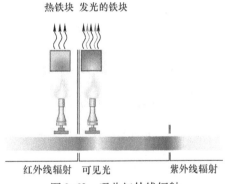

图 9-62 吸收红外线辐射

分可能会有变化。例如,若物体的温度变化,发出的辐射中的红外部分也会变化。这样通过测量辐射出来的红外线,就可以无接触地测量物体温度。

要测量一个物体（这里是指风窗玻璃）的红外线辐射,可以用一个高灵敏度的红外线辐射传感器来进行,如图 9-63 所示。若风窗玻璃的温度发生变化,在平垫圈发出的热辐射中,其红外部分也会变化。该传感器检测这种变化,并且传感器电子装置将其转换成电压信号。

四、湿度传感器的控制电路

奥迪 Q5、A5、A4 等车型采用的湿度传感器的电压在 0~5V 之间线性变化,由此,可以通过湿敏电容湿度传感器测得相对湿度值,其控制电路如图 9-64 所示。

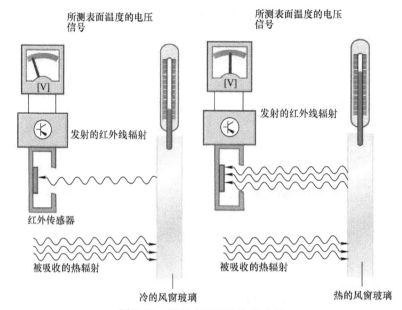

图 9-63 测量表面温度信号电压

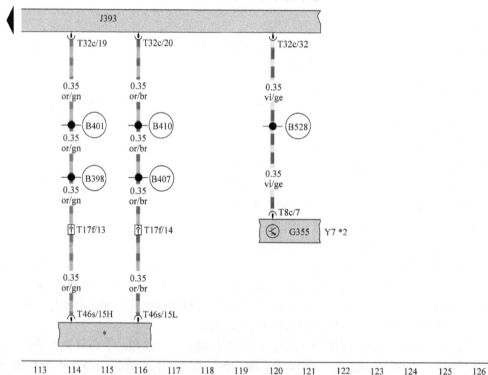

图 9-64 空气湿度传感器、舒适/便捷系统的中央控制单元、自动防眩的车内后视镜

G355—空气湿度传感器 J393—舒适/便捷系统的中央控制单元 T8c—8 芯插头连接 T17f—17 芯插头连接,棕色 T32c—32 芯插头连接 T46s—46 芯插头连接 Y7—自动防眩的车内后视镜 B410—连接 2 (舒适/便捷系统 CAN 总线,High),在主导线束中 B401—连接 5 (舒适/便捷系统 CAN 总线,High),在主导线束中 B407—连接 2 (舒适/便捷系统 CAN 总线,Low),在主导线束中 B398—连接 5 (舒适/便捷系统 CAN 总线,Low), 在主导线束中 B528—连接 1 (LIN 总线),在主导线束中 *—见适用的电路图 *2—见基本装备所适用的电路图

第十二节 空气质量传感器

一、空气质量传感器的安装位置与作用

空气质量传感器（AQS）连同新鲜空气进气道温度传感器 G89 一起安装在通风室的新鲜空气进气区域，如图 9-65 所示。AQS 具有能够通过感应化学物质（比如 NO、NO_2 和 CO）检测空气污染的能力，如图 9-66 所示。根据进气空气的质量，它会自动打开车内空气循环模式（如果处于 AUTO 模式）。出于安全原因，如果外界温度降到 2℃ 以下或空调压缩机关闭（可能是挡风玻璃结冰），则自动循环模式将中断。

空气中的污染物是以可氧化或可还原气体形式存在的，基于这一认识，该传感器得以开发和应用。Climatronic 控制单元需要该传感器信号来执行自动空气再循环功能。若此功能开启，在该传感器检测到新鲜空气中有污染物时，进气风门被自动关闭并且空气再循环风门打开。

图 9-65 空气质量传感器安装位置及内循环开关

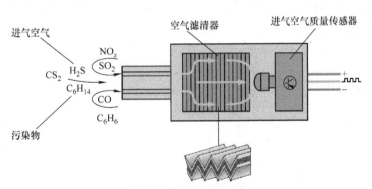

图 9-66 检测空气污染

在自动空气内循环运行模式接通的情况下，空气质量传感器会测量吸入空气中的有害物质浓度。如果空气质量传感器识别到有害物质浓度明显升高，则暂时接通空气内循环运行模式。当有害物质浓度下降到正常水平时，自动关闭空气内循环运行模式，以便重新向车内输送新鲜空气。接通自动空气内循环运行模式，反复按压按钮，直到按钮上右侧的指示灯亮起。暂时关闭自动空气内循环运行模式，如果空气质量传感器在有难闻的气味时未自动接通空气内循环运行模式，可以通过按压按钮手动接通空气内循环运行模式，按钮上左侧的指示

灯亮起。重新接通自动空气内循环运行模式，按下按钮超过2s，按钮上右侧的指示灯亮起。关闭自动空气内循环运行模式，再次按压按钮，直至按钮上的指示灯熄灭。

二、空气质量传感器的工作原理

该传感器的核心由混有钨的氧化物或混有锡的氧化物组成。当两种化合物接触到可氧化或可还原气体时，它们都改变各自的电特型。简而言之，当一种元素吸收氧时就发生氧化，当一种化合物释放氧时就发生还原，如图9-67所示。

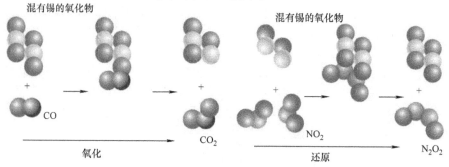

图9-67 还原氧化的气体

因此，可氧化气体试图吸收氧并形成化学键。另一方面，可还原气体试图让氧与其他元素或化合物结合。可氧化气体包括诸如下面的气体：一氧化碳（CO）、苯蒸气、汽油蒸气、碳氢化合物与未燃烧的或者燃烧不充分的燃油成分。可还原气体主要包括氮氧化物（NO_x）。

三、空气质量传感器的功能

若传感器的混合氧化物接触到可氧化气体，该气体从混合氧化物上吸收氧，从而改变了该混合氧化物的电特性，使其阻抗下降。若该传感器接触到可还原气体，该混合氧化物从气体中吸收氧，从而改变了该传感器的电特性，使其阻抗上升。

由于混合氧化物的化学与物理特性，它可以在可氧化与可还原气体同时出现时检测其中的污染物，如图9-68所示。对于污染物检测，这意味着：

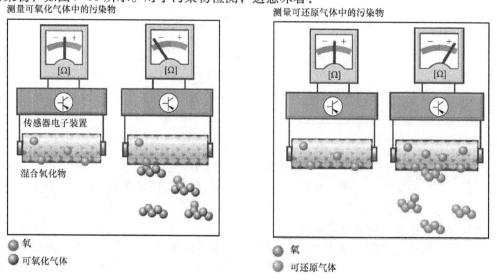

图9-68 可氧化还原气体的检测

1) 若传感器阻抗上升,一定含有可氧化气体。
2) 若传感器阻抗下降,一定含有可还原气体。

四、空气质量传感器的控制电路

空气质量传感器的控制电路如图 9-69 所示。传感器的信号端子 T3p3 将通过 J519 将信息传递给 LIN 总线,J519 连接在 CAN 数据总线上,它执行 LIN 的主功能。J519 在 LIN 数据总线和 CAN 总线之间起翻译作用,它是 LIN 总线系统中唯一与 CAN 数据总线相连的控制单元。

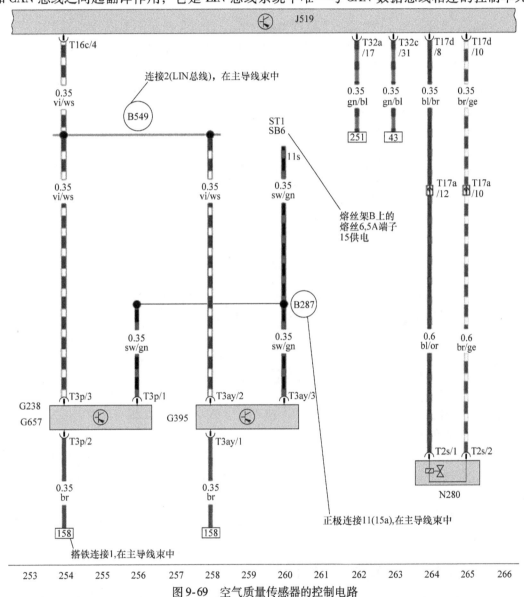

图 9-69 空气质量传感器的控制电路

G238—空气质量传感器　G395—制冷剂压力和制冷剂温度传感器　G657—新鲜空气进气道中的空气湿度传感器　J519—车载电网控制单元　N280—空调压缩机调节阀　ST1—熔丝架 1　SB6—熔丝架 B 上的熔丝 6　T2s—2 芯插头连接　T3ay—3 芯插头连接　T3p—3 芯插头连接　T16c—16 芯插头连接　T17a—17 芯插头连接,排水槽电控箱左侧接线站　T17d—17 芯插头连接　T32a—32 芯插头连接　T32c—32 芯插头连接　B287—正极连接 11(15a),在主导线束中　B549—连接 2(LIN 总线),在主导线束中　*—见熔丝布置所适用的电路图

J519通过LIN总线给J126新鲜空气鼓风机控制单元提供信息，新鲜空气鼓风机根据控制信息工作，若该传感器失效，自动空气再循环功能不可用。注：T3p1与T3p2之间电压为12V。

第十三节 制冷剂温度传感器

一、制冷剂温度传感器的安装位置与作用

制冷剂温度传感器G454是一个温度电阻，该传感器安装在压缩机和冷凝器之间，如图9-70所示。由于该传感器接头上没有阀，所以只能在已排空制冷剂后才可以拆卸这个传感器。制冷剂温度传感器G454现在不用于V6汽油发动机的汽车上。

该传感器可以诊断制冷剂缓慢泄漏。当制冷剂的温度超过允许值的时间超过了30s，那么压缩机就被关闭。这些值以特性曲线的形式存储在自动空调控制单元J255内。

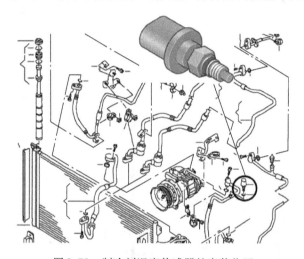

图9-70 制冷剂温度传感器的安装位置

如果温度超过允许值，就表示：①压缩机可能过热并损坏；②很可能缺制冷剂，就是有制冷剂损失，在制冷剂缺少50%时，温度就会明显升高。

由于制冷剂压力不是与制冷剂温度一同进行分析的，而且在一定的使用条件下，即使制冷剂的充注量是正确的，制冷剂回路的温度也可能短时升高，所以只在下述使用条件下才分析传感器G454的制冷剂温度信号：①发动机转速低于1000r/min；②压缩机至少接通了2min；③驾驶舱内的温度低于40℃。在进行分析前，车速至少有一次高于50km/h；当前车速低于5km/h。

二、制冷剂温度传感器的控制电路

制冷剂温度传感器的控制电路如图9-71所示。其端子T3p1与T3p2间的电压为12V，端子T3p3向J519车载电网控制单元提供0~5V电压。

第九章 其他执行器和传感器

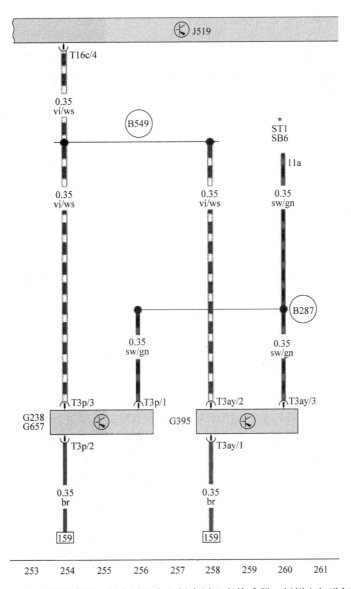

图9-71 空气质量传感器、制冷剂压力和制冷剂温度传感器、新鲜空气进气道中的
空气湿度传感器、车载电网控制单元、空调压缩机调节阀

G238—空气质量传感器 G395—制冷剂压力和制冷剂温度传感器 G657—新鲜空气进气道中的空气湿度传感器
J519—车载电网控制单元 ST1—熔丝架1 SB6—熔丝架B上的熔丝6 T2s—2芯插头连接 T3ay—3芯插头连接
T3p—3芯插头连接 T16c—16芯插头连接 T17a—17芯插头连接,排水槽电控箱左侧接线站 T17d—17芯插头连接
B287—正极连接11（15a），在主导线束中 B549—连接2（LIN总线），在主导线束中

★ 第十四节 散热器识别传感器 ★

一、散热器识别传感器的功能

发动机散热器的整个散热表面都涂有特殊催化涂层。当空气流经这种带有涂层的散热器

时，空气中所含的臭氧（化学符号 O_3）就被转化成氧气（化学符号 O_2）。臭氧是一种对健康有害的气体。

由于流经汽车散热器的空气量可以达到 2kg/s，所以使用 PremAir® 散热器的汽车可以大大减少靠近地面的臭氧。尤其是在阳光照射强烈和空气污染严重时，这种技术尤为有效。

这种臭氧催化剂技术在飞机上使用过，目的是防止同温层中的臭氧经空调系统进入机舱。另外，这种技术也可用于打印机和复印机。加利福尼亚大气资源局对于该技术的要求是：不但要在车上安装 PremAir® 散热器，还要保证其功能一直正常。因此，就要通过一个传感器来监控这种特殊的散热器，这就是散热器识别传感器 G611。

散热器识别传感器 G611 用于防止：
1）将 PremAir® 散热器拆除而用非 PremAir® 散热器来代替。
2）拆下散热器识别传感器 G611 并复制电子系统和软件。
3）将散热器识别传感器 G611 从散热器上割下并安装在"别处"。

为了验证该传感器是否还存在，将预先定义好的识别特征（ID）存储在发动机控制单元内和散热器识别传感器 G611 内并交换。该通信是采用 LIN 总线根据主－从原理来工作的。也就是说，由发动机控制单元来查询散热器识别传感器 G611。在发动机起动后，会将 ID 加密并发送至控制电路，如图 9-72 所示。如果这个代码不符合要求（比如由于改动），就会报告有故障发生。

二、一体式温度传感器

通过一个负温度系数（NTC）的温度传感器测量安装点的温度。测出的温度经 LIN 总线传送给发动机控制单元，并与独立温度传感器 G62 测得的温度进行对比。

该温度传感器安装在传感器壳体上一个形状特殊的栓塞内。在装配时，该温度传感器直接粘贴在散热器的固定座上，如图 9-73 所示。该传感器是用聚氨脂浇注而成的，在安装完毕后就无法再拆下了。如果随后试图将其拆下，那么传感器栓塞就会从壳体上断裂，从而导

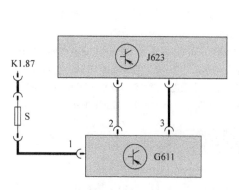

图 9-72 控制电路
G611—散热器识别传感器　J623—发动机控制单元
K1.87—主继电器 12V 供电　S—熔丝

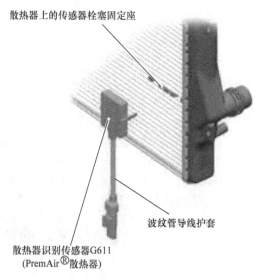

图 9-73 散热器识别传感器安装位置

致该传感器彻底损坏（机械和电气均损坏）。

因此，这就可保证识别出任何改动。如果擅自改动，那么废气警告灯 K83（MIL）就会亮起，则必须更换散热器和散热器识别传感器 G611。

第十五节　档位识别传感器

一、档位识别传感器的结构

在档位识别传感器的印制电路板上，装有 4 个霍尔传感器；在印制电路板的背面有一块永久磁铁，其结构如图 9-74。工作缸挡板可以影响磁场的强度和方向。

传感器电子装置利用这 4 个霍尔传感器来分析磁场的方向和强度，从而判定具体档位。档位信息被作为 PWM 信号送至发动机控制单元 J623。每个档位位置有其固定的脉冲宽度，发动机控制单元对这些 PWM 信号进行处理后，将信息传送到驱动 CAN 总线上。

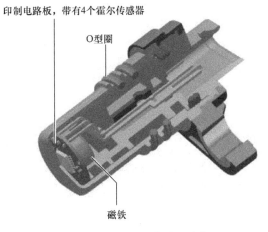

图 9-74　档位识别传感器结构

二、档位识别传感器的工作原理

在变速杆处于空档位置时，档位识别传感器 G604 就位于挡板中间分隔板的上方，如图 9-75 所示。因此，传感器磁场明显增强了，电子装置就把这个情况识别为空档位置。

如果挂入了某个档位，那么与这个档位相应的挡板缺口就会处于传感器下方。与档位相配的这些挡板缺口有不同的轮廓外形。因此，传感器磁场会向不同方向偏转，电子装置也就可以识别出到底挂入的是哪个档位了。

如果工作缸的挡板损坏了，那么档位就可能无法准确识别了。

三、档位识别传感器的作用

档位识别传感器 G604 取代了以前的档位识别开关 F208 和变速器空档位置传感器 G701，并承担了它们的功能：①触发倒车灯；②车内后视镜/车外后视镜的自动防炫目功能和车外后视镜的收折功能；③驻车辅助功能；④挂车控制单元；⑤起步辅助（电动驻车制动器）；⑥起动 - 停止功能的空档识别。此外，档位识别传感器 G604 还新增加了：①直接识别挂入的档位；②换档显示的档位识别（只有当离合器接合时，挂入的档位才会显示在驾驶人信息系统的显示屏上）；③改善换档舒适性。

通过档位识别传感器，发动机控制单元 J623 能够立即获知所挂入的档位信息，而不必再通过发动机转速和车速去计算。其优点是在离合器接合时，发动机转速可以根据车速来与同步转速相匹配，这样就能大大提高换档舒适性。

让我们以配备 FSI 发动机变速器的汽车为例来看一下：从 4 档降至 3 档的过程中，脱离

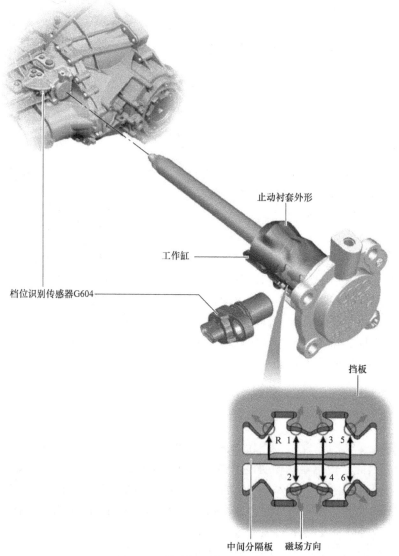

图 9-75　档位识别传感器 G604

4 档时，转速首先降至怠速转速。一旦识别出切换到 3 档且离合器开始接合了，那么发动机控制单元会将发动机转速升至与 3 档相适应的同步转速状态。正在接合着的离合器这时由离合器位置传感器 G476 来判定状态。

四、档位识别传感器的诊断

通过发动机控制单元 J623 来进行诊断。在离合器已接合且车速与发动机转速成固定比例时来核对档位信息的可靠性。

倒档信息通过"倒车"这个 ESP 信号来校验。在车辆停住、离合器接合且以怠速转速工作时来核对空档信息的可靠性。

如果在某个信号中断后又清晰地识别出档位，那么故障记录就被置于"偶然"这个状态。这时，除了对起动-停止功能的支持外，还可以立即使用传感器的所有功用。要在新的行驶循环中才会再次支持起动-停止功能。

信号中断或者发动机控制单元内记录了故障，会有如下影响：

1) 起动-停止功能无法使用。

2) 换档显示中的档位识别会延迟，因为需要从发动机转速和车速中计算出来。

3) 电动机械式驻车制动器在车辆起步时不能自动脱开。

4) 倒车灯和驻车辅助系统不工作。

5) 换档舒适性有所降低。

6) 故障记录会保存到下述控制单元内：①组合仪表控制单元J285；②供电控制单元J519；③专用车控制单元J608。

7) 档位传感器PWM信号占空比的原始值：

①空档，85.5%~86.5%；②1档，37.5%~38.5%；③2档，53.5%~54.5%；④3档，69.5%~70.5%；⑤4档，29.5%~30.5%；⑥5档，45.5%~46.5%；⑦6档，61.5%~62.5%；⑧倒档，13.5%~14.5%；⑨中间位置，77.5%~78.5%；⑩内部传感器故障（21.5%~22.5%）时，更换传感器。

五、档位识别传感器的控制电路

档位识别传感器的控制电路图如图9-76所示。端子T94/59与端子T94/48之间的电压为5V，3号端子为信号输出端方波电压信号。

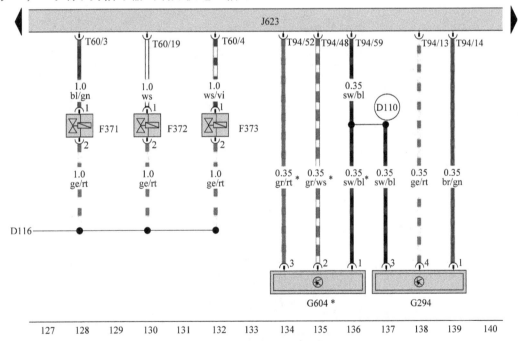

图9-76 凸轮轴调节元件6、凸轮轴调节元件7、凸轮轴调节元件8、
制动助力压力传感器、档位识别传感器

F371—凸轮轴调节元件6　F372—凸轮轴调节元件7　F373—凸轮轴调节元件8　G294—制动助力压力传感器　G604—档位识别传感器　J623—发动机控制单元　T60—60芯插头连接　T94—94芯插头连接　D110—连接8，在发动机舱导线束中　D116—连接14，在发动机舱导线束中　*—仅适用于带手动变速器的汽车

第十六节　智能型蓄电池传感器

一、智能型蓄电池传感器的结构和安装位置

1. 结构

智能型蓄电池传感器是电源管理系统的一个组成部分，安装在蓄电池负极，其实物图如图9-77所示。IBS由机械、硬件和软件三部分功能元件组成。IBS的机械部分是由蓄电池负极接线柱及接地线组成。

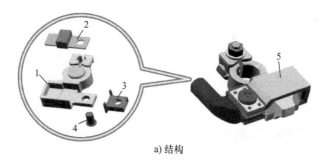

a) 结构

1—蓄电池接线柱　2—测量分流器　3—间隔垫圈　4—螺栓　5—接地线

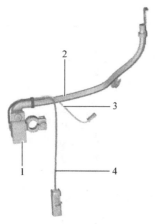

b) 外形

1—智能型蓄电池传感器　2—接地导线　3—串行数据接口(BSD)　4—接口B+

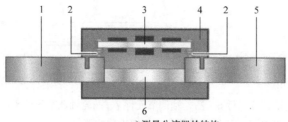

c) 测量分流器的结构

1—铜　2—弹簧元件(鸥翼式)　3—带有电子分析装置的印制电路板
4—挤压外壳　5—铜　6—锰铜

图9-77　智能型蓄电池传感器

2. 安装位置

IBS 直接安装在蓄电池的负极上，如图 9-78 所示。

图 9-78　智能型蓄电池传感器的安装位置
1—安全型蓄电池接线柱
2—智能型蓄电池传感器

二、智能型蓄电池传感器的工作原理

智能型蓄电池传感器（IBS）内部安装的智能芯片通过电源线 B + 给其供电，同时提供蓄电池电压信号。其工作时可以连续测量下列数值：①蓄电池电压；②蓄电池充电/放电电流；③蓄电池电解液温度。智能芯片内部的软件还负责控制相关流程和与发动机 ECU 的通信，通过数据接口将数据传送至发动机 ECU。

车辆处于驻车运行模式时，会以周期形式查询测量值，从而节省能量。IBS 的编程要求是其每 40s 唤醒一次，持续测量时间约为 50ms，测量值记录在 IBS 内的休眠电流直方图中。此外还计算部分蓄电池的充电状态（SOC）。重新起动车辆后，发动机控制模块读取直方图数据。如果出现休眠电流错误，则在发动机控制模块的故障存储器内进行记录。相关数据通过位串行数据接口传输。IBS 带有自身的控制单元，是蓄电池负极接线柱的一个组成部分，用于分析蓄电池的当前质量。

IBS 计算出蓄电池指标（充电和放电电流、电压和温度），作为蓄电池充电和正常状态的基础，使蓄电池的充电和放电电流保持平衡状态。IBS 始终监控蓄电池的充电状态，蓄电池电量不足时向发动机控制模板发送相关数据。在起动发动机时计算电流特性曲线，以确定蓄电池的正常状态并监控车辆的休眠电流。IBS 具有自诊断功能。

三、智能型蓄电池传感器电子分析装置

IBS 电子分析装置持续获取测量数据。IBS 利用这些数据来计算电压、电流、温度等蓄电池指示参数。IBS 通过 BSD 将这些蓄电池指示参数的数据传递到 DME/DDE，如图 9-79 所示。为了计算蓄电池指示参数，还要同时对蓄电池的充电状态进行测量。IBS 测量范围见表 9-14。

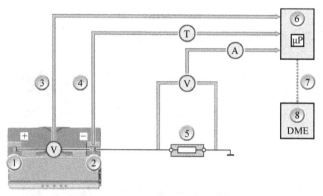

图 9-79 智能型蓄电池传感器控制原理图

1—蓄电池正极 2—蓄电池负极 3—蓄电池电压测量 4—蓄电池温度测量 5—电流测量（分流器上的电压降）
6—IBS 中的微控制器 7—串行数据接口 8—DME

表 9-14 IBS 测量范围

测量项	范围
电压	6～16.5V
电流	-200～+200A
休眠电流	0～10A
起动电流	0～1000A
温度	-40～105℃